四川省社会科学院重大项目
四川省社会科学院2018—2021年"立法与行政法学"
学科建设成果(批准号:18XK006)

四川省社会科学院
学术文库

土地承包权与经营权分置制度研究：改革逻辑与立法选择

庄斌 ◎ 著

中国社会科学出版社

图书在版编目（CIP）数据

土地承包权与经营权分置制度研究：改革逻辑与立法选择/庄斌著.—北京：中国社会科学出版社，2018.10

（四川省社会科学院学术文库）

ISBN 978-7-5203-3468-6

Ⅰ.①土… Ⅱ.①庄… Ⅲ.①农村土地承包法—研究—中国 Ⅳ.①D922.324

中国版本图书馆 CIP 数据核字（2018）第 249998 号

出版人	赵剑英
责任编辑	喻 苗
责任校对	胡新芳
责任印制	王 超

出　版	中国社会科学出版社
社　址	北京鼓楼西大街甲 158 号
邮　编	100720
网　址	http://www.csspw.cn
发行部	010-84083685
门市部	010-84029450
经　销	新华书店及其他书店
印刷装订	北京明恒达印务有限公司
版　次	2018 年 10 月第 1 版
印　次	2018 年 10 月第 1 次印刷
开　本	710×1000 1/16
印　张	13.75
插　页	2
字　数	219 千字
定　价	59.00 元

凡购买中国社会科学出版社图书，如有质量问题请与本社营销中心联系调换
电话：010-84083683
版权所有　侵权必究

引　言

土地制度是一项国家基本财产制度。土地归属与利用的制度安排和设置不仅与社会稳定紧密相连，而且事关国家兴衰与人民福祉。为解决土地"二轮承包"以来出现的各类疑难，发挥农地的规模效应、提高农业的生产效率、解除束缚农地融资功能的枷锁、实现农业现代化发展的夙愿，中共十八届三中全会拉开了新一轮的农村土地制度改革序幕，提出了土地承包权与经营权分置的农村土地革新路向，由以往的集体土地所有权与土地承包经营权相分离的二元土地权利结构演进为集体土地所有权、土地承包权与土地经营权三权并行分置的农村土地权利体系。此后，国家出台了一系列有关土地承包权与经营权分置的改革新政，这为构建新型农村土地利用关系的法权结构提供了极大的政策动力和制度空间。

土地承包权与经营权分置是由国家精心设计的一项重大农地制度改革，是继家庭联产承包责任制之后我国农地制度的又一次重大创新，为此必须处理好改革与法治两者之间的良性互动关系，做到重大改革于法有据，通过立法或者修法的形式引领土地承包权与经营权分置改革。2015年中央一号文件明确指出"抓紧修改农村土地承包方面的法律"。2015年5月1日起生效实施的《行政诉讼法》第12条第1款第7项和2017年修订的《农民专业合作社法》第13条第1款相继对土地经营权进行了立法规定。2018年4月27日，全国人大常委会在中国人大网公布了全国人大常委会2018年立法工作计划。根据该工作计划，2018年8月27日，第十三届全国人大常委会第五次会议首次审议了包括物权编在内的民法典各分编草案；2017年10月31日，第十二届全国人大常委会第三十次会议已对《农村土地承包法修正案（草案）》进行了初次审议，拟于 2018 年 10 月继续审议农村土地承包法。因此，本书因应土地承包权与经营权分置改革这一现实需求，妥适寻求土地承包权与经营权分置的法律表达方式，并对分置后的土地承包权与土地经营权展开实质探讨和法律认知，探求土地承包权与经营权分置后农地权利体系效应，在此基础上紧紧抓住当前民法典物权编编纂与农村土地承包法等相关涉农法律修改的大好良机对土地承包权与经营权分置进行立法回应。因此，除导论和结语之外，本书的整体框架谋篇布局如下。

第一章，土地承包经营权的制度困境以及土地承包权与经营权分置的必要性。通过对土地承包经营权的演进历程进行"历史解码"，发现既有的土地承包经营权制度设计面临着先天不足的法权构造缺陷与后天失调的现实困境。随着当前城乡统筹发展的深入推进、农民群体内部分化现象的出现以及农地价值呈多元化发展趋势，土地承包权与经营权分置改革应运而生。土地承包权与经营权分置有利于发挥土地的财产功能，实现土地的规模经营、农业现代化，是破解土地承包经营权制度困境的出路。此外，土地承包权与经营权分置可以适应在城乡一体化发展过程中处于不同发展阶段的农民对土地权利的不同诉求。总之，土地承包权与经营权分置这一安排是充分考虑城乡一体化发展过程中农地制度改革的承受能力，为避免可能面临的争议和风险而设置的，对于土地承包经营权再物权化而言，是一种更优的农地制度改革安排。

第二章，土地承包权与经营权分置方式的法律表达。土地承包权与经营权分置是破解土地承包经营权制度困境的出路，然而在分置方式的法律表达方面学界存在着"用益物权—次级用益物权""用益物权—新用益物权""用益物权—债权""承包权—承包经营权—经营权""成员权—用益物权""成员权—不动产用益物权""成员权—权利用益物权"七种代表性学说。通过对不同分置方式的评释与审思，应当重新解读土地承包经营权和主张增加新型用益物权——土地经营权的方式来探寻土地承包权与经营权分置的法律表达方式。本章通过研究表明，在农地利用层面土地承包经营权的类所有权法律地位与属性允许在其基础上为他人设定新型用益物权——土地经营权。因此，土地承包权与经营权分置方式的法律表达为："土地承包经营权的类所有权属性——新型用益物权"的权利结构。值得注意的是，在土地承包权与经营权分置改革下，坚持农村土地集体所有的原则不变，土地承包经营权的类所有权属性是从农地利用层面这个视角来阐释的。此外，土地承包权与经营权分置遵循土地利用的二元体系并非否定土地承包经营权的出租、转包等债权化流转方式。

第三章，分置后土地承包权与土地经营权的法律认知与实质探讨。土地承包权与经营权分置的法律表达方式确立之后，本章旨在对分置后的土地承包权与土地经营权的法律属性以及两者的权利义务内容展开实质探讨。本章研究表明，"土地承包权"为权能分离之后的土地承包经营权的代称或简称，其在法律上的称谓仍然是"土地承包经营权"，法律属性没有发生改变。分置后，土地承包权人的权利为土地承包人身份保有权、土地经营权设立对价获取权、耕地征收财产补偿权、农民承包地有偿退出权以及监督土地经营权人按照土地属性和合同约定合理利用和使用土地等。相应地，土地承包权人承担的义务为对土地承包经营权承担权利瑕疵担保义务、维护农业经营主体土地经营权的义务、尊重农业经营主体生产经营自主权的义务以及向集体如实报告土地经营权设立的义务等。土地承包经营权与土地经营权属于母子权利关系，土地经营权从土地承包经营权中分置符合物权法理，并未违背"一物一权"原则，其法律效果等同于土地承包经营权在时间维度上的分割。分置后，土地经营权人享有土地的使用收益权、土地特别改良费用返还请求权、土地征收补偿权等，相应地，土地经营权人的义务为土地经营权设立对价的支付义务、按照农业用途使用土地的义务以及保持土地生产力的义务等。

第四章，土地承包权与经营权分置下土地承包经营权的权利体系效应及其规则构建。土地承包权与经营权分置旨在维持土地承包关系稳定并长久不变的基础上，从土地承包经营权中派生出一类对土地直接经营与利用的新型用益物权——土地经营权，在于巩固土地承包方与土地经营主体之间的土地利用法律关系，具有调剂土地"承包"与"利用"的机能。土地承包经营权的抵押在于发挥土地的融资功能、解决农业投入面临的资金问题，考虑到农村金融的实际运行状况，土地承包经营权抵押规则的设计应引入农村土地政策银行、土地承包经营权抵押权的设立应采登记生效主义模式、土地承包经营权抵押权的实现方式可引入强制管理等。土地承包经营权的入股与信托在于实现土地的规模化经营与农业现代化。在土地承包经营权入股的规则构建时，应遵循法定的股东出资规则而非"双重资本制"、应协调好土地经营权的期限性与农业公司永续性、建立科学合理的农民股东利益分配规则、维护好农民股东共益权的行使以及在农业公司破产清算时建立合理的土地经营权破产处置规则等。在土地承包经营权信托规则设计方面，农村土地信托机构的设立有别于普通的信托公司，应降低其市场准入标准；在信托法律关系主体的设计方面，委托人与受益人应当以集体组织中的农民为主。

第五章，土地承包权与经营权分置的法治保障与配套机制安排。土地承包权与经营权分置必须处理好改革与法治之间的良性互动关系，坚持"法治土改"的思维，通过立法的形式引领改革。当前，土地承包权与经营权分置改革渐次在立法层面获得回应，2014年修正的《行政诉讼法》第12条第1款第7项与2017年修订的《农民专业合作社法》第13条第1款已将土地经营权法律化。在通过授权试点放活土地经营权的基础上，紧紧抓住民法典物权编编纂和《农村土地承包法》修改的大好良机，其中前者解决土地经营权的权利身份问题；后者在于从法律制度层面完整确认土地承包权与经营权的分置改革。土地承包权与经营权分置后，农村土地利益格局面临新的调整和安排。在土地承包权与经营权分置的利益协调机制方面，宏观层面明确土地承包权人对农地各相关主体的不同利益诉求；中观层面应防止出现土地经营权独大与土地承包权虚化的两极分化现象；微观层面应保障两权各自效用合理调节土地承包主体与土地经营主体在农业补贴、耕地征收等情形下的土地利益分配规则。在土地承包权与经营权分置下土地经营权设立的风险防范方面，应坚持土地农业用途避免"非农化"、尊重农民的主体利益、发挥集体的组织权能以及合理确定土地流转规模防止土地过度集中。

本书可能的创新之处在于：第一，本书将研究的视角和参照系奠定于土地承包权与经营权分置的基础上，对于土地承包权与经营权分置的落脚点不是对土地承包经营权这一权利的解构，而是从分置所欲实现的功能目的着手。土地承包权发挥农地的生存保障功能；土地经营权体现农地的物权资本功能。第二，在土地承包权与经营权分置方式的法律表达方面，本书认为应通过重新解读土地承包经营权和主张增加新型用益物权——土地经营权的方式来探寻土地承包权与经营权分置的法律表达方式。也即在农地利用层面土地承包经营权具有类所有权的法律地位和属性时，应允许在其基础上派生出新型用益物权——土地经营权。本书对土地承包权与经营权分置下的土地承包经营权抵押、入股以及信托等规则构建一并进行了探讨。第三，在土地承包权的法律认知方面，本书通过研究表明土地承包权为权能分离之后的土地承包经营权的代称，其法律属性并未改变而且依旧具有丰富的权利内容，是一项实实在在的土地物权。

  本书的不足之处在于：其一，实证分析素材欠缺。受制于个人的精力、物力以及社会阅历等约束条件，难以对实践中进行的放活土地经营权的各类实践探索展开跟踪调研、实地访谈，尤其是未对全国人大常委会授权在北京市大兴区等232个试点地区试行农村承包土地的经营权抵押贷款展开田野调查，致使在对土地承包权与经营权分置下土地承包经营权抵押、入股以及信托展开规则设计时缺少丰富的可供分析的实证素材。其二，土地承包权与经营权分置的基础理论研究还有待加强。中共十八届三中全会拉开了土地承包权与经营权分置改革的序幕，可以说当前以土地承包权与经营权分置为主题的法学研究相较于土地承包经营权制度而言，深入研究的时间还不是很长。因此，本书对相关问题的阐述与论证难免存在说理不清、论证不充分之嫌。比如，在土地承包权与经营权分置下农民以其自有的农地进行抵押时，抵押标的物究竟为土地承包经营权还是农村承包土地的经营权，争议实质为权利抵押还是权能抵押，这折射出了权利与权能的分野与差异。这还需要在今后的学习生涯中进一步加强理论研究，并继续展开深入探讨。

目 录

导 论 …………………………………………………………（1）
  第一节 问题的提出 ……………………………………………（1）
  第二节 研究综述 ………………………………………………（6）
  第三节 研究思路及方法 ………………………………………（28）
  第四节 相关概念的厘定 ………………………………………（32）

第一章 土地承包经营权的制度困境以及土地承包权与经营权分置的必要性 …………………………………（34）
  第一节 土地承包经营权的逻辑演进与制度困境 ……………（35）
  第二节 土地承包权与经营权分置的必要性 …………………（51）
  第三节 本章小结 ………………………………………………（76）

第二章 土地承包权与经营权分置方式的法律表达 ………（77）
  第一节 土地承包权与经营权分置方式的不同法律主张 ……（77）
  第二节 土地承包权与经营权分置方式学理论争的评释与审思 ………………………………………………（85）
  第三节 土地承包权与经营权分置方式的法理生成与表达 …（94）
  第四节 本章小结 ………………………………………………（103）

第三章 分置后土地承包权与土地经营权的法律认知与实质探讨 …………………………………………（105）
  第一节 土地承包权为权能分离之后的土地承包经营权的代称 ………………………………………………（105）

第二节 土地经营权是派生于土地承包经营权的
　　　　新型用益物权 ………………………………………（116）
第三节 本章小结 ……………………………………………（127）

**第四章 土地承包权与经营权分置下土地承包经营权的
　　　　权利体系效应及其规则构建** ……………………（128）
第一节 土地承包经营权抵押 ………………………………（128）
第二节 土地承包经营权入股 ………………………………（146）
第三节 土地承包经营权信托 ………………………………（154）
第四节 本章小结 ……………………………………………（163）

**第五章 土地承包权与经营权分置的法治保障与
　　　　配套机制安排** ……………………………………（164）
第一节 土地承包权与经营权分置的法治保障 ……………（164）
第二节 土地承包权与经营权分置的利益协调机制 ………（179）
第三节 土地经营权设立的风险防范机制 …………………（186）
第四节 本章小结 ……………………………………………（190）

结　语 …………………………………………………………（191）

参考文献 ………………………………………………………（193）

后　记 …………………………………………………………（208）

导　　论

第一节　问题的提出

发轫于20世纪70年代末80年代初的家庭联产承包责任制，使得长期以来严重束缚农业生产力发展的"一大二公"集体经济模式土崩瓦解，自此建立起了与集体土地所有权相分离的农民的土地承包经营权制度。这一制度的问世及时而又恰如其分地形成了土地集体所有、农民利用的土地物权关系和形式，极大地解放了农村生产力[1]，巨大的改革红利赢得了大多数人对农村改革的支持[2]。然而，随着我国经济体制改革向纵深发展，工业化和城市化的深入推进，中国传统乡土社会中的农民已不再是依附于农地、固化于农村中的一成不变的有限人格与"二等公民"。[3] 近5年来，数以亿计的农业转移人口涌入城镇，形成了规模浩大的农民工群体（图0—1），市民社会的发展使得"带着土地进城"成为他们的迫切需求与殷勤期望。与城镇化进程和农村劳动力转移规模相适应，2012年至2016年我国家庭承包耕地的流转规模每年呈高速递增之势（图0—2）。

---

[1]　早期的改革极大地解放了农村生产力。1979年至1984年农村生产的增长中，有50%源于劳动生产率的提高，以及包括人力资本在内的各种要素投入的更合理使用。在没有来自农村以外的任何额外资源投入的情况下，单纯由于采用家庭责任制，改善了激励机制。1979年至1984年，农业总产量年均增长7.6%。参见[美] D. 盖尔·约翰逊《经济发展中的农业、农村、农民问题》，林毅夫、赵耀辉编译，商务印书馆2004年版，第77—79页。

[2]　国务院发展研究中心农村经济研究部：《集体所有制下的产权重构》，中国发展出版社2015年版，第104页。

[3]　在我国实践中，由于政策上的歧视和理论上的误读，农民往往与简单劳动和低收入挂钩，并被视为有别于城市居民的"二等公民"，得不到起码的社会尊重。参见赵万一《中国农民权利的制度重构及其实现途径》，《中国法学》2012年第3期。

2 / 土地承包权与经营权分置制度研究

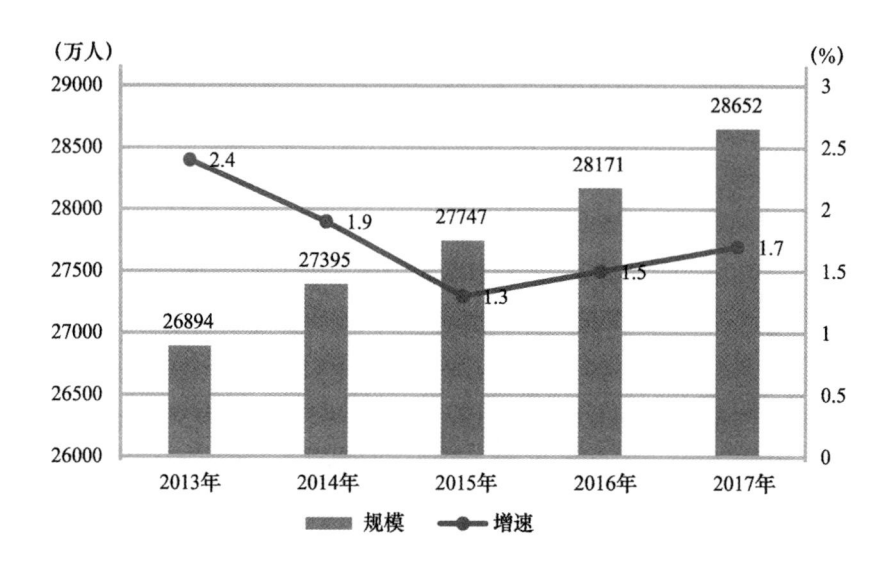

图 0—1　农民工总量及增速

资料来源：参见国家统计局《2017 年农民工监测调查报告》，2018 年 4 月 27 日（http：//www. stats. gov. cn/tjsj/zxfb/201804/t20180427_1596389. html），2018 年 5 月 4 日访问。

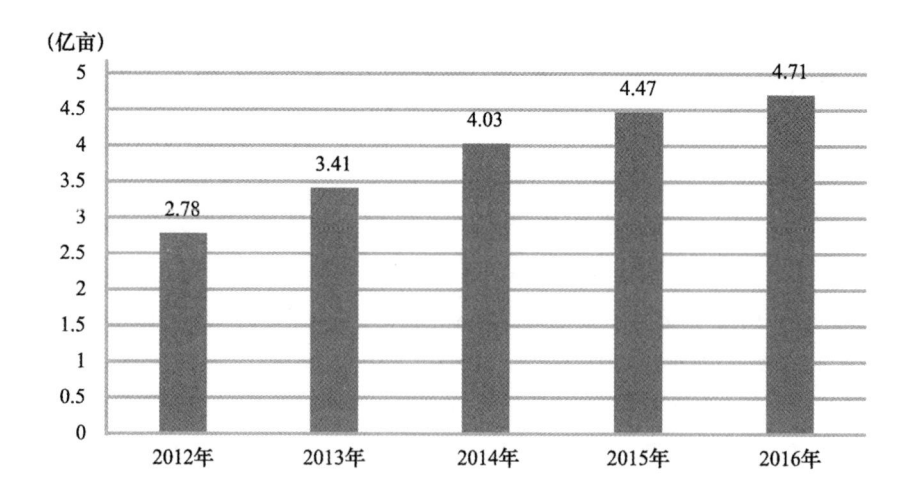

图 0—2　2012—2016 年全国家庭承包耕地流转面积走势

资料来源：转引自《2017 年中国家庭土地流转面积、家庭承包耕地流转去向分析》，2017 年 11 月 3 日，中国产业信息网（http：//www. chyxx. com/industry/201711/579455. html），2018 年 5 月 4 日访问。

据悉，2017年3月7日，在十二届全国人大五次会议举办的记者发布会上，农业部部长韩长赋在回答关于"农村土地流转"的问题时表示，当前全国土地流转面积占家庭承包耕地总面积在35%左右。[1] 这就使得家庭承包中与发包方签订承包合同的承包主体与具体从事农业生产经营活动的经营主体日趋分离的现象越发普遍。

为顺应这一实践需求，土地承包经营权分权设置为土地承包权和土地经营权，也即实现由集体土地所有权和土地承包经营权的"两权分离"向集体土地所有权、土地承包权与土地经营权"三权分置"发展的新型农地利用制度，显得十分必要。[2] 2013年11月12日中国共产党第十八届三中全会全体会议审议通过的《中共中央关于全面深化改革若干重大问题的决定》拉开了土地承包权与经营权分置改革的序幕。此后，国家最高层发布的有关土地承包权与经营权分置的一系列农地改革新政相继出台[3]，这为建立新型农地权利体系提供了极大的政策动力与制度空间。根据顶层设计，土地承包权与经营权分置是为了回应十八大以来农业生产力发

---

[1] 参见《农业部：全国土地流转面积占家庭承包耕地总面积35%　正试点土地使用权抵押贷款》，2017年3月7日，人民网（http://finance.people.com.cn/n1/2017/0307/c1004-29129227.html），2018年5月4日访问。

[2] 参见陈锡文《加快构建新型农业经营体系》，载本书编写组《〈中共中央关于全面深化改革若干重大问题的决定〉辅导读本》，人民出版社2013年版，第193—194页；侯惠勤、范希春主编《十八届三中全会精神十八讲》，人民出版社2014年版，第103页；等等。

[3] 2014年1月19日中共中央、国务院印发了《关于全面深化农村改革加快推进农业现代化的若干意见》；2014年4月20日国务院办公厅印发了《关于金融服务"三农"发展的若干意见》；2014年11月21日中共中央办公厅、国务院办公厅印发了《关于引导农村土地经营权有序流转　发展农业适度规模经营的意见》；2014年12月30日国务院办公厅印发了《关于引导农村产权流转交易市场健康发展的意见》；2015年2月1日中共中央、国务院印发了《关于加大改革创新力度　加快农业现代化建设的若干意见》；2015年8月10日国务院印发了《关于开展农村承包土地的经营权和农民住房财产权抵押贷款试点的指导意见》；2015年11月2日中共中央办公厅、国务院办公厅印发了《深化农村改革综合性实施方案》；2016年1月27日中共中央、国务院印发了《关于落实发展新理念　加快农业现代化　实现全面小康目标的若干意见》；2016年10月30日中共中央办公厅、国务院办公厅印发了《关于完善农村土地所有权承包权经营权分置办法的意见》；2016年12月31日中共中央、国务院发布了《关于深入推进农业供给侧结构性改革　加快培育农业农村发展新动能的若干意见》；2017年10月18日习近平同志代表第十八届中央委员会在中国共产党第十九次全国代表大会上向大会做的报告《决胜全面建成小康社会　夺取新时代中国特色社会主义伟大胜利》；2018年1月2日中共中央、国务院发布了《关于实施乡村振兴战略的意见》；等等。

展而引发的土地利用关系变化，在土地确权登记、坚持农村土地集体所有、土地承包关系稳定并长久不变的基础上，形成土地经营权有序流转的新格局，解决土地"二轮承包"以来出现的各类疑难，实现农业的规模化、产业化与现代化经营。同时，发挥农地的融资功能，实现农地金融化市场改革。

因此，在土地承包经营制度面临的微观基础与宏观环境都已发生深刻变化的背景之下，从"两权分离"到"三权分置"的农地新政安排具有鲜明的时代特征与改革特色。对此，官方的表述以及经济学家、管理学家等认为土地承包权与经营权分置改革实现了土地承包"变"与"不变"的辩证统一，有助于农地权能结构的进一步完善，有助于提高农地资源的配置效率，有助于现代新型农业经营体系的建立。[1] 然而，由于法学是一门逻辑严谨、体系缜密、制度精细的学科，自 2002 年出台专门的《农村土地承包法》整部法律围绕土地承包经营权而展开、2007 年生效实施的《物权法》将土地承包经营权定性为用益物权以来，从法学的视角审视上述农地新政，由于"土地承包权与经营权分置"超越了已有承包土地之上的土地权利群范畴和立法用语，本书不得不追问土地承包权与经营权分置是否与未来农地法律制度的变革方向一致？土地承包权和经营权分置的法理基础与实施路径何在，是否僭越了现有的农村土地承包法与物权法框架？对土地承包权和土地经营权如何进行法律上的认知？土地承包权与经营权分置与现有农地法律制度如何衔接与调适？土地承包权与经营权分置后农村土地的权利体系效应如何，对于引发的各种伴生性风险，如何进行法律规制以及监管防范等一系列问题。

考虑到我国自改革开放以来，农村土地制度的演进轨迹遵循的是实践先行、政策指导以及法律回应的"三部曲"模式。[2] 由此观之，相较于

---

[1] 参见陈锡文《关于解决"三农"问题的几点思考——学习〈中共中央关于全面深化改革若干重大问题的决定〉》，《中共党史研究》2014 年第 1 期；叶兴庆《从"两权分离"到"三权分离"——我国农地产权制度的过去与未来》，《中国党政干部论坛》2014 年第 6 期；冯海发：《按照"五新"要求扎实做好"三农"工作》，《人民日报》2014 年 12 月 19 日；韩长赋《"三权分置"是重大制度创新》，《人民日报》2014 年 12 月 22 日；刘守英《直面中国土地问题》，中国发展出版社 2014 年版，第 166 页；等等。

[2] 陈小君：《我国农村土地法律制度变革的思路与框架——十八届三中全会〈决定〉相关内容解读》，《法学研究》2014 年第 4 期。

农民首创行为对体制障碍的突破①，土地法律制度的跟进与调试呈现出时间上的滞后性。在我国当前农地法律制度理论与立法技术日渐丰富和完善的背景下，应坚持"法治土改"的思维，将国家最高层关于土地承包权与经营权分置改革的顶层设计导向现行法律规则层面，运用法理念、法思维、法语言解读农地新政背后的革新旨趣，做到政策旨趣与法律理性的逻辑自洽与内在契合。

值得关注的是，一方面随着当前我国土地承包经营权流转制度改革的深入推进，2014年修正并于2015年5月1日起生效实施的《行政诉讼法》首开"农村土地经营权"入法之先河。农村土地经营权是由土地承包主体之外的其他民事主体，如同一集体经济组织的其他成员、现代农业经营组织体等享有的直接耕作经营土地的权利。根据2014年修正的《行政诉讼法》第12条第1款第7项的规定②，行政机关除侵犯土地承包经营权外，侵犯农村土地经营权的行为也一并被纳入行政诉讼的受案调整范围之列。另一方面，随着农村家庭承包经营制度的进一步完善，为适应农民财产多样化和顺应土地承包权与经营权分置改革的发展趋势，完善农民专业合作社的出资结构，③2017年12月修订通过并于2018年7月1日起生效实施的《农民专业合作社法》第13条第1款④明确规定土地经营权可以评估作价、出资转让至农民专业合作社名下，成为农民专业合作社法人的财产权客体。

不言而喻，2014年修正的《行政诉讼法》第12条第1款第7项和2017年修订的《农民专业合作社法》第13条第1款对土地经营权进行了

---

① 徐勇：《农民改变中国》，中国社会科学出版社2012年版，第6—15页。
② 2014年修正的《行政诉讼法》第12条第1款第7项：人民法院受理公民、法人或者其他组织提起的下列诉讼：……（七）认为行政机关侵犯其经营自主权或者农村土地承包经营权、农村土地经营权的。
③ 参见《全国人大农业与农村委员会副主任委员陈光国在2017年6月22日第十二届全国人民代表大会常务委员会第二十八次会议上所作的关于〈中华人民共和国农民专业合作社法（修订草案）〉的说明》，2017年12月27日，全国人大网（http://www.npc.gov.cn/npc/xinwen/2017-12/27/content_2035748.htm），2018年5月4日访问。
④ 2017年修订的《农民专业合作社法》第13条第1款：农民专业合作社成员可以用货币出资，也可以用实物、知识产权、土地经营权、林权等可以用货币估价并可以依法转让的非货币财产，以及章程规定的其他方式作价出资；但是，法律、行政法规规定不得作为出资的财产除外。

立法规定，表明当前土地经营权已是一项法律化权利摆脱了法外权利的过往宿命，真正拉开了土地承包权与经营权分置改革的法治序幕。由于土地承包权与经营权分置是由国家精心设计的一项重大农地制度改革，是继家庭联产承包责任制之后我国农地制度的又一次重大创新，必须处理好改革与法治两者之间的良性互动关系，做到重大改革于法有据，通过修改农村土地承包方面的法律引领土地承包权与经营权分置改革。2018年4月27日，全国人大常委会在中国人大网公布了全国人大常委会2018年立法工作计划。① 根据该工作计划，2018年8月27日，第十三届全国人大常委会第五次会议首次审议了包括物权编在内的民法典各分编草案。② 2017年10月31日，第十二届全国人大常委会第三十次会议已对《农村土地承包法修正案（草案）》（以下简称《土地承包法（草案）》）③进行了初次审议，所以拟于2018年10月继续审议农村土地承包法。因此，本书因应土地承包权与经营权分置改革这一现实需求，妥适寻求土地承包权与经营权分置的法律表达方式，并对分置后的土地承包权与土地经营权展开实质探讨和法律认知，探求土地承包权与经营权分置后农地权利体系效应，并在此基础上紧紧抓住当前民法典物权编编纂与农村土地承包法等相关涉农法律修改的大好良机，对土地承包权与经营权分置进行立法回应。

第二节　研究综述

一　国内文献梳理

（一）土地承包权与经营权分置的社会学、经济学及管理学研究综述

土地承包经营权制度向来是备受学界持续关注的一块"学术公地"。

---

① 参见《全国人大常委会2018年立法工作计划》，2018年4月27日，中国人大网（http：//www.npc.gov.cn/npc/xinwen/2018-04/27/content_2053820.htm? from=timeline&isappinstalled=0），2018年5月4日访问。

② 徐隽：《民法典分编草案首次提请审议——分编草案共六编总计千余条》，载《人民日报》2018年8月28日。

③ 为了论述便宜，下文将其简称为《土地承包法（草案）》。除非在引用他人成果时，为了保持引文的完整性才会继续使用《农村土地承包法修正案（草案）》的表述。

不仅法学学科予以规范和调整，政治学、经济学、社会学、管理学等学科领域也对此展开了全方位的研究。土地承包经营权分权设置为土地承包权与土地经营权是在土地承包经营权制度面临结构性变革的背景下，在中共十八届三中全会上提出的一项崭新的农地新政。然而，土地承包权与经营权分置这一农地新政其实早在1990年左右就已在经济学界提出①，只不过当时的称谓为"三权分离"②，而非当下所熟知的"三权分置""土地承包权与经营权分置"或者是"土地承包权与经营权分离"等表述。因此，本书以中共十八届三中全会召开时间为分水岭，首先就经济学界、管理学界等关于"三权分离"（"三权分置"）方面的文献进行分阶段的梳理。

1. 1990年至十八届三中全会召开之前

在这一阶段，除极少数个别文献反驳"三权分离"外③，绝大多数文献都赞同农地的"三权分离"，代表性文献主要集中在如下三个方面。

第一，"三权分离"的产生原因。冯玉华、张文方认为"三权分离"作为一种特殊的农村土地产权结构，是在实行家庭承包制以来农民承包土地的法律关系不稳定、土地经营方式多样化需求的背景下应运而生的。④ 陈东强认为改革开放以来，随着农业人口向非农产业转移，土地转

---

① 参见夏振坤《再论农村的改革与发展》，《中国农村经济》1989年第8期；田则林、余义之、杨世友《三权分离：农地代营——完善土地承包制、促进土地流转的新途径》，《中国农村经济》1990年第2期；王新国、陈晓峰《从顺城村的实践看"三权分离"》，《湖北社会科学》1990年第10期；冯玉华、张文方《论农村土地的"三权分离"》，《经济纵横》1992年第9期；等等。

② "三权分离"这一农地产权政策在2000年左右就已在各地实践中被广泛运用，浙江、江苏、上海、宁夏、重庆、四川等地配套出台了一系列指导"三权分离"的地方规范性文件。参见丁关良《土地承包经营权流转法律制度研究》，中国人民大学出版社2011年版，第278—281页。

③ 丁关良、阮韦波认为"三权分离"论在理论上不能成立，也无法得到理论上的论证；"三权分离"论在实践中无法实施，也不能指导实践运行；"三权分离"论在司法实践中无法成为法院审判的依据，也不能成为农村土地承包仲裁委员会的裁决依据；"三权分离"论不能真正起到保护农民土地权益的效果。参见丁关良、阮韦波《农村集体土地产权"三权分离"论驳析——以土地承包经营权流转中"保留（土地）承包权、转移土地经营权（土地使用权）"观点为例》，《山东农业大学学报》（社会科学版）2009年第4期。另参见丁关良《土地承包经营权流转法律制度研究》，中国人民大学出版社2011年版，第283—284页。

④ 冯玉华、张文方：《论农村土地的"三权分离"》，《经济纵横》1992年第9期。

包行为的出现使得经营权得以从承包权中分离出来。① 邓晰隆指出提高农业发展生产力水平、整合农村土地资源的最佳办法为农地产权在土地公有制的范畴内进行人格化的制度创新，即农村土地产权分离为所有权、承包权和使用权，然后再进行人格化处理。②

第二，"三权分离"下的农地权利结构表现形态。张红宇认为"三权分离"下土地经营权的流转含义为农户在保留土地承包权的基础上，将土地经营权流转给本集体经济组织中的其他农户或者是其他农业经营组织体。③ 黄祖辉、王朋认为农户在承包期限内将土地使用权限让渡于其他人时发生承包权与经营权的分离，农村土地产权"三权分离"决定了土地承包权是一种具有物权效力的财产权。④ 宣裕吉认为农业现代化是建立在农村土地经营权有序流转的基础上，并应遵循不变所有权、稳定承包权、搞活使用权的土地流转原则。⑤

第三，"三权分离"的重大意义。田则林等认为农村土地产权的"三权分离"可以满足不同主体的利益需求：坚持农村土地集体所有制在于避免因农村土地生产关系的变动而引发制度变革的风险；保留土地承包权在于解除农业转移人口的土地经营羁绊同时又保留其经营退路；放活土地经营权可以使得以农为业者扩大土地的经营规模，增加务农者的经济收入。⑥ 韩俊指出，"三权分离"一方面在于探索集体经济的实现方式，解决集体财产缺乏人格化的产权表现形式具有重大意义；另一方面在于推动农地的市场化流转，实现土地的规模经营并提高土地的利用效率。⑦ 张红宇认为我国农村土地从"二权分离"到"三权分离"的产权制度安

---

① 参见陈东强《论中国农村的土地集中机制》，《中国农村经济》1996年第3期。
② 邓晰隆：《三权分离：我国农村土地产权制度改革的新构想》，《中国农业资源与区划》2009年第2期。
③ 张红宇：《中国农地调整与使用权流转：几点评论》，《管理世界》2002年第5期。
④ 黄祖辉、王朋：《农村土地流转：现状、问题及对策——兼论土地流转对现代农业发展的影响》，《浙江大学学报》（人文社会科学版）2008年第2期。
⑤ 宣裕吉：《关于促进农村土地经营权中长期规范流转的建议》，《经济研究导刊》2009年第10期。
⑥ 田则林、余义之、杨世友：《三权分离：农地代营——完善土地承包制、促进土地流转的新途径》，《中国农村经济》1990年第2期。
⑦ 韩俊：《中国农村土地制度建设三题》，《管理世界》1999年第3期。

排,一方面通过强化农户的承包权在于使得农地的承包者获得长期稳定的财产收益;另一方面通过流转土地经营权,高效配置农地资源,实现土地的规模经营。①

2. 十八届三中全会召开至今

这一阶段关于"三权分置"的文献主要表现在以下三个方面。

第一,"三权分置"下的农地权利结构。郑风田认为十八届三中全会所提出的"构建新型农业经营体系,赋予农民更多财产性权利",其核心要义为农村地权的"三权分置":尊重当下的土地集体所有的制度安排,划断农民的承包权,保护农地耕作者的经营权。②黄祖辉、傅琳琳认为中国农村土地"三权分置"已成为一种社会共识,申言之,农地所有权归村社集体组织,土地承包经营权归集体经济组织的农户,当土地承包者从土地上解放出来从事非农产业又保留土地承包权时,承包权与经营权的分置现象便会出现,也即承包权归农户,土地经营权让渡他人来行使。③张毅、张红、毕宝德认为在"三权分置"和农地流转的条件下,土地承包权与农地未流转条件下的原土地承包经营权一样仍属于物权;土地经营权在土地承包经营权转包、出租和入股方式流转条件下属于债权性质;在转让和互换条件下属于物权性质。④刘守英、高圣平、王瑞民指出农地三权分置制度已经被明确为中国经济发展阶段性转换期农村的基础性制度安排,集体所有权是农民集体的所有权;土地承包权是赋予集体成员的财产权;土地经营权是各类农业经营主体享有的耕作权。⑤

第二,"三权分置"的意义。赵阳指出土地经营权从土地承包经营权中分离出来,实现农村土地的"三权分置"是继"二权分离"之后农村

---

① 张红宇:《构建以"三权分离"为特征的新型农地制度》,《中国经济时报》2013年7月26日。
② 转引自《全国农地流转面积已达四分之一》,2014年1月14日,新华网(http://news.xinhuanet.com/fortune/2014-01/14/c_118951355.htm),2018年5月4日访问。
③ 黄祖辉、傅琳琳:《新型农业经营体系的内涵与建构》,《学术月刊》2015年第7期。
④ 张毅、张红、毕宝德:《农地的"三权分置"及改革问题:政策轨迹、文本分析与产权重构》,《中国软科学》2016年第3期。
⑤ 刘守英、高圣平、王瑞民:《农地三权分置下的土地权利体系重构》,《北京大学学报》(哲学社会科学版)2017年第5期。

地权制度的又一次重大创新与飞跃，激活土地经营权有助于新型农业经营体系的设立，实现农业现代化。[①] 陈金涛、刘文君认为"三权分置"顺应了农村土地生产关系变革的现实需求，是农村经济社会发展不断变革创新的产物，符合产权激励的内在要求。[②] 陈朝兵认为实行所有权、承包权与经营权的三权并行分置可以实现从要素、主体、制度以及价值四个层面释放此次土地的改革红利。[③] 罗必良指出在农地"所有权、承包权、经营权"三权分置前提下，一方面通过鼓励农地经营权的流转与集中，可以改善农地规模经济性与推进农业经营方式转型；另一方面农地经营权的交易装置与相互匹配，能够扩展人格化财产的交易空间，具有重要的理论内涵与现实价值。[④] 贺雪峰指出农地"三权分置"坚持农村土地集体所有、土地承包关系的不变，既没有回归到人民公社归大堆的老路，也没有否定家庭承包经营权的基础性地位，通过放活土地经营权推动农业生产经营集约化、组织化和社会化发展，使农村基本经营制度更加充满制度活力。[⑤]

第三，"三权分置"下农地制度的发展走向。刘守英认为"三权分置"是对农村人口与劳动力配置发生显著变化而做出的回应，亟须要求在政策、理论与法律层面三者协同推进，此外还必须深化农村土地集体所有制改革。[⑥] 王朝明、朱睿博指出通过农村承包土地经营权抵押来实现土地融资功能，解决农村融资难的关键在于创造有利于农地抵押的各类市场条件。[⑦] 邓大才指出以土地承包权为重点的"两权分离"与以放活土地经营权为核心的"三权分置"改革，是国家治理现代化条件下产权经

[①] 赵阳:《新形势下完善农村土地承包政策若干问题的认识》，《经济社会体制比较》2014年第2期。

[②] 陈金涛、刘文君:《农村土地"三权分置"的制度设计与实现路径探析》，《求实》2016年第1期。

[③] 陈朝兵:《农村土地"三权分置":功能作用、权能划分与制度构建》，《中国人口·资源与环境》2016年第4期。

[④] 罗必良:《科斯定理:反思与拓展——兼论中国农地流转制度改革与选择》，《经济研究》2017年第11期。

[⑤] 贺雪峰:《农地"三权分置"的变与不变》，《农村工作通讯》2018年第4期。

[⑥] 刘守英:《农村集体所有制与三权分离改革》，《中国乡村发现》2014年第3期。

[⑦] 王朝明、朱睿博:《农村承包土地经营权抵押贷款的理论模型与实践经验》，《河北经贸大学学报》2016年第5期。

济属性增强、社会属性弱化的过程。从这个意义来看，以放活土地经营权为核心的"三权分置"改革是国家治理现代化的必然结果，是产权经济属性充分发挥的内在要求。①肖鹏认为在深化农村改革、加快农业现代化建设的背景下，三权分置通过将土地承包经营权分置为土地承包权和土地经营权，是对土地承包关系长久不变的重大理论发展，首先应当坚持集体土地所有权；其次，坚持承包期内和承包期届满不再调整承包地块，并明确土地承包权消灭的法定情形。②叶兴庆指出在城乡社会保障制度健全、承包地的生计保障功能退化、生产要素功能彰显的背景下，据此调整完善对集体所有权、土地承包权与土地经营权的赋权，加快建立乡村振兴的用地保障机制。③

（二）法学视域下土地承包权与经营权分置的研究综述

从法学视角以观，由于此次农村土地制度改革坚持农村土地集体所有权，是在集体土地使用权制度层面上做文章，将土地承包经营权分权设置为土地承包权与土地经营权，因此本书将此次土地制度改革的称谓命名为"土地承包权与经营权分置"④。通过梳理我国农地权属制度和相关的农地经营制度的法制史发展，不难发现，土地承包权与经营权分置是我党在全面深化改革时期提出的一项崭新的农地新政。其实，在此之前，就已有一些以土地经营权为主题的文献发表⑤，但在当时并未引起法学界的重视，

---

① 邓大才：《中国农村产权变迁与经验——来自国家治理视角下的启示》，《中国社会科学》2017年第1期。

② 肖鹏：《"三权分置"下的农村土地承包关系长久不变研究》，《华中农业大学学报》（社会科学版）2018年第1期。

③ 叶兴庆：《新时代中国乡村振兴战略论纲》，《改革》2018年第1期。

④ 关于本次农地制度改革，不同的法学学者对其称谓不同，存在着"三权分置""三权分离""土地承包权与土地经营权分置"以及"土地承包权与土地经营权分设"等表述，本书将其命名为"土地承包权与经营权分置"。除非在引用他人成果时，为了保持引文的完整性才会使用"三权分置"等表述。特此说明。

⑤ 参见金立琪、徐明《论土地经营权》，《中国法学》1989年第1期；张全江《农村土地经营实行永佃权法律制度初探》，《河北法学》1989年第3期；钱介敏、倪江生《完善农村土地法律制度的对策》，《中国法学》1990年第6期；叶向阳、吕志强等《农村集体土地产权制度研究》，《中国法学》1993年第6期；等等。进入21世纪之后，也有一些文献或者书籍从农村土地经营制度创新的视角来论述农地（土地）经营权，如李昌麒主编《中国农村法治发展研究》，人民出版社2006年版，第105—110页；许明月、吴茂见《农业基础地位面临挑战的法律对策》，《甘肃政法学院学报》2007年第3期；胡建《我国农地股份合作制法律问题探讨》，《长江论坛》2009年第4期；等等。

及至十八届三中全会之后，才引发法学界的足够关注与充分回应。如果说2014年的法学文献中仅仅是夹论涉及土地承包权与经营权分置的话，则从2015年开始至今掀起了一股以土地承包权与经营权分置为主题的学术研究热潮。① 在这期间内，研究范围主要集中在土地承包权与经营权分置是否符合农地制度的未来改革走向、是否与现有的农地权利体系兼容、土地承包权与经营权分置方式的技术路径、土地承包权与土地经营权的法律认知、土地承包权与经营权分置后农地权利的体系效应等。② 随着当前民法典物权编编纂与农村土地承包法的修改向前推进，新近发表的文章逐步由以往探讨土地承包权与经营权分置的解释论视角转向立法论维度。③ 截至当前，土地承包权与经营权分置的研究已经取得了较为丰硕的学术成果，然而关于土地承包权与经营权分置的法律表达学界还远未达成共识，存在着各自不同的解读，折射出了对土地承包权与经营权分置的不同制度主张与价值取向，总体而言形成了观点鲜明的两大学术阵营。

第一类是认可土地承包权与经营权分置的合理性，然而学者们又从不同的视角对此展开论述，主要集中在如下五个方面。

首先，土地承包权与经营权分置方式的法律表达。立足于现有涉农法律规范和民法理论，当前关于土地承包权与经营权分置方式的法律表达至少存在如下七种比较有代表性的学说：

---

① 参见高海《农用地"三权分置"研究》，法律出版社2017年版，第4—5页。
② 代表性文献如蔡立东、姜楠《承包权与经营权分置的法构造》，《法学研究》2015年第3期；孙宪忠《推进农村土地"三权分置"需要解决的法律认识问题》，《行政管理改革》2016年第2期；焦富民《"三权分置"视域下承包土地的经营权抵押制度之构建》，《政法论坛》2016年第5期；吴越、庄斌《农地"三权分置"如何分？》，《土地科学动态》2017年第1期；陈敦《土地信托与农地"三权分置"改革》，《东方法学》2017年第1期；高圣平《农地三权分置视野下土地承包权的重构》，《法学家》2017年第5期；丁文《论"三权分置"中的土地经营权》，《清华法学》2018年第1期；等等。
③ 典型文献如许明月《农村承包地经营权抵押融资改革的立法跟进》，《比较法研究》2016年第5期；蔡立东、姜楠《农地三权分置的法实现》，《中国社会科学》2017年第5期；王利明《我国民法典物权编的修改与完善》，《清华法学》2018年第2期；高圣平《论农村土地权利结构的重构——以〈农村土地承包法〉的修改为中心》，《法学》2018年第2期；高飞《土地承包权与土地经营权分设的法律反思及立法回应——兼评〈农村土地承包法修正案（草案）〉》，《法商研究》2018年第3期；陈小君《〈农村土地承包法修正案（草案）〉要义评析》，《中国土地科学》2018年第5期；高圣平《论承包地流转的法律表达——以我国〈农村土地承包法〉的修改为中心》，《政治与法律》2018年第8期；等等。

第一,"用益物权—次级用益物权"的法构造。蔡立东、姜楠认为,中央农地政策中的土地承包权即为现行法中的土地承包经营权,包括派生出土地经营权的土地承包经营权。依据权利行使的用益物权发生逻辑,土地经营权是土地承包经营权人行使其权利而设定的次级用益物权。由于土地承包经营权与土地经营权属于不同层次客体上存在的用益物权,两者可以同时成立并行不悖。①

第二,"用益物权—新用益物权"的法构造。孙宪忠认为,在用益物权基础上再设置一个用益物权具有法理上的可行性、合法性和实定法上的依据。由于农民取得的土地承包经营权是一项持续稳定并长久不变的权利,所以在其基础上设置一个新的用益物权并不存在制度层面的障碍。②

第三,"用益物权—债权"的法构造。温世扬、吴昊认为,在土地承包权"物权化"的立法设计下,土地经营权作为土地承包权的权能可以与土地承包权人发生分离。分离后,土地承包权人并不丧失基于土地承包合同获得的土地承包人身份和用益物权主体地位;第三人作为土地的实际经营人并非取代土地承包权人的地位,其对土地享有的"经营权"属于"债权型利用"范畴。③

第四,"承包权—承包经营权—经营权"的法构造。楼建波认为,三权分置既与大陆法系的固有物权理论不兼容,又不同于英国土地法的权利配置,也不同于中国传统永佃权制度下的权利安排。因此,回归政策本意后的承包权与经营权分置在法律上的实现为三权,也即承包权为一种身份性权利,承包经营权为土地物权,经营权在承包经营权抵押、债权性或者物权性流转时产生,经营权为债权。④

第五,"成员权—用益物权"的法构造。陈小君认为,土地承包权为不变的成员承包农地资格的特殊地位,从承包权中分离出的土地经营权本质就应是完整的用益物权,与原享有土地承包经营权的农民成员身份

---

① 参见蔡立东、姜楠《农地三权分置的法实现》,《中国社会科学》2017年第5期。
② 参见孙宪忠《推进农地三权分置经营模式的立法研究》,《中国社会科学》2016年第7期。
③ 参见温世扬、吴昊《集体土地"三权分置"的法律意蕴与制度供给》,《华东政法大学学报》2017年第3期。
④ 楼建波:《农户承包经营的农地流转的三权分置——一个功能主义的分析路径》,《南开学报》(哲学社会科学版)2016年第4期。

不相抵触，而恰与市场规律和财产法原理相衔接，也即既实现了土地承包权与经营权分置的政策目标，也符合我国物权法原理。①

第六，"成员权—不动产用益物权"的法构造。丁文认为，土地承包权在《农村土地承包法》第5条中已有明确含义，其性质为成员权。土地经营权是指土地经营权人依合同取得的耕地在一定期限内的占有、使用和收益的权利，应定性为不动产用益物权。实际上，将土地承包经营权债权性流转而继受取得的以流转土地为客体的土地经营权定性为用益物权才是分置改革创新之所在，且完全符合"放活土地经营权"的政策需求。②

第七，"成员权—权利用益物权"的法构造。高飞认为，应根据农村土地立法变革的要旨，在保留土地承包经营权制度合理规则的基础上对承包权与经营权做出科学的构建。土地承包权作为独立于土地承包经营权的权利应将其纳入农村集体经济组织成员权的范畴；土地经营权是土地承包经营权物权化流转，典型如转让、互换中受让方享有的经营承包地的权利，应以土地经营权之名固定下来，其性质为权利用益物权。③

其次，土地承包权的法律认知与定位。当前学界比较有影响的解读主要有以下几种。

第一，土地承包权仅是承包土地的资格而不是独立的权利类型。朱广新指出，土地承包权虽名曰权利，实际上是集体组织成员权在土地承包上的一种具体化，是一种承包土地的资格。④

第二，土地承包权是受经营权限制的土地承包经营权的代称或者是权能分离之后的土地承包经营权的代称。谢鸿飞指出，从法律角度来说，土地承包经营权中的占有、使用和收益权能分离出去形成经营权。分离出经营权之后的土地承包经营权的代称为土地承包权。⑤ 高圣平认为，在农地三权分置下，政策术语中的"土地承包权"实际上就是我国实定法

---

① 陈小君：《"三权分置"与中国农地法制变革》，《甘肃政法学院学报》2018年第1期。
② 丁文：《论"三权分置"中的土地经营权》，《清华法学》2018年第1期。
③ 高飞：《土地承包权与土地经营权分设的法律反思及立法回应——兼评〈农村土地承包法修正案（草案）〉》，《法商研究》2018年第3期。
④ 朱广新：《土地承包权与经营权分离的政策意蕴与法制完善》，《法学》2015年第11期。
⑤ 谢鸿飞：《依法推进"三权分置"改革　农村土地可以释放更多红利》，《人民日报》2016年1月28日。

上的"土地承包经营权"。在派生出土地经营权的情形下,土地承包经营权的权利内容并没有发生变化,土地承包权只是已经派生出土地经营权的土地承包经营权的通俗提法和便宜称谓。①

第三,土地承包权是集体经济组织的成员权。陈小君指出,三权分置中承包权的提出并非从原承包经营权中分离出来的新型权利,实际上即为确认农户家庭的成员地位。故真正实现"承包权"设置的目的应通过成员权制度予以解决,在立法上则通过在《物权法》中明确提出成员权概念。②丁文认为,土地承包权应为一种兼具身份性和财产性的成员权,内容由其权利性质和制度功能决定,包含着承包请求权、承包收益权和承包监管权等权能。③

再次,土地经营权的法律认知与法权定性。当前学界对于土地经营权性质的法律认识方面众说纷纭、莫衷一是,还没有达成共识,主要存在如下四种观点。

第一,物权说。朱广新认为,承包权与经营权分置的政策意蕴为,在稳定土地承包经营权的逻辑前提下,将土地经营权认定为一种具有物权效力和抵押功能的财产权。④孙宪忠认为,土地经营权是由土地承包人之外的其他民事主体享有的直接耕作土地的权利,当前得到法律直接或者间接承认的是租赁权类型的经营权和土地承包经营权入股组建合作社时由合作社取得的经营权,按照中央的政策安排,改革实践呼唤的是物权化的土地经营权。⑤宋志红指出,"三权分置"框架下农地流转权利体系设置虽然应当以土地经营权这种物权方式为主,但仍应当为当事人通过出租、转包等债权化流转方式灵活约定土地承租权保留空间。⑥王利明认为,实行"三权分置"改革,从土地承包经营权中分离出农村土地经

---

① 高圣平:《农地三权分置视野下土地承包权的重构》,《法学家》2017年第5期。
② 陈小君:《我国农民集体成员权的立法抉择》,《清华法学》2017年第2期。
③ 丁文:《论"三权分置"中的土地承包权》,《法商研究》2017年第3期。
④ 朱广新:《土地承包权与经营权分离的政策意蕴与法制完善》,《法学》2015年第11期。
⑤ 孙宪忠:《推进农村土地"三权分置"需要解决的法律认识问题》,《行政管理改革》2016年第2期。另参见孙宪忠《推进农地三权分置经营模式的立法研究》,《中国社会科学》2016年第7期。
⑥ 宋志红:《"三权分置"关键是土地经营权定性》,《中国合作经济》2016年第10期。另参见宋志红《三权分置下农地流转权利体系重构研究》,《中国法学》2018年第4期。

营权,必须在法律上确认土地经营权,并将其作为一种新型的用益物权加以规定。① 吴越、庄斌认为,改革呼吁的是物权性质的土地经营权,这不仅有利于土地经营权人对农地获得一种稳定的经营预期;更在于让土地成为资本市场上可自由交易的生产要素,这也是中共十八届三中全会农村土地制度改革所确立的大方向。② 崔建远指出,从尽可能优化土地利用权人的法律地位、使土地经营权成为有效的融资财产等方面出发,应将土地经营权设计为用益物权。③ 丁文指出,将土地承包经营权债权化流转而产生的继受土地经营权定性为不动产用益物权,正是农地"三权分置"改革创新之所在,完全符合"放活土地经营权"的内在需求。④

第二,债权说。宋宗宇等认为,土地经营权主要表现为农业经营者在农地上进行自主生产经营的权利以及对经营权采取抵押、入股等方式进行处分,在物、债权二元划分的财产权体系下其更倾向于债权属性。⑤ 姜红利认为,在变法之前,遵循现有的法律规定和民法理论,按照物权法定原则,土地经营权尚不是一项法定的用益物权,究其本质而言是土地承包经营权中的经营权能从其本权中分离出来而形成的债权性质的土地利用权。⑥ 秦小红认为,土地经营权只是集体土地所有权与土地承包经营权这两种农村土地物权的权能处分方式的一种产物,归类于"伴随的债权关系"范畴。⑦

第三,物权化债权说。温世扬、吴昊指出,"土地经营权"与土地承包权的分离属于承包土地的"债权型利用",但应赋予分置后的土地经营权如同物权一样的支配和排他效力,如土地经营权的转让、入股以抵押等。⑧ 高圣平认为,从法理、农村土地制度改革渐进式发展趋势以及

---

① 王利明:《我国民法典重大疑难问题之研究》(第二版),法律出版社2016年版,第375页。
② 吴越、庄斌:《农地"三权分置"如何分?》,《土地科学动态》2017年第1期。
③ 崔建远:《民法分则物权编立法研究》,《中国法学》2017年第2期。
④ 丁文:《论"三权分置"中的土地经营权》,《清华法学》2018年第1期。
⑤ 宋宗宇、何贞斌、陈丹:《农村土地经营权的确定化及其制度构建》,《农村经济》2015年第7期。
⑥ 姜红利:《放活土地经营权的法制选择与裁判路径》,《法学杂志》2016年第3期。
⑦ 秦小红:《政府引导农地制度创新的法制回应——以发挥市场在资源配置中的决定性作用为视角》,《法商研究》2016年第4期。
⑧ 温世扬、吴昊:《集体土地"三权分置"的法律意蕴与制度供给》,《华东政法大学学报》2017年第3期。另参见温世扬《从〈物权法〉到"物权编"——我国用益物权制度的完善》,《法律科学》2018年第6期。

土地承包经营权债权性流转体系这三个维度考虑，宜将从土地承包经营权中派生出来的土地经营权定性为债权，但赋予其登记能力，给予其类似物权的保护。总而言之，土地经营权在性质上属于物权化的债权。①

第四，二元权利说。高海指出，根据2015年1月27日农业部等6部门印发的《关于认真做好农村土地承包经营权确权登记颁证工作的意见》，在土地确权中土地承包经营权可被分为确权确地形成的土地承包经营权与确权确股不确地形成的土地承包经营权，其中从前者派生出的土地经营权为债权；从后者派生出的土地经营权为物权。② 赖丽华指出土地经营权作为从土地承包权中分离出来的在农村承包土地之上设立的一种民事权利，既不能采用单一属性的债权设计，也不能采取单一属性的物权制度安排，而必须根据法理原则和现实需要采用物、债并存的二元构造设计，并以登记作为区分土地经营权权利属性的标准。③

复次，土地承包权与经营权分置的农村土地权利体系效应。土地承包权与经营权分置在于解决土地"二轮承包"以来出现的各类疑难，发挥农地的规模效应、融资功能等，具体而言，主要表现在如下三个方面。

第一，农地抵押。房绍坤认为，土地承包权与经营权分置后，土地经营权为一项适格的抵押财产，土地承包经营权抵押制度的构建应以此为基础，在抵押权实现时，出于保留农民承包权的公共政策，应设立强制管理的抵押权实现方式。④ 许明月指出，承包地经营权是根据农业资源市场化配置要求而从土地承包经营权中析出的一种新型土地财产权，完全可以成为具有高度流通性土地权利和高品质的抵押担保财产。⑤ 姜楠指出，在农地三权分置背景下，土地承包经营权的保障功能与财产功能以

---

① 高圣平：《承包地三权分置的法律表达》，《中国法学》2018年第4期；高圣平：《论承包地流转的法律表达——以我国〈农村土地承包法〉的修改为中心》，《政治与法律》2018年第8期。
② 高海：《论农用地"三权分置"中经营权的法律性质》，《法学家》2016年第4期。
③ 赖丽华：《基于"三权分置"的农村土地经营权二元法理制度构造》，《西南民族大学学报》（人文社会科学版）2016年第11期。
④ 房绍坤：《论土地承包经营权抵押的制度构建》，《法学家》2014年第2期。
⑤ 许明月：《农村承包地经营权抵押融资改革的立法跟进》，《比较法研究》2016年第5期。

设定土地经营权的方式得以分离，土地经营权成为具备完全财产属性的用益物权，具备可抵押性。① 夏梓耀指出，农地"三权分置"改革的目的在于允许土地经营权抵押，以发挥农地的金融功能，但不宜受经承包人或发包人同意、承包人已向发包人告知抵押事宜以及抵押人已实际向承包人支付农地经营权流转对价等条件限制。② 王利明认为，民法典物权编应当及时确认"三权分置"的改革成果，在物权编中规定，土地承包经营权人可以流转土地经营权，土地经营权经登记作为一项物权，可以进行抵押从而便于权利人进行融资。③

第二，农地入股。付潇翔认为，土地承包权与经营权分置后，应构建起完备的土地经营权入股制度，这就为设立现代农业公司引入社会工商资本参与农地经营实现农业现代化与规模化开辟了一个通道。④ 高圣平认为，在三权分置之下，所谓土地承包经营权入股是指农户在其土地承包经营权之上为入股主体，如农业公司等设定土地经营权。⑤ 袁震指出，土地承包经营权入股应被解读为物权性的土地权利设立及移转，可以在实现土地经营权从土地承包经营权中有效分离的基础上，达到既能满足入股后农业公司或者农民专业合作社享有土地经营权的现实需求，又能保障农民不失去承包地及其相关利益的实益。⑥ 陈彦晶指出，如果放活土地经营权仅仅是允许土地经营权抵押则大大降低了"三权分置"的政策价值。土地经营权入股才是放活土地经营权的制度重心，这有助于提高农业生产效率和土地的集约化经营。⑦

第三，农地信托。陈敦、张航认为，在土地承包权与经营权分置改

---

① 姜楠：《农地三权分置制度法律问题研究》，博士学位论文，吉林大学，2017年，第147页。
② 夏梓耀：《农地经营权抵押：概念界定与制度建构》，《上海政法学院学报》（法治论丛）2018年第1期。
③ 王利明：《我国民法典分编编纂需重点解决的七个问题》，《光明日报》2018年9月2日。
④ 付潇翔：《"三权分置"视角下土地经营权入股法律研究》，硕士学位论文，江西财经大学，2015年，第7—8页。
⑤ 高圣平：《农地三权分置视野下土地承包权的重构》，《法学家》2017年第5期。
⑥ 袁震：《论物权性耕作经营权之创设》，《学习与探索》2017年第11期。
⑦ 陈彦晶：《"三权分置"改革视阈下的农地经营权入股》，《甘肃政法学院学报》2018年第3期。

革背景下,应通过立法形式明确土地经营权的物权属性,再辅之以土地经营权登记造册,便可以农村土地经营权设定信托实现农地规模化经营和农村经济现代化。① 袁泉指出,"三权分置"背景下,农村土地信托以土地经营权为信托财产,以《信托法》为设立准则,信托合同、土地经营权让与、信托登记三要素构成了土地经营权信托设立的全过程。② 李蕊指出,农地信托着眼于农业供给侧结构性改革,在坚持农村土地集体所有、土地承包关系不变的前提下,将信托机制引入农地流转融资,以土地经营权为信托财产,以信托公司为受托人,以土地承包经营权人为受益人,从而为解决农村土地改革困局探索了一条可供选择的路子。③

最后,土地承包权与经营权分置的立法或修法回应。蔡立东、姜楠认为,自立法论层面而言,在未来民法典物权编编纂时需创设物权性质的土地经营权以实现法定化,也即将土地经营权塑造成一种物权性质的财产权。④ 谢鸿飞指出,在中央已为农地提出所有权、承包权与经营权分置改革方案后,中国民法典编纂必须就土地经营权的性质和权能做出有针对性的设计。⑤ 房绍坤指出,在中央有关"三权分置"文件中出现了"农户承包权"的提法,然而考虑到经过三十几年的发展土地承包经营权的概念已经深入人心,"农户承包权"仅仅是一种政策用语,而且《民法总则》也继续沿用了"土地承包经营权"的概念。因此,在编纂民法典物权编时"土地承包经营权"的概念仍应当继续保持。⑥ 王利明指出,民法典物权编编纂应当及时确认我国农村土地改革的成果并引领改革的发展,在承认农地"三权分置"基础上,对土地经营权做出系统规定。具体包括土地经营权的设立方式、土地经营权的内容、土地经营权

---

① 陈敦、张航:《农村土地信托流转的现状分析与未来展望》,《国家行政学院学报》2015年第5期。
② 袁泉:《土地经营权信托设立的理论构建——以"三权分置"为背景》,《西南政法大学学报》2017年第2期。
③ 李蕊:《农地信托的法律障碍及其克服》,《现代法学》2017年第4期。
④ 蔡立东、姜楠:《农地三权分置的法实现》,《中国社会科学》2017年第5期。
⑤ 谢鸿飞:《铸造中国社会的"基本法":中国民法典的编纂历程》,《人民法治》2017年第10期。
⑥ 房绍坤:《民法典物权编用益物权的立法建议》,《清华法学》2018年第2期。

的登记以及承包地被征收时土地经营权人的补偿问题等。① 高圣平认为，"两权分离"之下的"土地承包经营权"和"三权分置"之下的"土地承包权"实为同义语，土地承包经营权不因派生出土地经营权而改变其名称和性质。② 高飞指出，2017年11月全国人大常委会公布的《农村土地承包法修正案（草案）》存在着法律概念混乱、法律逻辑错误以及立法思想倒退等制度设计缺陷。因此，关于《农村土地承包法修正案（草案）》的修改建议为明晰土地承包权属于农村集体经济组织成员权，确认土地经营权为土地承包经营权上设立的权利用益物权，方能实现土地承包权与经营权分置的农村土地权利体系的科学性。③ 陈小君认为，《农村土地承包法修正案（草案）》脱离了法制体系和价值目标的特质，其中关于"三权分置"的条文设计主要存在权利类型不明、概念混乱不清、权利内容错位、权利设置重叠、用语不尽严谨以及立法思想表达不明等缺陷。因此，《农村土地承包法修正案（草案）》中关于"三权分置"的主要立法建议为：设计土地承包经营权转让后成为用益物权性质的"经营权"，"经营权"应登记生效，可进行物权性流转抵押等担保；土地承包经营权转让流转后的"承包权"应为承包资格，当与集体成员权制度相接相存，成员权制度应进入物权法修法视野。④

第二类是对土地承包权与经营权分置持保留意见或有一定的疑义。代表性文献，如温世扬认为，土地承包经营权不是对土地承包权与土地经营权相加的法律产物，本身就是一个单一、完整与独立的用益物权权利形态，并不存在保留土地承包权流转土地经营权的法制分离现象，流转的只是有期限的土地承包经营权，而农民真正保留的是集体组织成员身份。⑤ 陈小君认为，一些政策起草专家对农村土地权利所作的土地承包

---

① 王利明：《我国民法典物权编的修改与完善》，《清华法学》2018年第2期。
② 高圣平：《论农村土地权利结构的重构——以〈农村土地承包法〉的修改为中心》，《法学》2018年第2期。另参见高圣平《论承包地流转的法律表达——以我国〈农村土地承包法〉的修改为中心》，《政治与法律》2018年第8期。
③ 高飞：《土地承包权与土地经营权分设的法律反思及立法回应——兼评〈农村土地承包法修正案（草案）〉》，《法商研究》2018年第3期。
④ 陈小君：《〈农村土地承包法修正案（草案）〉要义评析》，《中国土地科学》2018年第5期。
⑤ 温世扬：《农地流转：困境与出路》，《法商研究》2014年第2期。

权与经营权分置的解读属于以政治话语替代法律术语的一种臆断，溢出了严谨的法律规则系统。① 曾野、江帆认为，土地承包权与经营权分置的法律构造不可能一劳永逸地解决农村双层经营制度中的诸多实质性与根本性矛盾，同时还会引发很多新的问题，如承包权与经营权的法律属性难以界定、与现有涉农法律规则体系难以有效调和等。② 王卫国表示，土地承包权与经营权分置不失为打破当前农地流转僵局的一种过渡性、局部性的策略安排，但这不过是对实践中农地使用权债权化流转方式——典型如出租、转包等的一种解说，事实上没有必要将其认定为是一种长期性和普遍性的土地物权现象。③ 申惠文认为，在土地承包权与经营权的分置改革中经济学思维发挥了主导作用，经济学中的产权与法学中的权利两者之间存在着较大的差别，因此将经营权视为一项独立的民事权利不符合基本的法学逻辑。④ 高飞认为，首先土地承包权仅仅为农民初始取得土地承包经营权的一种资格，土地承包权没有包含在土地承包经营权的内容中，因此不存在土地承包权从土地承包经营权中分离出来的问题；其次，土地承包经营权与从其中分离出去的土地经营权在法律属性方面并无二致。其实，土地承包权与经营权分置本质为农村土地"两权分离"权利结构的翻版，相较而言所有权、成员权与农地使用权的"三权分置"解读更具重要意义。⑤ 陈华彬认为，"土地承包权"与"土地经营权"系总的"土地承包经营权"项下的分权利、子权利，仅系实现或达成（农村）"土地承包经营权"这一用益物权权利的目的的手段或途径，不能分别成为两项独立的物权权利。⑥ 孟勤国指出，农地二元产权结构符合现代社会财产归属和财产利用相分离的内在规律和普遍现象，构建农地产权的三元结构可能引发农户家庭承包权架空集体土地所有权的社会风险，土地

---

① 陈小君：《我国农村土地法律制度变革的思路与框架——十八届三中全会〈决定〉相关内容解读》，《法学研究》2014年第4期。
② 曾野、江帆：《〈农村土地承包法〉立法目的评估与重构——兼评土地承包经营权"二次分离"论》，载李昌麒、岳彩申主编《经济法论坛》第14卷，法律出版社2015年版，第201—203页。
③ 王卫国：《城乡一体化与农地流转制度改革》，《国家行政学院学报》2015年第3期。
④ 申惠文：《法学视角中的农村土地三权分离改革》，《中国土地科学》2015年第3期。
⑤ 高飞：《农村土地"三权分置"的法理阐释与制度意蕴》，《法学研究》2016年第3期。
⑥ 陈华彬：《我国民法物权编立法研究》，《政法论坛》2017年第5期。

承包权与经营权分置没有改变农村土地的产权二元结构。① 韩松认为,在推进"三权分置"的政策背景下,民法典物权编对土地承包经营权的规定应当坚持其用益物权属性,没有必要将统一的土地承包经营权分置为土地承包权和土地经营权。②

(三) 土地承包经营权制度的研究综述

在此次以土地承包权与经营权分置为核心理念的农地新政出台之前,已有很多学者对土地承包经营权面临的观念羁绊以及制度障碍等诸多法律问题,进行了深度挖掘与理论探索。尤其是自2007年出台的《物权法》将土地承包经营权定性为用益物权以来,很多学者就对农地流转中各种物权化、资本化的新型流转方式所面临的制度瓶颈进行了研究。因此,梳理这一时期的土地承包经营权制度所面临的问题以及研究现状,有助于进一步发现在土地承包权与经营权分置改革中所面临的问题。经梳理,对其中的代表性文献可做如下概括和总结。

第一,土地承包经营权的制度设计缺陷与不足。如刘俊认为,在农民温饱问题已基本得到解决,并且随着城乡二元分割体制被逐步破解,农地不再承载单一的生存保障功能而是向财产功能过渡,然而现行法律在调和土地承包经营权的保障属性与物权属性之间陷入了顾此失彼的矛盾之中。③ 柳经纬指出,制约土地承包经营权有效流转的因素主要表现在四个方面:土地承包经营权受到承包合同债权属性的制约;土地承包经营权登记制度不健全;土地承包经营权受让主体身份范围的限制;土地承包经营权流转市场发育程度不足。④ 温世扬认为,源于权力深度介入的土地承包经营权被课以公法上的生存功能,致使其承受不能承受之重,徒有物权之名而处分权能残缺、支配力受到极大束缚。⑤

第二,土地承包经营权流转的法律机制研究。马新彦、李国强指出,

---

① 孟勤国:《论新时代农村土地产权制度》,《甘肃政法学院学报》2018年第1期。
② 韩松:《论民法典物权编对土地承包经营权的规定——基于"三权分置"的政策背景》,《清华法学》2018年第5期。
③ 刘俊:《土地承包经营权性质探讨》,《现代法学》2007年第2期。
④ 柳经纬:《我国土地权利制度的变迁与现状——以土地资源的配置和土地财富的分配为视角》,《海峡法学》2010年第1期。
⑤ 温世扬:《农地流转:困境与出路》,《法商研究》2014年第2期。

为实现土地承包经营权的规范有序流转,必须要解决集体土地所有权的主体虚置问题,明确土地承包经营权的用益物权属性,同时对流转方式进行类型化设置。① 郭继指出,由于我国各地的土地资源与社会资源存在较大差异,在开禁土地承包经营权抵押时应进行抵押模式创新,实行土地承包经营权的直接抵押、反担保抵押以及联合抵押等多种并存模式以满足社会发展之需。② 冯曦指出,以家庭承包方式获得的土地承包经营权入股公司应采取双重资本制的规则设计,也即土地承包经营权作为出资财产采取内外有别的方式。申言之,在双重资本制之下,土地承包经营权这一出资财产仅登记在公司章程中不在公司登记机关登记公示。③

第三,土地承包经营权制度的改革路径研究。张新宝认为,土地承包经营权制度未来应向朝着强化农地的资产功能、加强土地承包经营权的流转属性、促进土地资源的优化配置以及提高土地的利用效率等方向发展。④ 赵万一、汪青松指出,现行土地承包经营权存在制度功能超载与法律权能缺位两大缺陷,未来制度变革的目标为纯化土地承包经营权的制度功能并将土地承包经营权打造成具有确定法律含义和健全权能体系的民事权利。⑤ 马俊驹认为,为了有效利用土地资源,应对农民的土地使用权制度进行创新,推广土地承包经营权入股、抵押以及允许农民带着土地进城等。⑥

二 国外文献梳理

我国的农地制度研究存在一个制度预设或者说制度前提,即我国对

---

① 马新彦、李国强:《土地承包经营权流转的物权法思考》,《法商研究》2005 年第 5 期。
② 郭继:《土地承包经营权抵押的实践困境与现实出路——基于法社会学的分析》,《法商研究》2010 年第 5 期。
③ 冯曦:《家庭土地承包经营权入股公司的法律建构——基于公司双重资本制》,《法学杂志》2013 年第 2 期。
④ 张新宝:《土地承包经营权》,载王利明主编《物权法名家讲坛》,中国人民大学出版社 2008 年版,第 307 页。
⑤ 赵万一、汪青松:《土地承包经营权的功能转型及权能实现——基于农村社会管理创新的视角》,《法学研究》2014 年第 1 期。
⑥ 马俊驹:《中国城市化与农村土地财产权结构的变革》,载陈小君主编《私法研究》第 15 卷,法律出版社 2014 年版,第 27—30 页。

农村土地实行集体所有制与建立在非商品性制度基础上的农地无偿使用制。而在国外的农地制度中，除苏联以及东欧等一些社会主义国家曾经采用"集体农庄"这一制度外，现今世界上保留农村土地集体所有制的国家或地区非常罕见。因此，土地承包经营权作为专属于我国农地使用权的一种特有法律表述，完全有别于世界上任何一个国家的农地制度。国外与此相近的词汇为 land tenure、land-use right 等。有鉴于此，关于土地承包经营权制度方面的法律问题，主要是由中国学者在研究，也有一些中国学者在国外的期刊上发文。但随着中国的崛起、越来越多的对外交流、改革开放程度的日渐加大，也逐渐有很多的国外学者对中国的农地制度倍感兴趣并加以关注，形成了较为丰硕的成果。代表文献如 Liu, Shouying、Michael R. Carter 和 Yang Yao 认为，中国农村财产权利的困境本质在于农民、村社集体组织以及国家之间的利益之争趋于严重。解决的方法在于最大限度地认真探究引发农村产权制度变革障碍的农村现实情况、利益权衡之争的本质。[1] Prosterman Roy、Brian Schwarzwalder 和 Ye Jianping 认为在未来的立法中，应该对调整农地使用权的各项内容做出明确和清晰的规定。这些内容包括：（1）农地使用权转让给其他村民；（2）农地使用权转让给非农村集体成员；（3）农地使用权的可继承性；（4）户口登记状况的变更而改变农地使用权；（5）农地使用权的可继承性；（6）农地使用权的整体转让。总而言之，应将农地使用权认为是一种产权的表现形式而不是合同权利。[2] James Benjamin W. 认为，考虑到当前中国的多数人口从事农业经营活动，现有的农村产权制度必须改良旨在给予农民农地使用权充足的保证以及维持农地的使用价值、地力。[3] Rosato-Stevens Margo 认为，在中国仅仅依靠法律改革不能给予农民的农地使用权足够的安全保障，因为法律不能脱节于政治和经济的力量。农地使

---

[1] Liu S., Carter M. R., Yao Y., "Dimensions and diversity of property rights in rural China: Dilemmas on the road to further reform", *World Development*, Vol. 26, No. 10, 1998, p. 1789.

[2] Prosterman R., Schwarzwalder B., Jianping Y., "Implementation of 30 - year land use rights for farmers under China's 1998 Land Management Law: an analysis and recommendations based on a 17 province survey", *Pac. Rim L. & Pol'y J.*, Vol. 9, 2000, p. 568.

[3] James B. W., "Expanding the gap: how the rural property system exacerbates China's urban-rural gap", *Colum J. Asian L.*, Vol. 20, 2006, p. 491.

用权的安全保障必须考虑中国的政治和经济体制因素。从某种意义上说，农地使用权的演进史就是政治和经济体制改革的发展史。[1] Dean Robin 和 Tobia Damm-Luhr 认为，当前中国农地使用权的政策安排并没有真正地突破，为了使政策指令更有效，政府应当明确农地集体所有权的行使主体、落实农地登记制度以及培育农民关注自身权利的意识。通过落实这些措施，能够增强农地使用的安全保障。[2]

三 既有文献的评价

自中共十八届三中全会开启土地承包权与经营权分置的改革以来，具有经济学、管理学等学科背景知识的学者往往从产权的视角，在不触及土地公有制的底线内，来论证土地承包权与经营权分置的合理性，让农地真正地动起来，同时又不让农民"失地"。这可谓一举三得。其实，早在1990年左右经济学界就已提出农地的"三权分置"产权理论，只不过当时的称谓为"三权分离"。从上述对农地"三权分置""三权分离"的文献梳理来看，两者名异而实一。其实，不管在"三权分置"还是"三权分离"的背景下，农地的权利结构表现形态、农地流转的意义、农地的权利体系效应等呈现出了趋同一致之势。两者的差异在于："三权分离"的农地产权制度改革仅获得了地方政府规范性文件的认可[3]，尚未上升到国家政策的层面；而"三权分置"是我党在全面深化改革时期提出

---

[1] Rosato-Stevens M., "Peasant land tenure security in China's transitional economy", *BU Int'l LJ*, Vol. 206, 2008, p. 100.

[2] See Dean R., Damm-Luhr T., "Current Review of Chinese Land-Use Law and Policy: A Breakthrough in Rural Reform, A", *Pac. Rim L. & Pol'y J.*, Vol. 19, 2010, p. 121.

[3] 如1999年5月25日上海市农委出台的《上海郊区开展延长土地承包期工作 稳定和完善土地承包经营制度的意见》指出："坚持'三权'分离、权责明确的原则。'三权'分离就是要在明确土地所有权和稳定土地承包权的基础上，积极引导土地合理流转，搞活土地使用权。"2001年7月18日广东省委出台的《关于大力推进农业产业化经营的决定》指出："按'稳定承包权、搞活经营权、保护收益权'的原则，对有条件的地方，可依法鼓励多种形式的土地使用权流转，促进农业资源向优势产业和优势农业龙头企业集中。"2001年11月2日重庆市人民政府印发的《重庆市国民经济和社会发展第十个五年计划农业和农村经济发展重点专题规划的通知》指出："明确土地所有权，稳定土地承包权，搞活土地使用权。坚持自愿有偿的原则，依法进行土地使用权的合理流转，发展各种形式的土地适度规模经营。"等等。

的，并获得中央一系列涉农政策文件①的大力支持和推动。

相较于经济学界、管理学界等对"三权分置"（"三权分离"）的研究已取得丰硕研究成果而言，法学学科对土地承包权与经营权分置的研究严格意义上来说始于中共十八届三中全会之后，通过梳理既有文献发现已有研究还存在着一些不足之处。

首先，关于土地承包权与经营权分置的理论正当性欠缺深层次的法理辨析。从法学的视角审视土地承包权与经营权分置，折射出了不同的政策取向与制度主张，既有赞同者，认为掀起了新一轮的农地制度改革；也存在一些保留甚至严厉的批评声音，认为是政策对法律的僭越，但都存在说理不充分的缺憾。就赞成者而言，直接将土地承包权与经营权分置的政策安排跃入现有的农地法律制度框架之中对土地承包经营权实施法教义学改造，由于缺少政策文本表达与法律话语体系之间的有效衔接，也即没有经过详尽论证土地承包经营权分权设置为承包权与经营权的法律逻辑，两者难免存在排斥现象。就反对者而言，忽视了"现代民法是在不断修正和发展中的民法"②，任何民事法律制度并非一成不变而是顺应社会变迁而改变，因此应以动态和发展的眼光而非简单地以一种僵化或静态的视角审视农地制度的发展走向，认为土地承包权与经营权分置背离了他物权设立的逻辑基础，更认为是一种法学悖论的观点，过于"激进"与"武断"。然而，在上述不管是赞同还是持保留意见的文献中

---

① 代表性的中央文件如 2014 年 11 月 21 日中共中央办公厅、国务院办公厅印发了《关于引导农村土地经营权有序流转　发展农业适度规模经营的意见》；2015 年 2 月 1 日中共中央、国务院印发了《关于加大改革创新力度　加快农业现代化建设的若干意见》；2015 年 8 月 10 日国务院印发了《关于开展农村承包土地的经营权和农民住房财产权抵押贷款试点的指导意见》；2015 年 11 月 2 日中共中央办公厅、国务院办公厅印发了《深化农村改革综合性实施方案》；2016 年 1 月 27 日中共中央、国务院发布了《关于落实发展新理念　加快农业现代化　实现全面小康目标的若干意见》；2016 年 10 月 30 日中共中央办公厅、国务院办公厅印发了《关于完善农村土地所有权承包权经营权分置办法的意见》；2016 年 12 月 31 日中共中央、国务院发布了《关于深入推进农业供给侧结构性改革　加快培育农业农村发展新动能的若干意见》；2017 年 10 月 18 日习近平同志代表第十八届中央委员会在中国共产党第十九次全国代表大会上向大会做的报告《决胜全面建成小康社会　夺取新时代中国特色社会主义伟大胜利》；2018 年 1 月 2 日中共中央、国务院发布的《关于实施乡村振兴战略的意见》；等等。

② 转引自马俊驹《中国城市化与农村土地财产权结构的变革》，载陈小君主编《私法研究》第 15 卷，法律出版社 2014 年版，第 21 页。

除极个别文献①关注到土地经营权已入法外,绝大多数文献忽视了2014年修正并于2015年5月1日起生效实施的《行政诉讼法》首开"农村土地经营权"入法之先河,也即在2014年修正的《行政诉讼法》第12条第1款第7项将行政机关侵犯农村土地经营权的行为纳入行政诉讼的受案范围序列这一重要事实。申言之,自2015年5月1日之后,农村土地经营权已不再停留在中央的政策层面,在法律领域逐渐获得了一席之地。2017年修订并于2018年7月1日起生效实施的《农民专业合作社法》第13条第1款再次明确土地经营权已是一项实定法上的权利。

其次,在认可土地承包权与经营权分置合理性的现有文献方面,一方面对于土地承包权与经营权分置方式的法律表达,无论是在技术路径、理论分析还是制度设置等方面,还远未达成共识。较大的理论分歧和学说争议,显然不利于当前民法典物权编编纂、《农村土地承包法》修改过程中对土地承包权与经营权分置进行制度构建。另一方面,还没有对土地承包权与经营权分置下农地制度变革的观念、法理基础、法律逻辑;土地承包权与土地经营权的法律认知与法权构释;土地承包权人与土地经营权人的权利义务内容;土地承包经营权分权设置的体系效应;土地承包权与经营权分置下农地流转的法律监管与风险防范等内容进行立体式、全方位的系统论述。也即还没有设计出一套既符合中国国情又不违背我国物权法、农村土地承包法等法律的基本理念和基本原则、切实可行的制度设计。再好的农地变革理念,如果无法落实到法律层面,将会"无法可依",也就无法转化为一场制度革命和社会变革。

最后,关于土地承包权与经营权分置这一农地新政出台以前的有关土地承包经营权制度方面的文献由于受制于文章的时效性,未能将

---

① 在法学领域,不同研究方向的学者主要集中在自己的学术自留地开展法学研究。当前,土地承包权与经营权分置主要是由具有民商法、经济法专业背景知识的私法学者在研究,鲜有私法学者会将自己的研究关注点置于公法领域。因此,对于已在2014年修正的《行政诉讼法》中"悄悄"将土地经营权入法之事没有引起私法学者关注也就不足为奇。当前,在相关学术著作及文献中,王利明教授在其所著的《我国民法典重大疑难问题之研究》一书中关注到了土地经营权已入2014年修正的《行政诉讼法》的事实。参见王利明《我国民法典重大疑难问题之研究》(第二版),法律出版社2016年版,第375页。此外,高圣平教授发表在《法学》2018年第2期的名为《论农村土地权利结构的重构——以〈农村土地承包法〉的修改为中心》一文中同样也关注到了土地经营权入2014年修正的《行政诉讼法》的事实。

研究的视角和参照系奠定于土地承包权与经营权分置的基础上。在土地承包权与经营权分置全新理念指导之下的土地承包经营权制度改革的参照系发生重大转变的情况下，研究的重心在于土地承包经营权自身权能的分解和权能重塑。客观地说，之前已有的文献对当下的指导意义有限。因此，必须根据参照系的变化，对土地承包经营权制度进行系统化的研究。

此外，国外的文献从法律、经济、政策等角度关注中国的农村土地使用权制度、下一步农地改革的方向以及改革面临的社会约束条件等。其结论基本与土地承包经营权制度的研究文献结论相一致。

第三节　研究思路及方法

一　研究思路

本书以问题意识为导向，首先表明为何要进行土地承包权与经营权的分置改革其是否与下一步的农地制度改革方向相一致。在此基础上，进一步追问土地承包权与经营权分置，应该如何分、怎么分？分的到底是什么，是对土地承包经营权的权利进行解构还是农地功能的分离？对分置后的土地承包权与土地经营权如何进行法律上的认知？分置后的农地权利体系效应如何？最后，旨在对土地承包权与经营权分置改革进行制度回应。

因此，本书研究的总体框架如下（图0—3）。

具体而言，本书首先从历史的角度回溯土地承包经营权的逻辑演进历程，一方面旨在表明既有的土地承包经营权制度设计并非尽善尽美，而是面临着先天不足的法权构造缺陷与后天失调的现实困境；另一方面为土地承包权与经营权分置改革提供生动的历史注脚。随着当前城乡统筹发展的深入推进、农民群体内部分化现象的出现以及农地价值呈多元化发展趋势，土地承包权与经营权分置改革应运而生更是势在必行，这为变革土地承包经营权制度提供了新的法治路向。

土地承包权与经营权分置是破解土地承包经营权制度困境的出路，然而在分置方式的法律表达方面学界远未达成共识。通过对不同分置方式的评释与审思，维持土地承包经营权制度是土地承包权与经营权分置

```
┌─────────────────┐
│ 土地承包权与经营权 │
│ 分置改革的法治因由 │
└────────┬────────┘
         ↓
┌─────────────────┐
│ 土地承包权与经营权分置 │
│ 如何分？分的是什么？土 │
│ 地权利解构抑或农地功能 │
│      分离？      │
└────────┬────────┘
         ↓
┌─────────────────┐
│ 分置后土地承包权与 │
│ 土地经营权的法律认知 │
└────────┬────────┘
         ↓
┌─────────────────┐
│ 土地承包权与经营权 │
│ 分置后的法治实益也 │
│ 即农地权利体系效应 │
└────────┬────────┘
         ↓
┌─────────────────┐
│ 土地承包权与经营权 │
│ 分置的制度回应 │
└─────────────────┘
```

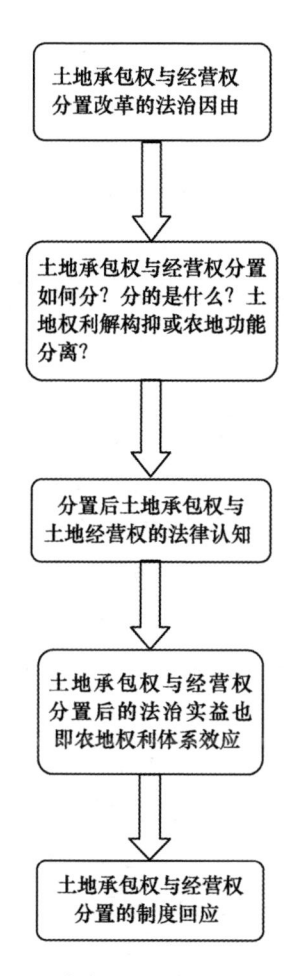

图 0—3 本书的研究框架与主要内容

的现实选择；土地承包权与经营权分置的落脚点不在于权利解构而在于农地功能的分离，核心要义即为从土地承包经营权中分离出一项物权性质的土地经营权，发挥土地的物权资本功能。研究表明，土地承包经营权的类所有权法律地位与属性允许在其基础上设定新型用益物权——土地经营权。因此，土地承包权与经营权分置方式的法律表达为："土地承包经营权的类所有权属性——新型用益物权"的权利结构。

在土地承包权与经营权分置方式确立之后，紧接着对分置后的土地承包权与土地经营权的法律属性以及权利义务内容展开实质探讨。土地承包权为权能分离之后的土地承包经营权的代称，其法律属性没有发生改变。分置后，土地承包权人的权利为土地承包人身份保有权、土地经营权设立对价获取权、耕地征收财产补偿权、承包地有偿退出权以及监督土地经营权人按照土地属性和合同约定合理利用和使用土地等。相应地，土地承包权人承担的义务为对土地承包经营权承担权利瑕疵担保义务、维护农业经营主体土地经营权的义务、尊重农业经营主体生产经营自主权的义务以及向集体如实报告土地流转的义务等。土地承包经营权与土地经营权属于母子权利关系，土地经营权从土地承包经营权中分置符合物权法理并未违背"一物一权"原则，其法律效果等同于土地承包经营权在时间维度上的分割。分置后，土地经营权人享有土地的使用收益权、土地特别改良费用返还请求权、土地征收补偿权等，相应地土地经营权人的义务为土地经营权设立对价支付的义务、按照农业用途使用土地的义务以及保持土地生产力的义务等。

土地承包权与经营权分置后，从土地承包经营权中派生出来的新型用益物权——土地经营权，在于修复农地物权化流转长期以来裹足不前的法律缺憾，改变了以往对农地由"实物形态的占有"到"价值形态的利用"的职能翻转与权利飞跃。土地承包权与经营权分置下土地承包经营权的抵押在于发挥土地的融资功能，解决农业投入面临的资金问题。考虑到农村金融的实际运行状况，土地承包经营权抵押规则的设计应引入农村土地政策银行、土地承包经营权抵押权的设立应采取登记生效主义模式、土地承包经营权抵押权的实现方式可引入强制管理等。土地承包经营权的入股与信托在于实现土地的规模化经营与农业现代化。在土地承包经营权入股的规则构建时，应协调好土地经营权的期限性与农业公司永续性、建立科学合理的农民股东利益分配规则、维护好农民股东共益权的行使以及在农业公司破产清算时建立合理的土地经营权破产处置规则等。在土地承包经营权信托规则设计方面，农村土地信托机构的设立有别于普通的信托公司，应降低其市场准入标准，在信托法律关系主体的设计方面，委托人与受益人应当以集体组织中的农民为主。

最后，土地承包权与经营权分置应当处理好改革与法治之间的良性互动关系，坚持"法治土改"的思维，通过立法的形式引领改革。当前，土地承包权与经营权分置改革渐次在立法层面获得回应，2014 年修正的《行政诉讼法》第 12 条第 1 款第 7 项与 2017 年修订的《农民专业合作社法》第13条第1款已将土地经营权法律化。在通过授权试点放活土地经营权的基础上，紧紧抓住民法典物权编编纂和《农村土地承包法》修改的大好良机。从两法的立法分工和技术衔接来看，其中，民法典物权编的编纂在于解决土地经营权的权利身份问题；《农村土地承包法》的修改在于从法律制度层面完整确认土地承包权与经营权的分置改革。土地承包权与经营权分置就其本质而言是对农村土地利益格局的重新调整与安排，土地承包权与土地经营权归属于不同的权利主体，必然涉及土地承包主体与土地经营主体之间的利益协调机制以及土地经营权设立过程中的风险防范机制等一系列问题研究。

二 研究方法

（一）历史分析法

通过回溯家庭联产承包责任制的逻辑演进轨迹，解构土地承包经营权的生成机理并对其进行"历史解码"，为土地承包权与经营权分置的改革提供生动的历史注脚。也即通过历史回顾一方面表明土地承包权与经营权分置符合土地承包经营权制度的未来变革方向；另一方面纠正法学界对土地承包权与经营权分置存在的一些理论误读与理解偏差。

（二）法律实证分析法

即研究《物权法》《农村土地承包法》《担保法》等法律中涉农条文与土地承包权与经营权分置理念的兼容性以及可能面临的具体制度障碍，并运用法律解释学作为研究手段分析土地承包权与土地经营权在既有法治框架内的分置方式以及对土地承包权与土地经营权展开应然层面的法律认知。

（三）定量分析法

本书所采用的是简易的定量分析法。具体而言，是指通过图表等直观的方式对家庭承包耕地流转规模、农民的非农收入情形、农民的非农就业、土地承包权与经营权分置的不同法律表达方式、土地承包权人与土地经营权人的权利义务关系结构等进行简单的描述性统计和分析，直观地反映土地承包经营权制度变革所面临的外部环境变化、土地承包权与经营权分置方式的学理论争、土地承包权与土地经营权的权利内容等。

第四节　相关概念的厘定

一　土地承包权与经营权分置

我国土地制度结构的第一层次是所有制，第二层次是权利构成。由于第一层次的土地所有制是被宪法严格锁定的，所以农村土地制度改革只能在第二层次的权利层面寻求改变与创新。土地承包权与经营权分置作为中共十八届三中全会以来开启的一项崭新的农地新政，是在坚持农村土地集体所有的前提下，也即不触碰土地公有制这一红线，土地承包经营权分权设置为土地承包权和土地经营权，实现土地所有权、土地承包权与土地经营权的"三权分置"。尽管经济学界、管理学界等对"三权分置"存在不同的称谓，如"三权分离""三权分立"等表述，但名异而实一。因此，如果没有特别说明，除在引用文献时出于对原文的尊重会使用"三权分离"等表述外，本书将遵循国家最高层的意旨在文中统一使用"三权分置"这一称谓。其实，从法学视角以观，不管是"三权分离""三权分立"还是"三权分置"，由于不涉及对集体土地所有权的变动和调整，本质实为土地承包权与经营权的分置改革。

二　农地

从文义层面解读，农地是农村土地的一种简称。按照《土地管理法》与《物权法》的规定，在用途上，农地可被类型化为农业用地（包括耕地、林地等）、农村建设用地（宅基地、公益性建设用地、经营性建设用地等）以及荒地（荒山、荒沟等未利用的土地）等；遵循权利形态标准，农地包括集体土地所有权、集体建设用地使用权、土地承包经营权以及宅基地使用权等。根据土地承包权与经营权分置的顶层设计，2014年11月20日中共中央办公厅、国务院办公厅印发的《关于引导农村土地经营权有序流转发展农业适度规模经营的意见》已将农村土地限定在承包耕地的范围内。因此，本书所指农地集中指向农业生产用地中的耕地而不包括其他形态的农业用途土地，如园地、林地、草地、养殖水面、四荒地等。

三 土地承包经营权

我国《农村土地承包法》将农地的承包类型划分为家庭方式承包和其他方式承包两种类型。由于以其他方式承包的农地，不具有社会保障功能且对承包人不设身份限制，因此以其他方式承包的土地承包经营权不受观念羁绊和制度障碍，可自由流转，典型如抵押、买卖、入股等，属于完整意义上的物权。本书未将其纳入研究对象。此外，《土地管理法》将土地承包经营权分为农民集体所有土地承包经营权和国有土地承包经营权两种类型。本书所指的土地承包经营权是指在农民集体所有土地之上以家庭方式承包耕地，而不包括承包其他类型的农用地。

第一章

土地承包经营权的制度困境以及土地承包权与经营权分置的必要性

  土地制度是一项国家基本财产制度。关于土地归属与利用方面的制度安排与设置，不仅与社会稳定紧密相连，而且事关国家兴衰与人民福祉。新中国成立后，农村土地的物权关系与形式以农民所有农民利用为开端，历经集体所有集体利用之后，最终确立了集体所有农民利用的家庭承包经营制。这是我国农村经济体制改革的一大重要成果，在历经数十年的逻辑演进之后实现了土地承包经营制度的法律化，并最终成为一项获得《物权法》保护的独具中国特色的农村土地财产权利。然而，既有的土地承包经营权制度设计并非尽善尽美而是面临着身份制约、农地保障功能过度演绎、处分权能残缺等法权构造缺陷与权利功能弱化，进而难以形成农地的规模化效应、释放农地的融资功能，阻碍了新型农业经营体系的设立与运营。然而，改革开放40年以来，城乡二元分化治理的现象正被逐步消除，取而代之的是城乡统筹发展；农民实现了财产权利和身份自由的双重解放[①]。此外，农地的价值呈多元化发展趋势，不再是单一的生存保障功能而转向投资和资本功能。因此，在有关土地承包经营权制度的外部环境与微观基础都已发生深刻变革的大背景下，土地承包权与经营权分置改革应运而生更是势在必行，这为变革土地承包经营权制度提供了新的法治路向。

---

① 周其仁：《改革的逻辑》，中信出版集团2017年版，第91页。

第一节 土地承包经营权的逻辑演进与制度困境

一 土地承包经营权的逻辑演进

(一) 土地承包经营制度的历史沿革

新中国成立后,农村土地制度并非一成不变,而是随着社会主义改造运动处于变动不居的状态。后经农民的自发创造产生了家庭联产承包责任制,标志着土地承包经营制度的确立。具体而言,关于农村土地所有制与土地经营方式的变化大致经历了如下三个重要阶段。

1. 农村土地农民所有的确立

中国革命,究其本质而言,属于农村土地制度的改革问题。新民主主义革命的胜利,废除了几千年以来封建土地的地主所有制,变为农民土地所有制,实现了"耕者有其田"普惠于广大农民群众的平均地权夙愿。1950年6月中央人民政府通过的《中国土地改革法》一方面以法令的形式认可土地农民所有,并允许土地的自由买卖、交易和出租等;另一方面在全国范围内拉开了轰轰烈烈的土改序幕。及至1953年底土地改革的完成,全国3亿多无地、少地的农民无偿地获得了7亿多亩的土地和其他生产资料,免除了过去每年向地主缴纳700亿斤粮食的苛重地租。[①]这一举措极大调动了农民的生产热情和生产积极性,有力支持了新中国成立后农业生产力的发展与恢复。为了巩固上述土地改革的成果,1954年9月,首届全国人大第一次会议通过的《宪法》第8条第1款规定:"国家依照法律保护农民的土地所有权和其他生产资料所有权。"这就使得土地的农民所有获得了国家根本大法的明文保障。在这一阶段,土地的所有权主体和具体从事农业生产活动的经营主体高度集合于农民一身。农民土地所有制的确立并非简单的法令安排,而是有其深厚的历史原因。新中国政权的创设,很大程度上源于广大劳动人民群众的参与和支持。因此,革命胜利成果取得之后,必须在土地所有制的安排上以农民的利益为依归,这源于中国共产党履行新中国成立之前的庄严政治承诺和稳

[①] 国家统计局:《伟大的十年——中华人民共和国经济和文化建设成就的统计》,人民出版社1959年版,第29页。

定新生政权的根基两大原因。

2. 农村土地集体所有的建立

随着农民土地所有制的实施，一些结构性问题和深层次矛盾逐渐在农村中暴露出来。首先，农户之间逐渐出现"两极分化"的现象①，这将不可避免地引发土地兼并，也即农户的破产、大地主的再现，这是当时的决策者所担忧同时又必须面对的一个棘手问题。其次，农民均分获得的小块土地所有制按其本质来说排斥社会劳动生产力的发展、劳动的社会形式以及资本的社会积聚。② 最后，农民土地所有制对社会主义工业化建设的背离。面对农村中出现的新问题，中央人民政府开始积极探索，并于1953年开启了农民合作化运动，于是第二轮农村土地改革就此展开。这一时期的土地制度变迁大致经历了如下三个历程。

第一个历程为1953年至1956年的初级合作社阶段。相较于新中国成立初期的土地农民所有、农民经营，在初级合作社阶段已演变为土地农民所有、集体经营，这是最深刻的一个变化。第二个历程为1956年至1958年的高级合作社阶段。农村土地从个体农民所有变为社会主义劳动群众集体所有，土地所有权与经营权统一归并于高级合作社，农户家庭经营主体地位被农业基层经营组织与基本经营单位取代。③ 第三个历程为1958年至1978年的人民公社阶段。由"小社并大社"，最终确立了政社合一的"人民公社制"，具体而言，是由"公社—生产大队—生产队"组成的呈金字塔形的层级结构组织，实行三级所有制（图1—1）。后经过一系列的探索与调适，最终确立了"三级所有、队为基础"的农村土地集体所有制。这种集体土地所有制沿革并承袭至今。以后的农村土地制度改革仍旧维持这种农地集体所有制，改革的重心在于如何转变经营方式，实现所有权与使用权、经营权的分离，从而在维持社会主义公有制的基础上，激发农民的生产活力与劳动积极性。④

---

① 陈吉元等主编：《中国农村社会经济变迁（1949—1989）》，山西经济出版社1993年版，第88页。

② 《马克思恩格斯文集》第7卷，人民出版社2009年版，第912页。

③ 刘广栋、程久苗：《1949年以来中国农村土地制度变迁的理论和实践》，《中国农村观察》2007年第2期。

④ 张平华等：《土地承包经营权》，中国法制出版社2007年版，第4页。

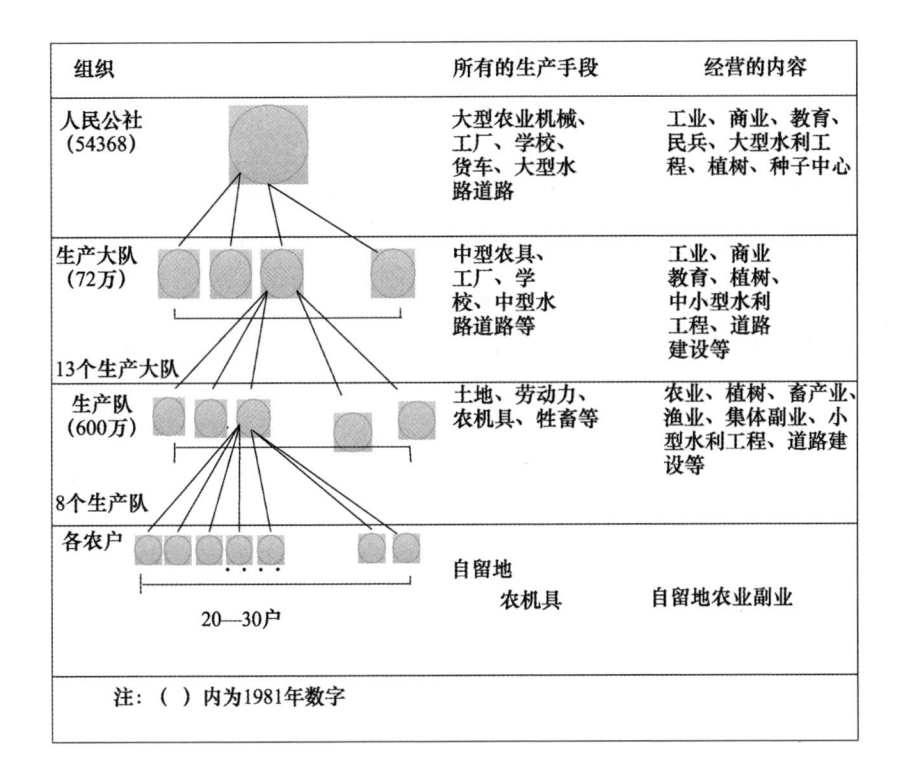

组织	所有的生产手段	经营的内容
人民公社 (54368)	大型农业机械、工厂、学校、货车、大型水路道路	工业、商业、教育、民兵、大型水利工程、植树、种子中心
生产大队 (72万)	中型农具、工厂、学校、中型水路道路等	工业、商业、教育、植树、中小型水利工程、道路建设等
生产队 (600万)	土地、劳动力、农机具、牲畜等	农业、植树、畜产业、渔业、集体副业、小型水利工程、道路建设等
各农户 20—30户	自留地 农机具	自留地农业副业

注：（ ）内为1981年数字

图1—1　人民公社组织

资料来源：转引自［日］小川竹一《中国集体土地所有权论》，牟宪魁、高庆凯译，《比较法研究》2007年第5期。

3. 家庭联产承包责任制的产生

事实证明，这种以农村土地三级所有、集体统一经营的农村土地产权制度的实际生产函数远远小于生产可能性边界，农民的实际收入水平长期低于潜在收入水平。[①] 因此，农村土地集体所有、集体经营的运行方式变革势在必行。尽管早在初级合作社阶段，已经取消了土地的农户经营，然而土地农户经营的内在冲动未曾停顿过。"包产到户"作为农户经营的一种基本形态，在家庭联产承包责任制产生之前，曾出现过三次。第一次是1957年左右，在创办高级合作社时，尽管生产资料公有化，但不搞统一经营，多余农产品归农户所有；第二次是在"三年自然灾害"

---

① 王利明主编：《物权法名家讲坛》，中国人民大学出版社2008年版，第281页。

时期，农民自发搞包产到户；第三次是 1964 年，农民出于生活艰辛再次包产到户。①"包产到户"是受经济法则驱使的，因此可导不可堵。②尽管前三次"包产到户"试图突破农地集体经营的旧制，出于政治意识形态的原因，"虽都由于严格的政府政策把其剔除在制度选择之外而受到遏制和取缔，但却为这之后的家庭联产承包责任制的普遍推行埋下了种子"③。及至 1978 年，发轫于安徽小岗村的家庭联产承包责任制，基于农民自发创造与国家政策支持的双向互动，逐渐形成了土地农村集体所有、作为集体组织成员的农户自身为完整独立的生产经营单位和核算单位承包经营农地。农户可以对农地行使占有、使用和收益权能。在历经包括包工到组、联产计酬、联产到劳、包产到户等多种形式的农业生产责任制之后，最终形成了广受劳动人民群众欢迎的"包干到户"，也即"交够国家的，留足集体的，剩下的都是自己的"。④1984 年之后，家庭联产承包事实上只剩下包干到户，尽管家庭联产承包的称呼沿用至今，但实际上包干到户与联产早无关系，仅指土地的家庭承包经营。⑤

（二）土地承包经营制度的法律实证化

在家庭联产承包责任制产生后相当长的一段时间内，关于土地家庭承包的调整，处于"无法可依"的境地，主要依靠中央发布的各类政策指令⑥予以规范和调整。然而，与法律相比，政策稳定性不强、欠缺定分止争的功能，同时也不能给予当事人带来稳定的行为预期。法律赋权的缺失致使农民的土地承包经营权为一种政策性权利并呈现出浓厚的行政管理色彩。因此，亟须通过土地承包经营权的入法实现该项制度的"有法可依"。土地承包经营权的法律化并非一蹴而就，而是经历了从粗疏到详尽、由模糊到具体、由局部到整体的一

---

① 杜润生：《中国农村制度变迁》，四川人民出版社 2003 年版，第 4—5 页。
② 同上书，第 5 页。
③ 何玉长等：《新中国经济制度变迁与经济绩效》，中国物资出版社 2002 年版，第 132 页。
④ 国鲁来：《农村基本经营制度的演进轨迹与发展评价》，《改革》2013 年第 2 期。
⑤ 孟勤国：《中国农村土地流转问题研究》，法律出版社 2009 年版，第 38 页。
⑥ 如 1982 年中共中央发布的《全国农村工作会议纪要》，1983 年中共中央出台的《当前农村经济政策若干问题》，1984 年中共中央颁发的《关于农村工作的通知》，1985 年中共中央、国务院发布的《关于进一步活跃农村经济的十项政策》；等等。

个较长过程，同时也是把实践中行之有效的政策上升为法律的过程。

1.《农村土地承包法》出台之前的立法制度安排

在法律层面，最早对土地承包经营权做出规范调整的是1986年出台的《民法通则》，并将土地承包经营权置于第五章民事权利之下的第一节"财产所有权和与财产所有权有关的财产权"部分中的第80条第2款和第81条第3款[①]，力图变以往的政策性权利为民事权利。但该法并未使用"土地承包经营权"这一立法表达，而是采用"承包经营权"或"土地的承包经营权"。此外，《民法通则》还引入了农村承包经营户[②]，这属于改革开放初期在计划经济体制之下抑制集体经济组织成员（农民）从事工商业活动开禁的法律产物，更是体现了立法者希望以家庭方式而非集体成员个人承包经营的立法意图，因为在农村的基本单元组织是家庭而非个人。尽管《民法通则》从民事基本法的高度将土地承包经营权认定为一种民事权利，但不足之处也是显而易见的，即为立法的简约规定，这就难以为实践发挥详尽的指引功能。

1987年开始施行的《土地管理法》，经1998年修订后于第14条第1款规定："农民集体所有的土地由本集体经济组织的成员承包经营……农民的土地承包经营权受法律保护。"这是法律层面首次使用"土地承包经营权"的称谓，但令人遗憾的是，该法并未对土地承包经营权下一个准确定义。需要注意的是，该款明确规定集体经济组织成员才有资格承包集体土地进行农业生产活动。由于《土地管理法》是经济管理法，其立法目的在于宏观经济秩序的管理及确立而不是明确民事主体对土地享有的权利，因此不可能对土地承包经营权做出详尽的规定。[③] 此外，1993年出台的《农业法》第13条赋予了承包方对农地的法定生产经营决策权、

---

① 《民法通则》第80条第2款：公民、集体依法对集体所有的或者国家所有由集体使用的土地的承包经营权，受法律保护。承包双方的权利和义务，依照法律由承包合同规定。《民法通则》第81条第3款：公民、集体依法对集体所有或者国家所有由集体使用的森林、山岭、草原、荒地、滩涂、水面的承包经营权，受法律保护。承包双方的权利和义务，依照法律由承包合同规定。

② 《民法通则》第27条：农村集体经济组织的成员，在法律允许的范围内，按照承包合同规定从事商品经营的，为农村承包经营户。

③ 张平华等：《土地承包经营权》，中国法制出版社2007年版，第11页。

产品处分权以及收益权等①，由于农业法也只是做出粗疏规定，因此象征意义远远大于实际的操作意义。

2. 《农村土地承包法》与土地承包经营权制度的体系化建设

在《农村土地承包法》出台之前关于土地承包经营权的规定散见于各法律部门之中，还没有进入专门立法的阶段。2002年颁布的《农村土地承包法》是在全面深化总结我国农村土地制度改革经验基础上的立法产物，将党在农村的基本政策法律化，巩固了改革开放以来农村经济体制改革的重要成果，赋予了农民长期而有保障的土地使用权。② 农村土地既是农民的基本生产资料，也是农民最可靠的生活保障，土地承包经营权是国家依法赋予农民的基本权利。③

从《农村土地承包法》的体例编排结构来看，该法分为总则、家庭承包、其他方式承包、争议的解决和法律责任以及附则五章，共计65条。其中，将两类不同的土地承包方式作为立法主线并由此铺陈开来，但立法的重心在于突出土地的家庭承包和家庭承包土地的流转、保护。具体而言，在家庭承包方面，对土地承包经营权的权利主体、承包原则与程序、承包期限、权利流转、权利救济等方面对土地承包经营权进行了全方位、立体式的详尽规定和体系化构建。从目前来看，《农村土地承包法》成了我国调整土地承包经营关系的一部主干法。该法出台之后，一系列涉农法律、法规、司法解释等相继跟进。比如，《农业法》与《土地管理法》进行了相应修正，最高人民法院发布了关于审理土地承包经营权纠纷案件的司法解释④等。该法的出台具有里程碑意义是不言而喻的，然而关于土地承包经营权的性质究竟是物权还是债权并没有随着该法的顺利实施而"偃旗息鼓"。此外，以家庭承包方式获得的土地承

---

① 1993年《农业法》第13条第1款：除农业承包合同另有约定外，承包方享有生产经营决策权、产品处分权和收益权，同时必须履行合同约定的义务。

② 《农村土地承包法》第1条：为稳定和完善以家庭承包经营为基础、统分结合的双层经营体制，赋予农民长期而有保障的土地使用权，维护农村土地承包当事人的合法权益，促进农业、农村经济发展和农村社会稳定，根据宪法，制定本法。

③ 本报评论员文章：《农村土地承包的法律保障》，《人民日报》2002年8月30日。

④ 《最高人民法院关于审理涉及农村土地承包纠纷案件适用法律问题的解释》（法释〔2005〕6号）已于2005年3月29日由最高人民法院审判委员会第1346次会议通过，自2005年9月1日起施行。

包经营权是在集体组织内部按家庭人口平均分配的，对权利人而言具有生存保障的功能，故在土地承包经营权诞生之日起身份色彩就与其如影随形。因此土地承包经营权的流转受到严格的文法管控，往往只能在集体组织内部，难以形成土地的规模化经营，间隔了外来资本与农地的联姻。

3.《物权法》对土地承包经营权制度的完善

土地承包经营权，究其本质而言，属于在集体所有土地之上的一种农民土地使用权。2007年出台的《物权法》将"土地承包经营权"放置于用益物权编之下并设专章予以规定。尽管从法律条文的配置来看，《物权法》通过法条搬家的方式，将《农村土地承包法》中相关条文直接进行转移，① 并且条文内容存在叠床架屋的嫌疑。此外，对于土地承包经营权流转的思路基本沿袭了《农村土地承包法》的规定，没有去除农地自身蕴含的身份色彩。但《物权法》出于对中央"稳定土地承包关系并长久不变"政策的回应，通过立法的方式直接赋予了土地承包经营权的物权效力，并结束了土地承包经营权的属性之争。由于物权法是一部民事基本法和民事主干法，因此在法律渊源方面将其提高到了民事基本法律制度的层面。相较于《农村土地承包法》，《物权法》对土地承包经营权的进步意义还表现在以下几方面：首先，财产独立和人格自由是民法上的重要原则，土地承包经营权的物权化，一方面使其成为农民的一项重要私人财产权，另一方面农民有权在自己的农地上自主开展农业生产经营活动并排除集体组织对土地承包经营权的任意调整和回收。其次，对土地承包经营权的内涵首次进行了正面回应，是以对物的占有、使用、收益为内容的权利，在性质上是对物的支配权。② 再次，对于土地承包经营权承包期限到期之后的处理办法，《农村土地承包法》语焉不详，按照

---

① 《物权法》中土地承包经营权共11个条款（第124—134条），其中有8个条款（第124条、第125条、第126条、第127条、第128条、第130条、第131条、第133条）与《农村土地承包法》有法源关系，特别是土地承包经营权的立法界定（第125条）承继了《农村土地承包法》对土地承包权的规定（第2条、第3条、第5条、第9条、第16条）。参见丁文《论土地承包权与土地承包经营权的分离》，《中国法学》2015年第3期。

② 参见王利明《物权法研究》下卷（第三版），中国人民大学出版社2013年版，第811页。

《物权法》第126条①的规定存续期间到期之后可续期承包，旨在最大限度地将农民对土地的依存关系更加紧密和牢固。最后，承包地被国家征收时，农民有权获得相对应的合理补偿费用。这也从反面印证了土地承包经营权是为农民所享有的一项私人财产权。

二　土地承包经营权的法权构造缺陷与现实困境

土地承包经营权作为我国农村经济体制改革的产物，在历经30多年的逻辑演进之后基本实现了土地承包经营制度的法律实证化过程，成为一项独具中国特色的农村土地财产权利。形成了以《农村土地承包法》为核心，《民法通则》《土地管理法》《物权法》《农业法》等一系列涉农法律的规范群，对土地承包经营权的规整真正进入了法制化轨道，更是提升了土地承包经营权的法律地位。尽管如此，由于受到土地承包经营权制度沿革的历史羁绊和农村社会现实状况的制约，此外随着农村经济状况的改善、农民收入结构的变化、城镇化浪潮的席卷、农业现代化等一系列因素的影响，既有的土地承包经营权制度设计并非尽善尽美，而是面临着先天不足的法权构造缺陷与后天失调的现实困境。

（一）土地承包经营权的法权构造缺陷

土地承包经营权制度的历史演进表明，脱胎于权力深度介入的土地利用制度、生长在权利意识淡漠的土壤之中的土地承包经营权有着先天性的不足②，具体表现在以下三方面。

1. 农地的身份制约

传统大陆法系国家的土地用益物权大多建立在土地的私有制基础之上，因此用益物权人与土地所有人之间不存在特定的身份上的隶属关系。③ 然而，我国实行农村土地集体所有制，按照《物权法》第59条第1款的规定属于"成员集体所有"。由集体所有权的公有性质决定，农民的土地承包经营权不是一般意义上的用益物权，农民作为集体组织成员

---

① 《物权法》第126条：耕地的承包期为三十年。草地的承包期为三十年至五十年。林地的承包期为三十年至七十年；特殊林木的林地承包期，经国务院林业行政主管部门批准可以延长。前款规定的承包期届满，由土地承包经营权人按照国家有关规定继续承包。

② 温世扬：《农地流转：困境与出路》，《法商研究》2014年第2期。

③ 周应江：《家庭承包经营权：现状、困境与出路》，法律出版社2010年版，第202页。

是在自己与本集体的其他成员共同所有的土地上取得土地承包经营权的。[①] 这就使得作为土地承包经营权主体的农民与集体组织之间存在着难以割舍的身份纠缠关系，也正是在这一层面上土地承包经营权并非是一种完整意义上的财产权而是带有身份色彩的财产权。土地承包经营权的身份色彩贯穿于该权利的得失变更始终。

首先，在土地承包经营权的原始取得层面。立法运用身份划分在自然人这一共同体内，以是否为集体组织成员作为适用法律和获得承包土地权利的基准。按照《土地管理法》第14条第1款、《农村土地承包法》第5条第1款与第15条的规定[②]，土地承包经营权有且只能由作为集体经济组织成员的农民享有，并且是一项不可剥夺的天赋权利。发包方有义务保证，以户为单位的家庭组织成员人人都享有承包土地的份额，也即"按户承包、人人有份"。法律不问获得承包土地农民的行为能力状况、职业类别、宗教信仰等。因此，土地承包经营权原始取得时候的人是一种作为集体组织成员的"抽象人"，"这种人，在智慧能力、经济力、社会力、信息收集力等方面的差异都被抽象掉了"[③]。其次，在土地承包经营权的权利运行层面。尽管土地承包经营权已获"物权"的名分，但该项权利承载着稳定农村的政治功能并与家庭关系相纠缠，致使该权利自始至终就被浓厚的身份因素裹挟。尽管《农村土地承包法》在第二章第五节设专节予以规范土地承包经营权的流转，但细究流转方式不难发现，立法一方面允许并鼓励土地向集体组织外部的种地能手、农业公司、农民专业合作社等现代农业经营组织体流转释放农地的规模效应，但另一方面又严格限制土地承包经营权从集体组织成员手中分离出去，换言之，尽量将土地承包经营权的流转控制在一个封闭性的集体组织内部。因此，土地承包经营权的流转规则尽显自身逻辑矛盾

---

① 参见马俊驹《中国城市化与农村土地财产权结构的变革》，《私法研究》2014年第1期。
② 《土地管理法》第14条第1款：农民集体所有的土地由本集体经济组织的成员承包经营，从事种植业、林业、畜牧业、渔业生产。土地承包经营期限为三十年。发包方和承包方应当订立承包合同，约定双方的权利和义务。承包经营土地的农民有保护和按照承包合同约定的用途合理利用土地的义务。农民的土地承包经营权受法律保护。《农村土地承包法》第5条第1款：农村集体经济组织成员有权依法承包由本集体经济组织发包的农村土地。第15条：家庭承包的承包方是本集体经济组织的农户。
③ ［日］星野英一：《民法劝学》，张立艳译，北京大学出版社2006年版，第107页。

与无奈。最后，在土地承包经营权的消灭层面，按照《农村土地承包法》第 26 条第 3 款的规定，具有本集体经济组织成员身份或者说隶属于本集体经济组织，是农户取得的承包地在承包期内不被集体收回的前提条件。①

综上所述，我国当前的土地承包经营权立法仍带有相当多的身份色彩，这就使得农地实际上处于一种饱受限制和歧视的地位。这种做法明显违背了主体平等和权利平等的现代法治原则。②

2. 农地生存保障功能的过度演绎

家庭联产承包责任制的产生使得人民公社体制土崩瓦解，然而囿于计划经济管理体制确立的城乡二元分化的保障体制，农地经营方式的变革并未从根本上改变农民依靠土地维持生计的状况。改革开放促成的最大社会变迁即为初步形成了市民社会，集中体现在乡土社会的解体导致家庭退出社会体系主导地位所遗留下的真空，由工商社会基础上形成的"个人"来填补，然而农民终究还不是"市民"，"市民"法在中国还缺乏坚实的社会基础。③ 因此，有别于城市居民已建立起较为完备的社会保障体系，农村的保障体系仍旧以农村土地为主。2003 年施行的《农村土地承包法》，总体观之是基于农村土地生存保障功能的立法理念而制定。从土地承包经营权的初始分配来看，集体经济组织作为发包方采取的是"按人分地、人人有份"，即遵循土地配人口的原则保证每一位集体成员获得承包份额。这表明土地承包经营权的产生，既考量了农民分配土地的公平，又系维系农民生存目的的保障，亦以公权力保障为依托，是为中国农民的生存权。④ 可以看出，立法将土地承包经营权定位于农民的生活福祉必需品和休养生息之地。

循此，尽管《物权法》已将土地承包经营权纳入用益物权的序列拥有民事权利的名分，但从权利本质来看不过是身披私权外衣的社会保障

---

① 周应江：《论土地承包经营权的身份制约》，《法学论坛》2010 年第 4 期。
② 戴孟勇：《身份的衰落——中国民商法三十年》，《政治与法律》2008 年第 7 期。
③ 朱岩：《社会基础变迁与民法双重体系构建》，《中国社会科学》2010 年第 6 期。
④ 郑尚元：《土地上生存权之解读——农村土地承包经营权之权利性质分析》，《清华法学》2012 年第 3 期。

之替代品①，其中遵行的绝不是完整的私权运行逻辑。这样也就不难理解，为何《担保法》第 37 条第 2 款、《物权法》第 184 条第 2 款以及《关于审理涉及农村土地承包纠纷案件适用法律问题的解释》第 15 条对于土地承包经营权的抵押从立法和司法两个层面进行双重封锁。② 此外，对于《农村土地承包法》第 41 条规定的土地承包经营权转让、第 42 条规定的土地承包经营权入股等问题上立法采取较为保守的规定，很大程度上源于土地对承包方生存保障的法政策考量。

当前，全国农村居民家庭的人均非农纯收入已超过农村居民家庭的人均农业纯收入且呈逐年递增之势（表 1—1）。此外，越来越多农民以"离土又离乡"或"离土不离乡"的方式从事非农产业工作。因此，在农地的生存保障功能逐渐消退的背景下，如果仍一味地恪守土地承包经营权的生存保障功能并过度演绎，将难以释放农地蕴含的资本功能，以及实现土地的规模化经营。

表 1—1　　　　　　全国农村居民家庭人均收入情况

指标 年份	农村居民家庭人均纯收入（元）	农村居民家庭人均农业纯收入（元）	农村居民家庭人均非农业纯收入（元）	农村居民家庭人均非农业纯收入所占农村居民家庭人均纯收入的比重（%）
2003	2622.2	1195.6	1426.6	54.4
2004	2936.4	1398.0	1538.4	52.4
2005	3254.9	1469.6	1785.3	54.8
2006	3587.0	1521.3	2065.7	57.6
2007	4140.4	1745.2	2395.2	57.8
2008	4760.6	1945.9	2814.7	59.1
2009	5153.2	1988.2	3165.0	61.4
2010	5919.0	2231.1	3687.9	62.3

---

① 朱庆育：《民法总论》，北京大学出版社 2016 年版，第 476 页。
② 参见唐薇、吴越《土地承包经营权抵押的制度"瓶颈"与制度创新》，《河北法学》2012 年第 2 期；吴越等《土地承包经营权流转制度瓶颈与制度创新——以农地资本化和农业现代化为研究重心》，法律出版社 2014 年版，第 136 页。

续表

指标 年份	农村居民家庭 人均纯收入（元）	农村居民家庭 人均农业纯收入 （元）	农村居民家庭 人均非农业纯收入 （元）	农村居民家庭人均 非农业纯收入所占 农村居民家庭人均 纯收入的比重（%）
2011	6977.3	2519.9	4457.4	63.9
2012	7916.6	2722.2	5194.4	65.6

资料来源：根据国家统计局网站数据查询栏目中的年度数据进行整理获得，参见国家统计局：http://data.stats.gov.cn/easyquery.htm?cn=C01，2018年5月20日访问。本表中的农业是指广义农业也即第一产业，包括种植业（狭义农业）、林业、牧业、渔业，国家统计局网站年度数据中的农业指的是狭义农业，特此说明。由于国家统计局网站年度数据中2013年至2017年这五年农村居民家庭人均纯收入与人均农业（仅指狭义农业）纯收入的数据暂未公布，本书只引用《农村土地承包法》开始实施之年也即2003年至2012年这段区间的数据，特此说明。

3. 农地处分权能的残缺

物权法是以抽象所有权的处分权能为核心建立起来的。在传统大陆法系国家，以德国为例，所有权概念采用一个全面、绝对、完整的对物控制的权利，不受时间和空间的影响，而这恰恰反映了抽象所有权制度的社会经济基础——以不动产为核心的物必须成为交易的对象。[①]然而，在我国由于实行土地公有制，也即土地不能够进入二级市场并禁止自由买卖。那么土地之上的用益物权必须作为一种商品要素承担交易的功能。农村土地承包制的推行，使得农村土地资源和土地财富不再集中在集体手中，尤其是随着《农村土地承包法》的出台，土地承包经营权制度承载着土地资源的优化配置和利用以及实现集体组织成员对土地财富的分配功能。[②]在商品经济的大力发展之下，农村市场化程度获得了长足的发展，市场运行机制在土地承包经营权的交易方面所起的作用越来越大。尽管土地用益物权制度的发展折射出了物权从实物归属到价值利用的衍化，但我国物权法关于农村土地制度的设计乃是基于对土地物理形态的

[①] 朱岩：《社会基础变迁与民法双重体系构建》，《中国社会科学》2010年第6期。

[②] 柳经纬：《我国土地权利制度的变迁与现状——以土地资源的配置和土地财富的分配为视角》，《海峡法学》2010年第1期。

认知，权能的设计以静态权能为基础。①

这就使得土地承包经营权在处分权能方面显现出一系列的"次等性"安排。首先，是关于土地承包经营权的抵押问题。现行物权法、担保法等将其视为农地处分权能的禁区，土地承包经营权抵押合同被认定为是无效合同。② 其次，在土地承包经营权的转让方面。农民作为土地承包经营权的物权主体，本应拥有自主决定该权利得丧变更的命运安排。然而，按照《农村土地承包法》第 41 条的规定③，却设置了较为严苛的转让条件和烦琐的前置程序，尤其是土地承包经营权的转让需经发包方同意这一前置条件绝对让土地承包经营权的物权属性大打折扣。最后，关于土地承包经营权入股层面的问题。从公司法视角以观，土地承包经营权入股是指以土地承包经营权这一用益物权出资于公司企业，从而取得其股权的行为。④ 换言之，将土地承包经营权这一非货币财产折价出资给公司，并量化成等额股份由农民享有。然而，按照《农村土地承包法》第 42 条的立法释义，土地承包经营权入股被异化为："农户以入股形式组织在一起，从事农业合作生产，收益按照股份分配，而不是将土地承包经营权入股作为赚取经营回报的投资。"⑤ 因此，前者的"入股"指的是组成农业公司等现代企业组织体，入股后土地承包经营权的权属发生变更并成为企业法人财产权的客体；后者的"入股"是指从事农业活动的一种联合安排与合作方式，土地承包经营权的权属不发生变动。两者名一而实异。

---

① 赵万一、汪青松：《土地承包经营权的功能转型及权能实现——基于农村社会管理创新的视角》，《法学研究》2014 年第 1 期。

② 《最高人民法院关于审理涉及农村土地承包纠纷案件适用法律问题的解释》第 15 条：承包方以其土地承包经营权进行抵押或者抵偿债务的，应当认定无效。对因此造成的损失，当事人有过错的，应当承担相应的民事责任。

③ 《农村土地承包法》第 41 条：承包方有稳定的非农职业或者有稳定的收入来源的，经发包方同意，可以将全部或者部分土地承包经营权转让给其他从事农业生产经营的农户，由该农户同发包方确立新的承包关系，原承包方与发包方在该土地上的承包关系即行终止。

④ 吴义茂：《土地承包经营权入股有限责任公司法律问题研究》，法律出版社 2012 年版，第 33—34 页。

⑤ 胡康生主编：《中华人民共和国农村土地承包法释义》，法律出版社 2002 年版，第 105 页。

(二) 土地承包经营权面临的现实困境

农村土地制度向来是农村经济发展的"脉动"所在。因此，土地承包经营权的自主化流转是对农地权利动态化利用、促使农地价值最大化的有益做法。[①] 然而受制于上述土地承包经营权的法权构造缺陷，使得农地发展又面临后天失调的现实困境。

1. 无法盘活土地资源实现土地的规模经营

农村土地家庭承包制的推行解决了长期以来人民公社阶段团队生产（农地集体经营）中存在的激励机制问题，但与之相伴随的困扰即为：家庭承包制采用的是以户为单位的农地均分机制，这就不可避免地导致农村土地的经营方式属于分散型的小农状况。这种土地细碎化的农业生产往往同农地的集约效应与利用率存在着极大的张力与矛盾。[②] 因此，土地承包经营权的流转成为农地规模化经营的重要途径。为鼓励农地的规模经营产生规模化效应，《农村土地承包法》在第二章第五节特设"土地承包经营权的流转"予以专节规定。然而，囿于农地的身份制约、处分权能的残缺，农地流转很难按照市场法则进行，常见的流转方式为转包、出租与互换三种。以湖南省为例，有学者通过田野调查的方式，通过对该省4500多个行政村调研，发现湖南所采用的最主要的流转方式为转包，达到55%；出租和互换分别占到27%和5%。[③] 然而，转包和互换属于在集体社区内部的一种封闭式流转，难以将外部资金、生产技术等现代农业要素吸引到农村来进行资源的优化配置。更重要的是，由于农民的受教育程度相对较低，缺乏对现代农业的管理经验，采用的还是自耕农式的经营理念，缺乏将土地、资金、技术、知识进行统筹安排与合理运用的经验，难以提高农地利用率形成土地的规模经营效应。

在现行法律的约束之下，土地承包经营权的出租不失为吸引外部工商企业参与农地经营的良策。农业部数据显示，2012年至2014年间，我

[①] 陈小君：《农村土地制度的物权法规范解析——学习〈关于推进农村改革发展若干重大问题的决定〉后的思考》，《法商研究》2009年第1期。

[②] See Wan G. H., Cheng E., "Effects of land fragmentation and returns to scale in the Chinese farming sector", *Applied Economics*, Vol. 33, No. 2, 2001, pp. 183 - 194.

[③] 参见罗迈钦《我国农地流转瓶颈及其破解——基于湖南省225792农户家庭土地流转情况的调查分析》，《求索》2014年第6期。

国流入企业的承包地面积年均增速超过20%；到2014年底，流入企业的承包地面积已达3900万亩，约占全国农户承包地流转总面积的10%。①毋庸置疑，工商企业大面积地租赁农地对于改造传统农业，实现农地规模经营具有极大的示范作用。然而这是一种以契约方式配置的农地流转，很容易受到合约波动的影响，并且对土地的改良并非一蹴而就，是一个渐进式的过程，使得工商企业很难对农地进行长期投资，很大程度上停留在短期掠夺式经营的层面。因此，从长远来看，出租这一方式也难以实现土地的规模经营。

2. 难以释放农地的融资功能

土地作为财富之母，对人类而言是一项必不可少的重要财富。尤其对于农民而言，土地不仅是以一种天然存在的有限自然资源进行农业生产活动的对象，更具有资产形态的外在法律表象。从法制权能视角以观，尤其是2007年出台的《物权法》将土地承包经营权纳入其调整范围之后，尽管农地与生俱来带有一种身份色彩，但其财产属性和资产功能的特性越发显现。尤其是随着当前农村市场化的发展，加上当前一系列农地金融政策②手段的推动和金融工具的日趋完备，使得通过土地承包经营权抵押进行融资成为农村经济发展的一种客观需求。

当前，农业生产活动的周期较长，前期又要面对各式各样的投入，往往面临着巨大的资金瓶颈。这成为农业发展的障碍和门槛。农户通常也愿意将其拥有的土地向金融机构进行抵押，以此获得农业发展的资金，进一步扩大农业生产的规模。土地承包经营权抵押究其本质而言属于农地金融化，其根本宗旨和目标在于通过金融工具创新为农户或其他经济组织提供持续有效的服务，满足农业发展对中长期资金的需要，改变农

---

① 转引自《农业部等四部门发文对工商资本租赁农地强化监管》，2015年4月24日，新华网（http://news.xinhuanet.com/fortune/2015-04/24/c_1115084191.htm），2018年5月20日访问。

② 如2013年2月16日中国银监会办公厅发布的《关于2013年农村金融服务工作的通知》；2014年4月20日国务院办公厅发布的《关于金融服务"三农"发展的若干意见》；2015年8月10日国务院发布的《关于开展农村承包土地的经营权和农民住房财产权抵押贷款试点的指导意见》；2016年3月15日中国人民银行、中国银监会、中国保监会、财政部、农业部联合发布了《农村承包土地的经营权抵押贷款试点暂行办法》；等等。

业发展中的金融抑制和金融约束状况。① 然而，立法者考虑到目前我国农村社会保障体系尚未完全覆盖农村，土地承包经营权是农民的安身立命之本，放开土地承包经营权的抵押尚不成熟。② 最终出台的物权法顺承了上述立法态度。其实，这属于"法律父爱主义"对农民的一种"溺爱"，当前，农民的非农收入已远远超过农业收入，这种出于农地对农民生存功能的过度演绎就难以释放农地自身蕴含的融资功能和财产功能。

3. 新型农业经营体系的设立、运营遭遇制度瓶颈

现有的农地经营方式从根本上说，并没有摆脱家庭承包经营制创设之初的自耕农式经营成规。这种以"户"为单位的传统经营方式，由于缺少现代农业技术的支撑，难以将现代农业生产要素吸引到农村，往往使得边际投资的收益率低。此外，以"户"为单位的农业组织体很容易受市场波动的影响，抵御市场风险的能力小，参与市场谈判的能力低下。因此，我国的农业从本质来看，还属于舒尔茨所说的传统农业，是一种生产方式没有发生根本改变，基本维持简单再生产的、长期停滞的小农经济。③ 总而言之，由于缺乏新型农业经营体系的介入，我国广大农村地区还难以从传统农业向现代农业发展。

从根本上说，对这种传统农业的改造关键在于对农业的投资。④ 当然，这种投资并非简单的资金投入，而是包括引进现代农业技术、管理经验、现代农业知识等一系列现代农业生产要素的投入并进行优化配置，而非简单的物理形态的排列组合。现代新型农业经营体系，尤其是农业公司作为资本联合型法人组织，既能弥补改造传统农业所需资金的短板；又能以公司形式把技术、知识、人才、销售等方面的现代农业生产要素聚集在一起。因此，农业公司参与农地经营一方面改变以往人们对农业

---

① 罗剑朝：《中国农地金融制度研究》，中国农业大学出版社2005年版，第37页。
② 参见全国人民代表大会常务委员会副委员长王兆国于2007年3月8日在第十届全国人民代表大会第五次会议上所做的《关于〈中华人民共和国物权法（草案）〉的说明》（http://www.pkulaw.cn/fulltext_form.aspx? Db = protocol&Gid = 1090520961&keyword = % E7% 89% A9% E6% 9D% 83% E6% B3% 95&EncodingName =&Search_Mode = accurate#），2018年5月21日访问。
③ ［美］西奥多·W.舒尔茨：《改造传统农业》，梁小民译，商务印书馆2010年版，译者前言第4页。
④ 同上书，第4页。

是一种因循守旧的保守看法，另一方面无疑实现了农地和现代农业生产要素的"联姻"。当然，这种"联姻"是以土地承包经营权入股的方式实现的，且相较于出租等债权化流转方式，效果更优。① 这有利于改造传统农业提高农业经营的现代化水平，提高农民的组织化程度，是土地流转方式和农业经营组织形式上的创新。② 然而，从公司法和农村土地承包法的两法衔接来看，受制于农地处分权能的残缺和身份制约的二重封锁，土地承包经营权入股存在着主体身份、使用期限等制度瓶颈，遭遇"过户难"难以将土地承包经营权变更登记至农业公司名下。为突破制度瓶颈，地方政府往往通过制度创新的方式，如通过入股农户的风险保障金、公司清算时赋予农户对入股农地的优先购买权等配套制度安排，允许土地承包经营权入股。重庆市早在2007年，在获批"全国统筹城乡综合配套改革试验区"之后，就在全国率先推出过上述农地流转新政。然而，在2008年中央相关部门对此新政调研后，认为土地承包经营权入股后通过股权转让会引入非集体组织成员，与现有的家庭承包制度存在障碍与冲突；而农业公司的破产会引发农民失地，继而让农民失去基本的生活来源。此外，农业公司的组织模式为有限责任公司，按照公司法的规定人数上限为50人，而在重庆农业公司股东人数规模多达上百人。③ 因此，重庆的农地入股新政实施一年就被中央紧急叫停。

第二节 土地承包权与经营权分置的必要性

一 土地承包权与经营权分置的缘起及确立

家庭联产承包责任制作为产生于城乡二元分割体制之下的农民自发创造的产物，实现了集体土地所有权与农民土地承包经营权相分离的农地利用制度，被认为是农村土地经营方式一次质的飞跃和伟大创造。这

---

① 吴越等：《土地承包经营权流转制度瓶颈与制度创新——以农地资本化和农业现代化为研究重心》，法律出版社2014年版，第114—115页。

② 同上书，第117页。

③ 参见《土地改革难进行 重庆"股田公司"被紧急叫停》，2008年8月20日，新华网重庆频道（http://news.focus.cn/cq/2011-07-27/519652.html），2018年5月22日访问。

既迎合了千百年来中国的平均地权传统,符合农民朴素的公平正义价值观,稳定了农村社会;又解决了农民的温饱问题,极大地释放了农村经济活力,重大的社会价值不言而喻。然而,两权分离之所以能在农村获得成功却是以牺牲效率为代价的。在"均田承包"的格局下,农地的小农生产模式难以实现土地的规模化经营和高效生产,这已成为农业现代化发展过程中的一大"绊脚石"。与此同时,在城乡统筹发展背景下,基于身份自由和财产权利的双重解放[1],农民一方面不再被定格在封闭的集体村社内部,越来越多的农民逐步从土地中解放出来涌入城镇从事非农产业工作,致使以往农村社会中——高度对应的人地关系不复存在,土地承包主体与土地经营主体发生分离的现象日趋普遍;另一方面,农地的价值呈多元化发展趋势,不再是单一的生存保障功能而向投资功能、资本功能等转型。此外,在农业生产实践中,现代新型农业经营组织体的崛起,典型如农业公司、农民专业合作社、土地信托公司等,客观上呼吁土地的集中规模经营。在此背景下,土地承包经营权制度改革势在必行。

(一)土地承包权与经营权分置的源起与地方探索

土地承包经营权分权设置为土地承包权和土地经营权,被认为是在土地公有制范围内的一种人格化制度创新。[2] 其中,保留农户的土地承包权旨在保留农业转移人口的土地经营退路以求"公平";流转土地经营权在于实现土地的规模经营以求土地利用"效率"。这一农地产权制度的改革思路其实早在20世纪90年代左右就已率先在经济学界所提出。[3] 受此影响,从90年代末开始,各地就纷纷展开了保留农户承包权、流转土地经营权的实践探索与操作,至今尚未停止过,上海、广东、重庆以及四川等地更是专门出台了相关的规范性指导文件(如表1—2)。

---

[1] 参见周其仁《改革的逻辑》(修订版),中信出版社集团2017年版,第91页。

[2] 邓晰隆:《三权分离:我国农村土地产权制度改革的新构想》,《中国农业资源与区划》2009年第2期。

[3] 参见夏振坤《再论农村的改革与发展》,《中国农村经济》1989年第8期;田则林、余义之、杨世友《三权分离:农地代营——完善土地承包制、促进土地流转的新途径》,《中国农村经济》1990年第2期;王新国、陈晓峰《从顺城村的实践看"三权分离"》,《湖北社会科学》1990年第10期;冯玉华、张文方《论农村土地的"三权分离"》,《经济纵横》1992年第9期;等等。

表1—2　　　　土地承包权与经营权分置地方实践运用综述

序号	文件名称	发布时间	发布单位	内容表述	备注
1	《关于稳定和完善农村土地承包关系搞好第二轮土地承包工作的若干意见》（市委发〔1998〕15号）	1998年2月11日	中共浙江省台州市委、台州市人民政府	采取土地承包权与经营权分离的办法，建立了土地经营权流转机制	"土地承包权与经营权分离"与"土地承包权与经营权分置"名异而实一
2	《关于稳定完善农村土地承包关系发放经营权证书的意见》（苏发〔1998〕9号）	1998年6月22日	江苏省苏州市人民政府	"三权"分离就是要在明确土地所有权和稳定土地承包权的基础上，积极搞活土地使用权，促进土地流转机制的形成	该文件中没有提及"土地经营权"，通过采用"土地使用权"的表述代替"土地经营权"
3	《上海郊区开展延长土地承包期工作稳定和完善土地承包经营权制度的意见》（沪农委〔99〕第78号）	1999年5月25日	上海市农业委员会	在明确土地所有权和稳定土地承包权的基础上，积极引导土地合理流转，搞活土地使用权	该文件中没有提及"土地经营权"，通过采用"土地使用权"的表述代替"土地经营权"
4	《关于全面完成新一轮土地承包工作进一步稳定和完善土地承包关系的意见的通知》（宁政办发〔2000〕24号）	2000年3月6日	宁夏回族自治区人民政府办公厅	要在坚持土地所有权、稳定土地承包权和搞活土地经营权的原则基础上，积极引导土地使用权的合理流转和有序流转	该文件中同时出现了"土地经营权"和"土地使用权"的表述
5	《关于大力推进农业产业化经营的决定》	2001年7月18日	广东省委	按"稳定承包权、搞活经营权、保护收益权"的原则，对有条件的地方，可依法鼓励多种形式的土地使用权流转	该文件中同时出现了"经营权"和"土地使用权"的表述，此外还增加了"收益权"

续表

序号	文件名称	发布时间	发布单位	内容表述	备注
6	《关于印发重庆市国民经济和社会发展第十个五年计划农业和农村经济发展重点专题规划的通知》	2001年11月2日	重庆市人民政府	明确土地所有权，稳定土地承包权，搞活土地使用权	该文件中没有提及"土地经营权"，通过采用"土地使用权"的表述代替"土地经营权"
7	《关于做好农村土地使用权合理流转工作 促进农村经济发展的意见》（川委发〔2002〕6号）	2002年2月23日	四川省委、四川省人民政府	建立农村土地使用权合理流转机制的基本前提是坚持土地所有权，稳定土地承包权，在此基础上充分放活农村土地的使用权	该文件中没有提及"土地经营权"，通过使用"土地使用权""土地的使用权"的表述代替"土地经营权"
8	《关于2003年植树造林工作安排意见》（冀政函〔2003〕14号）	2003年3月8日	河北省人民政府	稳定所有权，明确使用权，完善承包权，放活经营权	该文件中增加了"使用权"的表述
9	《促进农业产业龙头企业发展的若干政策措施》（苏政发〔2006〕168号）	2006年11月10日	江苏省人民政府	按照"稳定承包权、搞活经营权、保护收益权"的原则，依法鼓励多种形式的土地使用权流转	该文件中同时出现了"经营权"和"土地使用权"的表述，此外还增加了"收益权"
10	《关于加快农村土地流转 促进规模经营发展的意见（试行）》（渝办发〔2007〕250号）	2007年9月12日	重庆市人民政府办公厅	在不改变土地承包关系的前提下，实行土地所有权、承包权和土地使用权分离，创新流转机制，探索有效形式，放活土地使用权	该文件中没有提及"土地经营权"，通过采用"土地使用权"的表述代替"土地经营权"

续表

序号	文件名称	发布时间	发布单位	内容表述	备注
11	《关于做好农村土地承包经营权流转工作 提高土地规模经营水平的意见》（甬党办〔2008〕5号）	2008年1月30日	浙江省宁波市	在稳定农村土地家庭承包经营制度和土地承包关系的前提下，实行土地所有权、承包权和经营权分离，鼓励各地创新土地承包经营权流转机制和流转形式，促进土地合理配置、有效使用	该文件明确提出了在稳定土地承包关系的前提下，实现承包权和经营权的分离
12	《关于进一步深化农业产业化经营加快发展现代农业的意见》（鲁发〔2008〕9号）	2008年4月14日	中共山东省委、山东省人民政府	稳定承包权，搞活经营权，保护收益权，在不改变土地用途的前提下，允许经营权租赁、转包、转让和入股，推进农村土地股份制合作	该文件中增加了"收益权"的表述
13	《关于进一步深化改革的决定》（云发〔2008〕6号）	2008年4月21日	中共云南省委、云南省人民政府	明确所有权、稳定承包权、搞活经营权，按照依法、自愿、有偿的原则，健全土地承包经营权流转市场，促进农村土地经营权流转，发展农业适度规模经营	该文件中明确了"承包权""经营权"的表述

续表

序号	文件名称	发布时间	发布单位	内容表述	备注
14	《关于农村土地承包经营权流转的意见》	2008年8月14日	安徽省合肥市人民政府	鼓励农村集体土地的所有权、承包权、经营权相分离，采取转包、转让、出租、互换、入股等形式进行流转	该文件明确提出了"承包权""经营权"的表述
15	《加快农村土地承包经营权流转推进农业规模经营的意见》（黄政发〔2009〕29号）	2009年3月17日	浙江省台州市黄岩区	要在稳定农村土地家庭承包经营制度和土地承包关系的前提下，实行土地所有权、承包权和经营权分离，不得改变土地所有权性质，不得改变土地农业用途，流转期限不得超过农户承包土地的剩余承包期	该文件明确提出了在稳定土地承包关系的前提下，实现承包权和经营权的分离
16	《关于进一步规范有序进行农村土地承包经营权流转的意见》（川办发〔2009〕39号）	2009年7月22日	四川省人民政府办公厅	在稳定土地家庭承包经营制的前提下，实行土地所有权、承包权与经营权相分离	该文件明确提出了承包权与经营权分离的表述

资料来源：根据丁关良教授在其所著《土地承包经营权流转法律制度研究》一书中关于"'三权分离'论实践运用综述"部分的内容整理制作而成。参见丁关良《土地承包经营权流转法律制度研究》，中国人民大学出版社2011年版，第278—281页。

由此观之，各地出台的有关农地流转的规范性文件对于土地承包经营权的分置有着强烈的地方实践诉求和社会基础。然而，由于尚未上升到国家层面，各地对于"土地承包权与经营权分置"的表述，各自为政，还没有统一，存在着分置究竟是"土地承包经营权与土地经营权""土地承包权与土地经营权"还是"土地承包权与土地（的）使用权"等不同的表述。

（二）土地承包权与经营权分置的确立

土地承包权与经营权分置，是在总结地方规范性文件等地方实践的基础上，特别是在2013年7月习近平总书记在湖北考察时指出"深化农村改革，完善农村基本经营制度，要好好研究土地所有权、承包权、经营权三者之间的关系"之后，历经一系列中央政策演进而逐步形成进而确立的[①]（表1—3）。

综上所述，土地承包权与经营权分置是自党的十八大以来以习近平同志为核心的党中央因应农村生产力发展而引发的土地利用关系变化而提出的一项崭新农地新政。在历经地方探索、国家层面的萌芽和首次明确提出之后，历经中央政策文件的相继演进，最终获得了国家层面的系统确立。

表1—3　　　　土地承包权与经营权分置的形成及确立

序号	文件名称	发布时间	发布单位	内容表述	备注
1	《中共中央关于全面深化改革若干重大问题的决定》	2013年11月15日	中国共产党第十八届中央委员会第三次全体会议通过	构建新型农业经营体系、赋予农民更多财产性权利，赋予农民对承包经营权抵押、担保权能，以及允许农民以承包经营权入股发展农业产业化经营*	土地承包权与经营权分置国家层面的萌芽

[①] 参见张毅、张红、毕宝德《农地的"三权分置"及改革问题：政策轨迹、文本分析与产权重构》，《中国软科学》2016年第3期。

续表

序号	文件名称	发布时间	发布单位	内容表述	备注
2	《关于全面深化农村改革 加快推进农业现代化的若干意见》	2014年1月19日	中共中央、国务院	在落实农村土地集体所有权的基础上，稳定农户承包权、放活土地经营权，允许承包土地的经营权向金融机构抵押融资	中央政策文件而且以中央"一号文件"的形式，在文件中首次明确提出土地承包权与经营权分置
3	《关于引导农村土地经营权有序流转发展农业适度规模经营的意见》	2014年11月20日	中共中央办公厅、国务院办公厅	明确了土地承包权与经营权分置的指导原则、具体思路和总体要求	国家层面首次以"农村土地经营权"为主题的中央文件
4	《关于加大改革创新力度 加快农业现代化建设的若干意见》	2015年2月1日	中共中央、国务院	抓紧修改农村土地承包方面的法律，明确现有土地承包关系保持稳定并长久不变的具体实现形式，界定农村土地集体所有权、农户承包权、土地经营权之间的权利关系	以中央"一号文件"的形式再次明确土地承包权与经营权分置。除此之外，提出了以修法的方式引领本次分置改革，明确土地承包关系稳定并长久不变的法律实现形式以及明确所有权、承包权、经营权这三权

续表

序号	文件名称	发布时间	发布单位	内容表述	备注
5	《国务院关于开展农村承包土地的经营权和农民住房财产权抵押贷款试点的指导意见》	2015年8月24日	国务院		该指导意见对农村承包土地的经营权抵押贷款试点工作的总体要求、试点任务与组织实施做出了顶层安排与制度设计。由于突破了现行法律关于集体所有的耕地使用权不得抵押的规定，应由国务院按程序提请全国人大常委会授权，允许试点地区在试点期间暂停执行相关法律条款
6	《深化农村改革综合性实施方案》	2015年11月2日	中共中央办公厅、国务院办公厅	把握好土地集体所有制和家庭承包经营的关系，现有农村土地承包关系保持稳定并长久不变，落实集体所有权，稳定农户承包权，放活土地经营权，实行"三权分置"	以中央文件的方式再次重申土地承包权与经营权分置

续表

序号	文件名称	发布时间	发布单位	内容表述	备注
7	《关于授权国务院在北京市大兴区等232个试点县（市、区）、天津市蓟县等59个试点县（市、区）行政区域分别暂时调整实施有关法律规定的决定》	2015年12月27日	全国人大常委会	授权国务院在北京市大兴区等232个试点县（市、区）行政区域，暂时调整实施《中华人民共和国物权法》《中华人民共和国担保法》关于集体所有的耕地使用权不得抵押的规定	通过授权试点的方式探索放活土地经营权的有效形式，也即在北京市大兴区等232个试点地区在试点期限范围内允许农村承包土地的经营权进行抵押贷款融资
8	《关于落实发展新理念 加快农业现代化 实现全面小康目标的若干意见》	2015年12月31日	中共中央、国务院	稳定农村土地承包关系，落实集体所有权，稳定农户承包权，放活土地经营权，完善"三权分置"办法，明确农村土地承包关系长久不变的具体规定	以中央"一号文件"的方式继续重申土地承包权与经营权分置。除此之外，一方面继续提出了明确土地承包关系长久不变的实现方式；另一方面要求完善分置办法
9	《农村承包土地的经营权抵押贷款试点暂行办法》	2016年3月15日	中国人民银行、银监会、保监会、财政部及农业部		为使北京市大兴区等232个试点地区承包土地的经营权抵押能够有法可依，稳步有序向前推进，专门以"承包土地的经营权抵押"为主旨制定的规范性文件，从抵押人的准入要件、土地经营权的价值评估、抵押权设立以及抵押物实现方式等方面展开了较为综合、全面的规定

续表

序号	文件名称	发布时间	发布单位	内容表述	备注
10	《关于完善农村土地所有权承包权经营权分置办法的意见》	2016年10月30日	中共中央办公厅、国务院办公厅	要求逐步形成"三权分置"的格局,充分发挥所有权、承包权与经营权的各自功能和整体效用,并从法律层面确保"三权分置"的有序实施	为进一步健全农村土地产权制度,国家层面首次发布了以"土地所有权承包权经营权分置"为主题的中央文件,并要求以法治的思维推动分置改革,确保土地承包权与经营权分置有法可依
11	《中共中央、国务院关于深入推进农业供给侧结构性改革 加快培育农业农村发展新动能的若干意见》	2016年12月31日	中共中央、国务院	落实农村土地集体所有权、农户承包权、土地经营权"三权分置"办法	以中央文件的方式继续要求落实土地承包权与经营权分置的方法
12	《党的十八届中央委员会向中国共产党第十九次全国代表大会的报告》	2017年10月18日		巩固和完善农村基本经营制度,深化农村土地制度改革,完善承包地"三权"分置制度。保持土地承包关系稳定并长久不变,第二轮土地承包到期后再延长三十年	将土地承包权与经营权分置视为巩固和完善农村基本经营制度。要求保持土地承包关系稳定并长久不变,并首次在中央文件中指出第二轮土地承包到期后再延长三十年。换言之,土地承包关系稳定并长久不变的实现方式为土地二轮承包到期后再延长三十年。此外,土地承包权与经营权分置还是实施乡村振兴战略的一大举措

续表

序号	文件名称	发布时间	发布单位	内容表述	备注
13	《关于实施乡村振兴战略的意见》	2018年1月2日	中共中央、国务院	完善农村承包地"三权分置"制度，在依法保护集体土地所有权和农户承包权前提下，平等保护土地经营权。农村承包土地经营权可以依法向金融机构融资担保、入股从事农业产业化经营	从乡村振兴战略的高度来论述土地承包权与经营权分置，并要求从制度层面来完善土地承包权与经营权分置。为解决土地"二轮承包"以来出现的各类疑难，允许承包土地经营权抵押解决农业投入的资金问题，入股实现农业的产业化

* 中共十八届三中全会审议通过的《中共中央关于全面深化改革若干重大问题的决定》在有关农村土地制度改革的内容方面没有明确提出土地承包权与经营权分置，但从具有官方背景的学者和专家的解读来看却拉开了土地承包权与经营权分置改革的序幕。参见冯海发《对十八届三中全会〈决定〉有关农村改革几个重大问题的理解》，《农民日报》2013年11月18日；陈锡文《关于解决"三农"问题的几点思考——学习〈中共中央关于全面深化改革若干重大问题的决定〉》，《中共党史研究》2014年第1期；叶兴庆《从"两权分离"到"三权分离"——我国农地产权制度的过去与未来》，《中国党政干部论坛》2014年第6期；韩长赋《"三权分置"是重大制度创新》，《人民日报》2014年12月22日；刘守英《直面中国土地问题》，中国发展出版社2014年版，第166页；等等。

二 土地承包权与经营权分置是破解土地承包经营权制度困境的出路

土地承包权与经营权分置属于在以农村土地公有制为内核基础上的一种人格化制度安排与创新，是国家为深化农村土地制度改革而做出的一项重大决策。土地承包权与经营权分置所欲实现的土地制度改革功能将土地承包经营权中的生存保障功能与物权资本功能恰如其分地有效区分开来。其中，稳定土地承包权在于延续农地的生存保障功能；放活土地经营权在于创新农地利用方式，发挥农地的物权资本功能。一言以蔽之，土地承包权与经营权分置可以在同一块农地上建立起两种价值目标而又不相互矛盾的农村土地权利制度体系，是破解土地承包经营权制度困境的出路。具体而言，土地承包权与经营权分置改革的价值取向如下。

（一）农民在维持土地承包关系的基础上进行农地流转

在当前高速工业化和城镇化的发展背景下，农村人口和劳动力配置发生了显著变化，大量农民从土地中解放出来转移到非农产业和城镇就业，这就使得实践中农村劳动人口离农率增加，无法完满实现"农业劳动力与农地相结合"[1]。因此，农地流转势在必行。但出于"土地是农民的命根子"这一朴素价值观，农民确实希望农地向外流转同时又希望能够维持对土地的承包关系，尤其是在农地的物权化、资本化流转中，这种要求更是强烈，以防"失地"。由于不能很好地协调两者之间的关系，实践中农地抛荒现象较为严重。土地承包权与经营权分置后，农民在维持土地承包关系不变也即土地承包方主体地位不变的基础上，决定土地经营权的设立方式，土地经营权可以采取农地抵押、入股或者信托等方式设立。土地经营权设立期限届满后，自动复归至农民手中，消除了农民对"失地"的后顾之忧。

（二）土地承包权与经营权分置有利于发挥土地的财产功能

长期以来立法在如何对待农地同时具有的生存保障性与物权资本性之间，陷入了顾此失彼与摇摆不定的混乱中。一方面将土地承包经营权认定为一种物权，2007年出台的《物权法》在第三编用益物权部分的第十一章设专章对"土地承包经营权"予以规定；另一方面，出于农地承载的生存保障功能，又不当地限制土地承包经营权的流转，如对土地承包经营权的转让课以较多的前置条件与程序[2]、禁止土地承包经营权人以

---

[1] 周诚：《土地经济学原理》，商务印书馆2003年版，第256页。

[2] 土地承包经营权转让的前置条件为：一是承包方的收入要件；二是受让方的身份要件。土地承包经营权转让的前置程序为经发包方同意。参见《农村土地承包法》第41条：承包方有稳定的非农职业或者有稳定的收入来源的，经发包方同意，可以将全部或者部分土地承包经营权转让给其他从事农业生产经营的农户，由该农户同发包方确立新的承包关系，原承包方与发包方在该土地上的承包关系即行终止。

土地承包经营权向金融机构抵押融资①等。总体而言，农地生存保障功能与物权资本功能聚集于土地承包经营权之中，两者不能友好地和谐相处，且以农地承载的生存保障功能为主极大地遏制了农地的物权资本功能。土地承包权与经营权分置后，农地上承载的生存保障功能与物权资本功能发生了分离，两者之间的运行可以并行不悖。不管是土地承包权与经营权合一的农民自主经营土地，还是土地承包权与经营权分置的他主经营土地，土地承包权紧紧地锁定在农民手中，对农民而言体现的是一种生存保障功能。在土地承包权与经营权分置情形下，土地对农民生存保障功能已由实物形态的土地出产物（农产品）演变为价值形态的流转收益或经济利益，但两者的效果殊途同归。土地经营权作为一种实实在在的财产权利，发挥农地的财产功能：农民可以通过入股农业公司或者进行信托等实现由传统农业向规模化、产业化与现代化农业的转变；或者通过合法流转方式取得土地经营权的受让人可以土地经营权向金融机构抵押，发挥农地的融资功能与潜力。

（三）土地承包权与经营权分置为农业转移人口市民化提供了一个富有弹性的制度安排

农业转移人口市民化就是在农业社会中占人口大多数的农民改换职业和居住地的迁移过程。② 在我国，进城农民由农民角色向市民角色的过渡和转化是一个较为漫长的过程，而土地承包权与经营权的分置可以适应在这一过程中处于不同发展阶段的农民对土地权利的不同需求。尽管当前国家在户籍、医疗、教育、养老等方面朝着农业转移人口市民化的方向改革，然而按照目前的经济社会发展水平，城乡居民还没有真正无差别地平等享受各项基本公共服务和国家提供的各类公共物品。因此，对农民而言，土地权利是进城农民的一项重要经济基础和物质保障。由

---

① 《担保法》第37条第1款第2项：下列财产不得抵押：……（二）耕地、宅基地、自留地、自留山等集体所有的土地使用权，但本法第三十四条第（五）项、第三十六条第三款规定的除外。《物权法》第184条第1款第2项：下列财产不得抵押：……（二）耕地、宅基地、自留地、自留山等集体所有的土地使用权，但法律规定可以抵押的除外。《最高人民法院关于审理涉及农村土地承包纠纷案件适用法律问题的解释》第15条：承包方以其土地承包经营权进行抵押或者抵偿债务的，应当认定无效。对因此造成的损失，当事人有过错的，应当承担相应的民事责任。

② 华生：《新土改——土地制度改革焦点难点辨析》，东方出版社2015年版，第86页。

于土地承包权与经营权分置并没有切断发包方与土地承包方之间的土地承包关系,土地流转使得农民能够在保留承包地的基础上,获得进入城市工作的一笔基本保障费用,而不再是"光脚进城"。当农民进城后能够获得一份稳定工作,逐步融入城市,并且获得与城市居民一样的社保待遇后,农民可自由决定是否以有偿退出承包地(更有甚者直接退出集体经济组织也即放弃集体经济组织成员身份)的方式在城市购房安家落户或者在保留承包地的基础上继续在城市生活;当农民不能融入城市生活、进城农民失业、达不到在城市落户的条件等原因而返回农村时,在土地经营权的设立期限届满后便自动回归到农民手中,这样土地对进城返乡农民就能够再次发挥生存保障和就业保障的功能。由于农业转移人口市民化是一个漫长的过程,为应对在这一过程中可能引发的各类风险,土地承包权与经营权分置给进城农民在农村留下了一处安身之地,以便在外面遇到挫折时有一条后退的生路。换言之,这成为农业转移人口市民化失败之后规避风险的一个避风港。保留农民的土地承包权有利于地权的稳定性,同时也维护了农村社会的稳定,是农民进退有据的重要保障(图1—2)。一言以蔽之,土地承包权与经营权分置能够更好地解决农业转移人口市民化的外部性问题,构建以土地为制度工具,充分保障农民权益和满足农民美好生活需要的农业转移人口市民化的实现路径。①

(四)土地承包权与经营权分置有利于实现土地的规模经营

土地承包经营权在权利设置上是合一②的并带有强烈的身份色彩属性,在权利的取得、运行、变更及消灭等方面受到严格的限制。因此,当前中国的农业本质上还属于一家一户的"小农经济",远未实现规模化经营。土地承包权与经营权分离后,土地经营权可以独立发挥作用,使得农地流转跨出一个被长期封闭与自我禁锢的牢笼,不再是在封闭的社区内流转。这就使得土地经营权主体不再局限于封闭的村社集体组织成员,任何具有农业经营主体资格的新型农业经营主体,如农业公司、农民专业合作社、土地信托公司、家庭农场等都可

---

① 许明月、段浩:《农业转移人口市民化的法律激励机制构建》,《比较法研究》2017年第6期。

② 刘守英:《直面中国土地问题》,中国发展出版社2014年版,第28页。

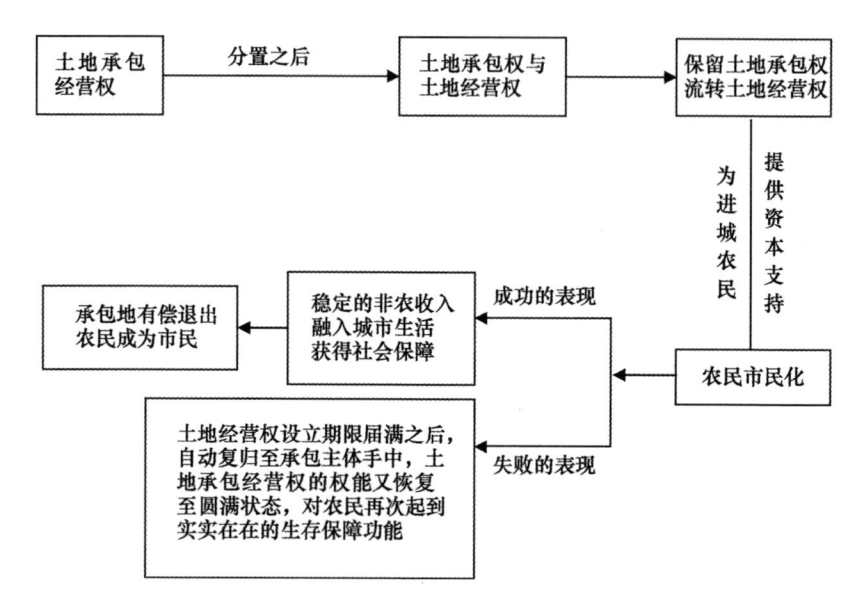

图1—2　土地承包权与经营权分置和农民市民化的互动关系

以参与土地经营。新型农业经营主体的引入,一方面弥补了改造传统农业所需资金投入的短板,另一方面又能把现代农业技术、知识、人才、管理经验等方面的现代农业生产要素聚集在一起并进行优化配置,形成农业的规模化与产业化效应,实现从传统农业向现代农业的发展甚至跨越。

三　土地承包权与经营权分置是对土地承包经营权再物权化的一种扬弃

(一)土地承包经营权再物权化

土地承包经营权再物权化[①]是对土地承包经营权物权化的一种延伸,属于农村地权制度的又一次质的飞跃。自2007年,国务院批准成都和重庆为统筹城乡综合配套改革试验区以来,成渝两地即刻开启了土地承包经

---

① 关于土地承包经营权再物权化,学界存在不同的称谓,如土地承包经营权的完全物权化、土地承包经营权的再使用权化、土地承包经营权的二次物权化、土地承包经营权的财产化等。除在引用文献中,出于对原文的尊重会使用土地承包经营权的完全物权化、土地承包经营权的二次物权化、土地承包经营权的财产化以外,如果没有特别说明,为行文方便,本书将统一使用土地承包经营权再物权化的表述。

权再物权化改革的试点，如土地承包经营权抵押①、入股②，甚至买卖③等资本化、物权化这一新型流转方式。土地承包经营权再物权化旨在走出一条农民土地权利的"脱贫致富"之路，"将土地承包经营权真正打造成具有确定法律含义和健全权能体系的民事法律权利"④。其改革取向如下：首先，土地承包经营权再物权化将去除伴随农地始终的身份色彩属性。在土地承包经营权的初始取得上有且只能由集体组织成员获得，但在后续的保有和权利处分期间，土地承包经营权不再受任何身份制约而是一项纯粹的财产性权利，这为集体外部成员"入农"和集体成员"出农"提供了一个通道。其次，农地的"还权赋能"。"还权"是指将土地承包经营权真正地归还给农民，让其成为权利的主体，能够自主决定权利得丧变更的命运，而不再受制于"发包方同意"以及严苛的前置转让条件；"赋能"是指强化与张扬土地承包经营权的权能维度，如土地承包经营权可自由入股农业公司、信托给专业的土地信托公司、将其作为抵押标的向金融机构融资以及包括土地承包经营权的自由买卖等处分权能。最后，土地承包经营权再物权化有助于将其作为市场经济中的一种商品化权利，按照市场法则进行优化配置，推进农村市场化进程和农地经营方式的现代化。

（二）土地承包权与经营权分置和土地承包经营权再物权化的异同比较

土地承包经营权从其诞生之日起就夹杂着公法因素而不是纯粹遵循

---

① 成都市第一宗农村土地承包经营权抵押贷款在崇州市兴隆镇黎坝村发放，杨柳土地承包经营权股份合作社的29户农户以101.27亩土地5年的承包权作为抵押，从成都市农商银行崇州支行获得16万元授信。参见《成都发放首例土地承包经营权抵押贷款》，《四川日报》2010年12月7日。

② 在农村土地承包期限内和不改变土地用途的前提下……在条件成熟的地区开展农村土地承包经营权出资入股设立有限责任公司……加快发展现代农业。参见《重庆市工商行政管理局关于全面贯彻落实市第三次党代会精神服务重庆城乡统筹发展的实施意见》（渝工商发〔2007〕17号）。

③ 在城乡统筹试验区的成都市，其下辖金堂县率先尝试土地承包经营权流转"买断"的新尝试，即在试点乡复兴乡选取经济条件较好的某农户将农地以每亩5万元的价格卖给邻村的另一农户，政府有关部门当场为这笔交易确权发证。参见唐薇、吴越《土地承包经营权抵押的制度"瓶颈"与制度创新》，《河北法学》2012年第2期。

④ 赵万一、汪青松：《土地承包经营权的功能转型及权能实现——基于农村社会管理创新的视角》，《法学研究》2014年第1期。

民法理念设计出的一项民事权利。当前，对土地承包经营权的制度改革存在着"土地承包权与经营权分置"和"土地承包经营权再物权化"两种不同的变革方案，但两者之间并非绝然不同，也存在制度变革的相同之处。

1. 相同之处

第一，外部环境与内在机理。诺贝尔经济学奖得主斯蒂格利茨说过：21世纪人类最大的两件事情，一是高科技带来的产业革命，另一个就是中国的城市化。① 城市化必须以人和土地的自由流动为前提。近10年来，数以亿计的农民从土地中解放出来，逐步流向城市从事非农产业工作，致使愿意继续留在农村从事农地耕作的农村劳动力数量和比例呈逐年递减之势（表1—4）。在土地承包经营权的流转方面，法律努力将流转闭合在同一农村集体经济组织内部的农户和成员之间。② 以四川省为例，国家统计局四川调查总队曾于2014年6月至7月，通过对6市12个县（市、区）的924户有耕地转出的普通农户进行调查。结果显示，最主要的土地流转方式为转包（本村农户租用），流转比例达到52.2%；出租比例为37%；其他形式的流转比例为10.8%。③ 这就使得农地大规模流转难以为继。全国30个省、区、市（不含西藏）的农村经营管理情况的统计数据显示，2016年土地经营规模在50亩以上的农户仅占全国总农户数的1.4%。④

此外，以"户"为单位的农地均分制，是牺牲农地经营效率的一种土地分配制度。这种制度安排导致农业生产规模小、难以实现土地的资源优化配置和提高农地的生产经营效率，已成为农业现代化发展过程中的一大软肋。与家庭联产承包责任制产生之初的制度环境相比，现有农村土地制度的外部环境与内在机理均发生了深刻变革，"谁来种地"以及"如何种地"成为亟须解决的两大问题。

---

① 蔡金水：《中国该停止大规模征地了》，《环球时报》2011年11月2日。
② 周应江：《论土地承包经营权的身份制约》，《法学论坛》2010年第7期。
③ 国家统计局农村司、四川调查总队课题组：《农村土地流转状况调查——基于四川省的调查数据》，《调研世界》2014年第10期。
④ 农业部经营总站体系与信息处：《2016年农村家庭承包耕地流转及纠纷调处情况》，《农村经营管理》2017年第8期。

表1—4　　　　近10年来中国农村第一产业就业人员情况

年份	乡村就业人员数（万人）	第一产业（万人）	第一产业人员所占比重（％）
2007	44368	30731	69.3
2008	43461	29923	68.9
2009	42506	28890	68.0
2010	41418	27931	67.4
2011	40506	26594	65.7
2012	39602	25773	65.1
2013	38737	24171	62.4
2014	37943	22790	60.1
2015	37041	21919	59.2
2016	36175	21496	59.4

资料来源：国家统计局农村社会经济调查司编：《中国农村统计年鉴（2017）》，中国统计出版社2017年版，第35页。

第二，变革原则。尽管当前在完善土地承包经营权制度的过程中，在农村土地所有权的归属和认知上，不时有关于农村土地国有化和私有化这两种较为极端的声音出现。但坚持农村土地集体所有权，一方面是对法治思维底线的尊重，因为在我国土地公有制是被宪法严格锁定的，集体所有制实现的法权制度也即集体所有权必须严格坚持[1]，所以任何土地制度的改革只能在土地使用权上做文章。另一方面，坚持农村土地集体所有权吻合"路径依赖"的要求，有利于农村土地制度改革的稳步推进，稳定和强化农民的土地使用权。[2] 此外，土地承包经营权是法律赋予农民的一项神圣不可侵犯的财产权，因此农地制度的改革必须以农民主体地位和赋予农民更多财产性权利为依归。在土地承包经营权制度变革中，坚持农村土地的集体所有，坚持以农民的利益作为改革的出发点和落脚点，最终实现农民的土地物权夙愿。

---

[1] 韩松、廉高颇：《论集体所有权与集体所有制实现的经营形式——从所有制的制度实现与经营实现的区分认识集体所有权的必要性》，《甘肃政法学院学报》2006年第1期。

[2] 李国英、刘旺洪：《论转型社会中的中国农村集体土地权利制度变革——兼评〈物权法〉的相关规定》，《法律科学》（西北政法学院学报）2007年第4期。

第三，变革目的。首先，盘活农村经济和解放农村经济。当前，我国农村市场化程度很低的一个重大原因在于农民的土地权利不能自由进入市场流通，进行权利的变现与置换。换言之，土地承包经营权在经济上仍然缺乏有效的权利变现方式。不管是土地承包经营权再物权化还是土地承包权与经营权分置均旨在让农地成为一种实实在在的财产权利，作为商品进入农村产权交易市场进行交易，必将有力推动农村经济的发展。其次，有利于农业的现代化。土地承包经营权制度的改革目标在于改变以往人均"一亩三分地"的传统农业经营模式，通过农村产权交易所将农地流转给现代新型农业经营主体，一方面有利于实现农地的规模化经营，产生农地的规模效应；另一方面有利于将资金、现代农业生产技术、管理经验等现代农业生产要素与农地结合在一起，进行资源的优化配置。最后，有利于实现农业转移人口的市民化。随着农业现代化的发展，越来越多的富余农村劳动力不再被束缚在集体土地之上，可选择"用脚投票"的方式从事非农产业或去城镇就业。此外，随着当前城乡一体化发展进程的推进，尤其是国家在户籍、医疗、教育、社保等方面向着城乡居民等同对待的方向发展，有利于农业转移人口与市民的交融改变农民"面朝黄土背朝天"的身份格局定位，早日促成同质性社会成员也即市民社会的形成。

2. 不同之处

第一，土地观念的不同（表1—5）。不同的土地制度变革方案背后呈现出对土地产权观念认知上的差异。土地承包权与经营权分置是农业转移人口进退有据的重要保障，是一种能放能收的权利动态运行机制。土地承包权与经营权分置后，农民对土地尽管是一种间接占有权，但却保留了土地承包人的地位。也即土地经营权不管如何流转，农民与集体之间的土地承包关系始终维持不变，农民对于脚下占有的这块土地存在着乡土感情。这样一种农地格局，迎合了农民安土重迁的心理，农民对承包地还存在着生计依存。土地承包权依然对农民起到生存保障的功能与稳定农村社会的功能。土地承包权与经营权分置背后体现的是地权的乡土逻辑——"土地是农民的命根子"。这样的土地产权认知被称为"祖业观"，从本质上来说，是对传统乡土社会结构和社会关系在土地产权实践上的一种投射。[①] 土地承包经营权再物权化，体现的是土地的商品属性和财产功能。土地成为一种可以用货币进行量化的商品。由于农民已不再依靠承包地来维持生计，自此土地承包经营权可以自由进入土地二级市场进行交易、买卖、抵押、信托等，农民已从土地承包合同中解放出来也即农民与集体之间不再存在土地承包法律关系。土地承包经营权的交易遵循的是市场法则，受让对象是不特定的第三人而不局限于社区集体内部。土地承包经营权的再物权化，属于工商社会发展到城乡土地物权制度平等时的必然产物，背后反映的是地权的现代规则。这样的土地产权认知属于"物权观"。

表1—5　　　　　　　　　　土地观念的不同

土地变革方式 类型	土地承包权与经营权分置	土地承包经营权再物权化
土地产权观	祖业观	物权观
承包地对农民的依存关系	生计依存型	不依存型
承包地对农民的效用价值	乡土感情效用	现代财产效用
土地承包关系	维持不变	不可逆转地切断

第二，权利运行规则的不同。土地承包经营权再物权化之后，土地承包经营权不再是饱含身份色彩而是一种真正的财产权。尽管在原始取得上，还是基于集体组织成员这一身份而获得，但在权利的后续运行期间，可以自由处分，突破村社集体的地域限制，不再受到身份制约。其实，土地承包经营权再物权化之后，最大的亮点在于能够突破现行法律规定进行物权化流转，如土地承包经营权的抵押、入股农业公司、信托、买卖等。总而言之，土地承包经营权再物权化之后，土地承包经营权作为一种完整性的物权而存在，土地承包经营权的物权化流转将改变原始承包合同中农民的承包方地位，农民将彻底退出土地承包合同关系，并

[①] 陈锋：《从"祖业观"到"物权观"：土地观念的演变与冲突——基于广东省Y村地权之争的社会学分析》，《中国农村观察》2014年第6期。另参见李昌麒主编《中国农村法治发展研究》，人民出版社2006年版，第108—109页。

由受让人来替代承包方的地位。当然，土地承包经营权再物权化并不否认土地承包经营权的债权化流转，典型如出租、转包、代耕等流转方式。

就土地承包权与经营权分置而言，土地经营权是从土地承包经营权中派生出的一类新型用益物权；土地承包权为派生出土地经营权的土地承包经营权的代称或简称，其物权属性未变（关于这部分内容，将在后续的章节中予以详述）。土地承包权与经营权分置后，作为集体组织成员的农民与集体之间的法权关系不变，农民仅仅锁定土地承包方的法律地位的基础上通过农地入股、信托以及抵押等方式，将土地承包经营权中的占有、使用等权能分离出来为农业公司、土地信托公司以及银行等金融机构设立土地经营权。当然，在土地承包权与经营权分置背景下，并不否认土地利用的二元体系，应当在维持土地承包关系不变的基础上设置土地利用的物权、债权并存模式。为实现中共十八届三中全会以来所确立的农地制度改革目的，土地承包权与经营权分置框架下农地流转权利体系设置虽应当以土地经营权这种物权方式为主，但仍应当为土地承包经营权的出租、转包等债权化流转方式保留空间。① 就他人土地的利用，究竟采用哪种流转方式，取决于当事人主观需要、客观情事、交易成本等因素。② 此外，值得注意的是，土地承包权与经营权分置并不否认土地承包经营权的转让这一流转方式，在农村土地承包法被修改之前，土地承包经营权转让依然遵循现行《农村土地承包法》第41条的规定。

（三）土地承包权与经营权分置对于土地承包经营权再物权化是一种更优抉择

农村土地制度变革是一项系统工程，涉及法律、经济、社会等各个方面，往往牵一发而动全身，需要进行整体性思考并且要有全局性视野。这就要求在对土地承包经营权制度进行变革方案设计时，一方面要在公益与私益之间努力探求到一个平衡点，另一方面要在既有的现实社会约束条件下开展。

土地承包经营权再物权化之后，尽管农民可以彻底地从土地中解放出来，从事非农产业或者城镇就业，但其弊端也是显而易见的：首先，

---

① 参见宋志红《"三权分置"关键是土地经营权定性》，《农村经营管理》2016年第9期。
② 参见王泽鉴《民法物权》（第二版），北京大学出版社2010年版，第277页。

未能对农民享有的集体组织成员权进行整体性思考。农民作为集体组织成员，基于成员身份而在集体组织内享有与该身份密不可分的各项专有权利也即成员权，可分为自益权和共益权：自益权是立足于成员个人利益，通过自身行为支配力即可实现的权利，如土地承包经营权、宅基地使用权；共益权着眼于成员整体利益，需要通过参与集体共同行动才能享有的权利，如集体利益分配请求权、集体事务参与权等。[1]《物权法》第59条第2款对集体利益分配请求权、集体事务参与权等做出了规定，第11章对土地承包经营权予以专章规定，第13章设专章对宅基地使用权进行调整。由此观之，农民享有的集体组织成员权是由各单项权利组成的一组权利束，各单项权利尽管性质相异，既包括财产性权利又包括程序性权利，但都具有独立的品行，并非其他权利的附庸，而与成员身份相联系，以形成完整之概念和内部体系之和谐。[2] 以成员权中的财产性权利为例，土地承包经营权和宅基地使用权作为农民享有的两项最为重要的土地财产权利，前者解决吃饭问题，后者解决居住问题，彼此权利行使并行不悖。但需注意的是，农民享有的土地承包经营权和宅基地使用权是基于其集体组织成员身份获得的，而非基于市场交易行为，因此具有专属的特性。也即土地承包经营权和宅基地使用权只能属于同一集体组织成员，且在成员权类型视野下予以统一安排、考量。如果单一地仅以土地承包经营权对外转让有偿退出，则农民就失去承包地，但仍然保有宅基地使用权，这就发生了土地承包经营权主体与宅基地使用权主体的分离现象。尤其是在集体组织成员没有放弃成员身份之前，如果集体组织内部出现越来越多的异质性人群也即外部人员（如其他集体组织的成员、农业公司等现代农业经营组织体）成为土地承包经营权主体，这又可能对集体组织的成员权构成冲击，打破集体组织成员权内部权利体系的和谐，引发内部权利体系的混乱，更有甚者动摇《物权法》第59条第1款确立的"成员集体所有"这一农村集体所有权制度。

其次，按照我国目前的经济社会发展水平，国家还不可能无差别地为每一位城乡居民提供同等的养老、就业以及社会保障等。如果过多的

---

[1] 戴威：《农村集体经济组织成员权制度研究》，法律出版社2016年版，第194—195页。
[2] 同上书，第38页。

农民涌入城市，在城市吸纳农村富余劳动力的容量有限、配套的各项社保制度与城市公共服务能力和社会福利一时都难以跟进的情况下①，这部分农民既进不了城市又退不回农村（由于已将土地承包经营权转让出去），必将引发复杂的社会问题，更有甚者导致社会的不稳定。②

最后，尽管实践中对"失地"农民采取"承包地换社保"的方式，但这被认为是一笔做不得的买卖：农民用土地换来的只是低层次的保障或者是单一的养老保险，从长远来看，保障水平不高；"承包地换社保"实质上是用廉价的社会保障套取农村土地财产权益，实现地方政府土地财政的目的，而这必将引发政府无节制、无效率的征地行为。其实，基于农村土地财产权与城镇居民社会保障性权利具有同质性法律权利的理论认识，才形成了"承包地换社保"这一在全国范围内较为普遍实施的改革模式，而这实际上是对现行制度的误判，既有理论误解，也有社会改革实践的误导。③土地承包经营权作为物权，是握在农民手中的一项私权。而城镇居民的社会保障性权利属于宪法层面的一项公法权利，基于公民权而派生出来的社会权利。二者之间是异质性法律权利，不具有任何关联性。

土地承包权与经营权分置相较于土地承包经营权再物权化而言，可以有效地解决上述问题：第一，土地承包权与经营权分置是在保留农民承包方法律地位的基础上，从土地承包经营权中派生出一种物权性质的土地经营权并为他人所设立。也即作为集体组织成员的农民与集体之间的土地承包关系保持不变。这表明在土地承包权与经营权分置下的土地流转中，农民没有脱离土地承包合同关系，农民仍然是承包法律关系的权利主体。申言之，土地承包经营权还紧紧锁定在作为集体组织成员的农民手中。由于土地承包经营权是从集体组织成员的成员权中层层派生出来的，是成员权在农村土地承包制中的终极表现形式。因此，土地承包权与经营权分置是在遵循而不是冲击现有的农

---

① 参见蔡昉《中国农村改革三十年——制度经济学的分析》，《中国社会科学》2008年第6期。
② 参见王卫国《城乡一体化与农地流转制度改革》，《国家行政学院学报》2015年第3期。
③ 参见刘俊主编《中国农村土地法律制度创新研究》，群众出版社2012年版，第7页。

村集体组织中的成员权制度，可以有效避免并防范农村集体组织的分崩离析。

第二，土地承包权与经营权分置是农民城市化过程中进退有据的重要制度保障。当前，城市化不仅是土地的城市化，更是指人的城市化。古今中外的社会发展历程表明：城市化是一个持续不断的历史发展过程，往往需要耗费较长的时间。人的城市化更是如此：一方面需要国家在户籍、住房、医疗、保险等制度方面向农民做出倾斜安排；另一方面还需要国家投入大量的人力、物力与财力。在这一过程中，如果进城农民能够获得一份稳定的工作逐步融入城市，并且获得与城市居民一样的社保待遇，农民可自由决定是否以放弃集体组织成员身份的方式在城市落户或者在保留承包地的基础上继续在城市生活；当农民不能适应城市生活或者达不到在城市落户的条件而返回农村时，在土地经营权的设立期限届满后土地便自动回归到农民手中，这样土地就又成为农民的生存保障和就业保障。

第三，土地承包权与经营权分置中的承包权有且只能由作为集体经济组织的农民享有，其与土地的承包关系不会被不可逆转地斩断，对土地的权利依然作为农民生活的基本保障。[1] 维持农民与发包方之间的土地承包关系不变，放活土地经营权。这一新型农地流转方式不仅有利于维护家庭的稳定从而有助于城市化的顺利进行；也有利于补充国家养老能力的不足，提升国家的整体竞争力。[2]

总之，通过否定土地承包经营权的身份属性对土地承包经营权进行再物权化的改造，以满足农业产业化的要求，在法理上并不存在正当性的基础，在现实生活中也是有害的。[3] 而土地承包权与经营权分置这一制度设计是充分考虑农村土地制度改革的承受能力，为避免可能面临的争议和风险而做出的一种制度创新，是对土地承包经营权再物权化的一种扬弃。

---

[1] 蔡立东、姜楠：《承包权与经营权分置的法构造》，《法学研究》2015年第3期。
[2] 林辉煌：《家产制与中国家庭法律的社会适应——一种"实践的法律社会学"分析》，《法制与社会发展》2012年第4期。
[3] 李昌麒主编：《中国农村法治发展研究》，人民出版社2006年版，第109页。

第三节　本章小结

本章通过对土地承包经营权制度演进历程进行"历史解码"，发现既有的土地承包经营权制度设计面临着先天不足的法权构造缺陷与后天失调的现实困境。随着当前城乡一体化发展的深入推进、农民群体内部分化现象的出现以及农地价值呈多元化发展趋势，土地承包权与经营权分置改革应运而生。土地承包权与经营权分置有利于发挥土地的财产功能、实现土地的规模经营、农业现代化，是破解土地承包经营权制度困境的出路。此外，土地承包权与经营权分置可以适应在城乡一体化发展过程中处于不同发展阶段的农民对土地权利的不同诉求。总而言之，土地承包权与经营权分置这一安排是充分考虑城乡一体化发展过程中农地制度改革的承受能力，为避免可能面临的争议和风险而设置的，对于土地承包经营权再物权化而言，是一种更优的农地制度改革安排。

第 二 章

土地承包权与经营权分置方式的法律表达

土地承包权与经营权分置是我党在全面深化改革的背景下提出的一项崭新的农地新政。土地承包权与经营权分置作为一项既定的改革安排，目的在于调剂农地"有"与"用"的重要社会机能。当前其内涵表述更多地还停留在政策宣示的层面，尚未在农村土地法律领域获得一席之地。尽管政策与法律属于两个不同的规则系统和话语体系，然而自改革开放以来，中央政策在农村土地制度的变革方面往往扮演开路先锋的角色，是法律实施的重要工具和机制。[①] 因此，在土地承包权与经营权分置已勾勒出农村土地制度改革蓝图的背景下，法学的任务在于运用法言法语寻求土地承包权与经营权的分置方式，做到政策旨趣与法学理论的逻辑自洽和内在契合。

第一节 土地承包权与经营权分置方式的不同法律主张

土地承包权与经营权分置是当前我国农村土地制度改革所面临的一项重大法律问题，对如何在我国现有的农村土地法律制度框架内，尤其是在遵循物权法和农村土地承包法的法律构造、法制思维与法律逻辑的前提下实现土地承包权与经营权的分置。通过对既有理论研究成果的梳

[①] 刘向东：《我国农地使用权制度的法律思考》，《法学杂志》2010年第2期。

理，当前学界在土地承包权与经营权分置方式的法律表达方面主要存在以下七种比较有代表性的学说与观点。

一 "用益物权—次级用益物权"的法构造

该种学说认为，依据权利行使的用益物权发生逻辑，土地经营权是土地承包经营权人行使其权利而设定的次级用益物权。由于土地承包经营权与土地经营权属于不同层次客体上存在的用益物权，两者可以同时成立，并行不悖。[①] 具体而言，所谓权利行使逻辑，指的是用益物权人可以其自身享有的用益物权权利本身而非用益物权客体物作为客体，在其用益物权之上设定权利负担的方式加以处分。换言之，用益物权人可以处分用益物权自身，这具有实定法和比较法上的依据。根据《物权法》第143条的规定[②]，建设用地使用权人在不触碰买卖国有土地红线的基础上，可以进行建设用地使用权的物权化流转，如买卖、赠与、入股、互换以及抵押等。在比较法上，用益物权人在其权利之上为他人设立次级用益物权不乏其例。比如，德国就以联邦最高法院判例的方式确立了地上权上设定次级地上权的规则。[③] 因此，"用益物权—次级用益物权"成为用益物权的行使和实现方式。土地承包经营权人以权利行使的方式在其权利之上，既可以为自己也可以为他人设定具有明确存续期间的土地经营权。自立法论层面，在我国编纂民法典物权编时，应明确土地经营权是通过市场机制在土地承包经营权这一用益物权之上设定的不承载社会保障功能的物权性质的土地财产权。此外，为了与未设立土地经营权的土地承包经营权加以区分，土地承包权特指派生出土地经营权之后的土地承包经营权的代称或简称。

二 "用益物权—新用益物权"的法构造

该说认为，在用益物权基础上再设置一个用益物权具有法理上的可

[①] 参见蔡立东、姜楠《农地三权分置的法实现》，《中国社会科学》2017年第5期。

[②] 《物权法》第143条：建设用地使用权人有权将建设用地使用权转让、互换、出资、赠与或者抵押，但法律另有规定的除外。

[③] 参见鲍尔、施蒂尔纳《德国物权法》（上册），张双根译，法律出版社2004年版，第652页。

行性和实定法上的依据。由于农民取得的土地承包经营权是一项长久不变的权利，所以应当允许在其基础上设置一个新的用益物权。① 具体而言，从合法性来看，首先，我国《物权法》第136条②确立了在用益物权基础上再设置用益物权的可能性和合法性规则。其次，根据《物权法》第5条确立的物权法定原则来看，学界通说认为这里的"法律"除了物权法之外还包括由全国人大及其常委会制定的其他法律③，如《农村土地承包法》等。因此，在《农村土地承包法》中规定新的用益物权也是可行的。从法理上的可行性来看，德国民法中规定的次地上权规则具有借鉴意义。所谓次地上权，就是在地上权设定后，地上权人与第三人达成合意，双方约定以地上权作为本权由地上权人为第三人再次设立的地上权。④ 因此，在我国，由于土地承包经营权是持续稳定、长久不变的，所以在其之上设置一个新的用益物权不存在制度障碍。此外，还需要考虑新设物权不得妨碍土地承包经营权，并建议从法律上将"土地经营权"命名为"耕作权"或者"耕作经营权"。

三 "用益物权—债权"的法构造

该说认为，土地经营权与土地承包权人分离后，土地承包权人并不丧失基于土地承包合同获得的土地承包人身份和用益物权主体地位；第三人对土地享有的"经营权"属于"债权型利用"范畴。⑤ 根据物权法的规定，土地承包经营权从其设立目的和功能的意义上来看就是对承包

---

① 参见孙宪忠《推进农地三权分置经营模式的立法研究》，《中国社会科学》2016年第7期。

② 《物权法》第136条：建设用地使用权可以在土地的地表、地上或者地下分别设立。新设立的建设用地使用权，不得损害已设立的用益物权。

③ 参见高富平《物权法专论》，北京大学出版社2007年版，第7页；马俊驹、余延满《民法原论》（第四版），法律出版社2010年版，第270页；崔建远《物权：规范与学说——以中国物权法的解释论为中心》，清华大学出版社2011年版，第25—26页；孙宪忠《中国物权法总论》（第三版），法律出版社2014年版，第264页；陈华彬《民法物权》，经济科学出版社2016年版，第78页；王利明《物权法研究》（上册）（第四版），中国人民大学出版社2016年版，第143页；陈华彬《物权法论》，中国政法大学出版社2018年版，第89—90页；等等。

④ 参见孙宪忠《德国当代物权法》，法律出版社1997年版，第228页。

⑤ 参见温世扬、吴昊《集体土地"三权分置"的法律意蕴与制度供给》，《华东政法大学学报》2017年第3期。

土地行使占有、使用以及收益权,即对土地的"经营权"。因此,土地经营权是土地承包经营权的实体内容和基本权能。就"土地经营权"而言,其本质是从土地承包经营权中派生出来的一项债权性质的土地利用权,并非与土地承包经营权一样具有物权属性。这一定性符合现行立法精神,根据《农村土地承包法》第39条第1款的规定①,承包方可以在维持其与发包方土地承包关系不变的前提下,将承包土地的经营权在一定期限内全部或者部分转包或者出租给第三人。尽管土地经营权是一种债权,但分置改革的目的是将其塑造为一种如同具有物权一样自由处分(再流转)的权利。因此,民法意义上的"土地承包权与经营权分置"实质上是一种"物权—债权"的土地权利结构。

四 "承包权—承包经营权—经营权"的法构造

该说认为三权分置既与大陆法系的固有物权理论不兼容,又不同于英国土地法的权利配置,也不同于中国传统永佃权制度下的权利安排。因此,回归政策本意后的承包权与经营权分置在法律上的实现为三权,也即承包权为农民基于集体组织成员身份而享有的承包经营集体土地的专有资格,这是落实集体土地所有权的需要;承包经营权为土地物权;经营权在承包经营权抵押、物权性流转或债权性流转时产生,经营权为债权。② 关于土地经营权的派生方式,主要有如下三种情形:第一种情形为,在农地未发生流转时,农户将承包经营权抵押的,是以承包土地的经营权作为抵押标的物抵押给银行等金融机构的。第二种情形为在承包经营权转包、出租等债权性流转时,流转出去的只是经营权,发包方与承包方之间的土地承包关系不变。第三种情形为在承包经营权发生物权性流转时,在流转期限内承包方已从土地承包合同中解放出来,受让方与发包方重新签订土地承包合同,但承包方并不丧失流转期满之后的继续承包土地的权利。在流转期限内,受让方可将承包土地的经营权作为

---

① 《农村土地承包法》第39条第1款:承包方可以在一定期限内将部分或者全部土地承包经营权转包或者出租给第三方,承包方与发包方的承包关系不变。

② 参见楼建波《农户承包经营的农地流转的三权分置——一个功能主义的分析路径》,《南开学报》(哲学社会科学版)2016年第4期。

抵押标的物抵押给银行等金融机构。应该说将土地经营权认定为债权，其依旧可以很好地获得法律保护。从各级司法机关的审判实践来看，土地经营权不仅获得合同法的保护，而且还受到侵权责任法的调整。①

五 "成员权—用益物权"的法构造

该说认为，土地承包权为不变的成员承包农地资格的特殊地位，从承包权中分离出的土地经营权本质就应是完整的用益物权，与原享有土地承包经营权的农民成员身份不相抵触，而恰与市场规律和财产法原理相衔接，也即既实现了土地承包权与经营权分置的政策目标，符合我国物权法原理。②由于农地三权分置改革源于经济学、管理学领域，因此，对于三权分置文本的解读应当尊重已有的经济学、管理学等学科的研究成果。但出于学科分野，切不可抛弃法学的立场，不假思索地直接将政策话语进行法教义学改造。通过完善现行制度，土地承包权应当确立为享有集体的成员权之承包土地的权利能力或承包土地的资格。当农民向集体经济组织行使承包权，一旦获得土地承包经营权时，在现行物权法及物权法定原则之下，应当是一项完整的用益物权，不再具有身份属性。既可以进行债权化流转，也可以进行物权化流转。在进行物权化流转时，只要集体组织成员身份不丧失就享有包括在下一轮土地承包时继续承包土地的资格与权利；受让人在流转期限届满后其获得的土地承包经营权则自动灭失。这就要求开禁土地承包经营权抵押、放开土地承包经营权的转让，既体现了立法付出最低成本即可达到的分置改革目的，也完全符合我国物权法的学理逻辑。

六 "成员权—不动产用益物权"的法构造

该说认为，土地承包权在《农村土地承包法》第 5 条中已有明确含

---

① 参见蔡立东、姜楠《承包权与经营权分置的法构造》，《法学研究》2015 年第 3 期。
② 参见陈小君《"三权分置"与中国农地法制变革》，《甘肃政法学院学报》2018 年第 1 期。

义，其性质为成员权。土地经营权是指土地经营权人依合同取得的耕地在一定期限内的占有、使用和收益的权利，应定性为不动产用益物权。实际上，将土地承包经营权债权性流转而继受取得的以流转土地为客体的土地经营权定性为用益物权才是分置改革创新之所在，且完全符合"放活土地经营权"的政策需求。① 具体而言，该种学说为揭示"土地经营权"的真实面相，通过考察"土地经营权"的名称由来、政策内涵以及应有含义之后，指出该权利存在两种类型：第一种称之为原始土地经营权；第二种为继受土地经营权。原始土地经营权指的是农户与集体组织通过签订土地承包合同而直接获得的以承包土地为客体的土地经营权，底色为现行法中的土地承包经营权。因此，将原始取得的土地经营权定性为不动产用益物权，不存在法律和法理上的障碍。继受土地经营权，根据土地承包经营权流转方式不同有物权性流转和债权性流转之分。土地承包经营权的物权性流转产生的土地经营权，将其定性为不动产用益物权，在现行法框架内仍能得到合理解释。土地承包经营权债权性流转产生的土地经营权，由于受到土地租赁期限20年的制约、合约波动的影响，不具有对抗第三人的效力以及无须公示等特点。因此，有必要将此种继受土地经营权定性为不动产用益物权，符合当前司法实践的做法，更是吻合中央改革的政策意蕴，属于重大的制度创新，最终需要通过民法典物权编编纂的方式做出回应。

七 "成员权—权利用益物权"的法构造

该说认为，应根据农村土地立法变革的要旨，在保留土地承包经营权制度合理规则的基础上对承包权与经营权做出科学的构建。土地承包权作为独立于土地承包经营权的权利应将其纳入农村集体经济组织成员权的范畴；土地经营权是土地承包经营权物权化流转，典型如转让、互换中受让方享有的经营承包地的权利，应以土地经营权之名固定下来，其性质为权利用益物权。② 具体而言，根据《农村土地承包法》第32条

---

① 参见丁文《论"三权分置"中的土地经营权》，《清华法学》2018年第1期。
② 参见高飞《土地承包权与土地经营权分设的法律反思及立法回应——兼评〈农村土地承包法修正案（草案）〉》，《法商研究》2018年第3期。

的规定①土地承包经营权的流转方式可被分为物权化流转和债权化流转两种。其中，土地承包经营权的物权化流转指的是土地承包经营权人通过转让承包地，其从土地承包合同中解放出来，与发包方之间的法律关系终止，受让方取得经营承包地的权利应以土地经营权之名固定下来，并认可该权利的用益物权属性。土地承包经营权的债权化流转指的是承包地的出租、转包等，由于发包方与承包方之间的土地承包关系不变，因此，受让方获得的是债权性质的土地利用权可被称为土地租赁权，无须以"土地经营权"之名予以独立构建。换言之，将债权性质的土地利用权也即土地租赁权排除在土地经营权之外。这样的制度设计有利于农村土地权利体系的协调，符合承包地多元化利用的时代发展趋势，而且也与现行法律制度设计一脉相承，有益于节约制度变迁成本。总而言之，不固守土地承包权与经营权分置的政策话语羁绊，通过深入剖析政策话语的法理意蕴，确立土地承包权属于集体组织成员权，确认土地经营权是在土地承包经营权之上设立的权利用益物权，一方面在于使农村土地承包法的修改回归到农村土地权利体系的科学性范畴；另一方面又能保证"三权分置"政策目标与农村土地法律制度逻辑的内在契合。②

由此可知，上述七种不同的代表性学说立足于现有涉农法律规范和民法理论，首先是选择分置的逻辑基点，在此基础上依据不同的分析进路来表达各自不同的分置方式（表2—1）。具体而言，前三种学说展开论证的逻辑基础是基于现行法律明确规定的土地承包经营权制度。而后，第一种学说主张：通过参考借鉴《物权法》第143条规定的建设用地使用权流转方式和德国法上的次级地上权规则作为分析进路。第二种学说主张：《物权法》第136条和德国法上的次地上权规则表明用益物权之上再设置用益物权符合物权法的科学原理。第三种学说主张：土地经营权是通过土地承包经营权的债权化流转方式设立的一种债权性质的农地利

---

① 《农村土地承包法》第32条：通过家庭承包取得的土地承包经营权可以依法采取转包、出租、互换、转让或者其他方式流转。

② 高飞：《土地承包权与土地经营权分设的法律反思及立法回应——兼评〈农村土地承包法修正案（草案）〉》，《法商研究》2018年第3期。

用权。后四种学说展开论证的逻辑基础是根植于集体经济组织的成员权制度，在此基础上，第四种学说主张：承包权是承包经营集体所有土地的资格；承包经营权是经营权的权源，经营权可以通过承包经营权的流转、抵押方式产生。第五种学说主张：土地承包权人只要不丧失集体成员身份，就享有包括下一轮继续承包集体土地在内的一系列资格，同时赋予土地承包人对土地承包经营权的物权转让；从承包权中分离出的土地经营权应是一项完整的用益物权，可以抵押。第六种学说主张：土地经营权的权利基础是现行法中用益物权性质的土地承包经营权，由于其中包含着成员权属性的土地承包权，《农村土地承包法》第5条对此已有规定，故对此异质性部分土地经营权应当予以去除。分置改革要求的是将土地承包经营权出租、转包等债权化流转方式产生的土地经营权改造成不动产用益物权。第七种学说主张：将土地承包权纳入集体组织成员权范畴能够保障"稳定农户承包权"的政策目标得以实现；与此同时，将土地经营权确立为土地承包经营权，通过物权化流转方式而由受让人获得权利用益物权，能够实现"放活土地经营权"的政策目标。

表2—1　　　　土地承包权与经营权分置的不同法律表达方式

序号	不同分置方式的法构造	逻辑基点	分析进路
1	用益物权—次级用益物权	土地承包经营权	1. 参考借鉴《物权法》第143条规定的建设用地使用权流转方式； 2. 德国法上的次级地上权规则
2	用益物权—新用益物权		1. 以《物权法》第136条规定的建设用地使用权分层设立作为参照系； 2. 德国法上的"次地上权"规则
3	用益物权—债权		土地经营权是通过土地承包经营权的出租、转包等债权化流转方式为他人设立的债权性质的土地利用权

续表

序号	不同分置方式的法构造	逻辑基点	分析进路
4	承包权—承包经营权—经营权	成员权	作为集体组织成员的农民通过向集体主张承包权而获得承包经营权，承包经营权通过债权化、物权化流转方式以及抵押均可以产生经营权
5	成员权—用益物权		土地承包权为农民承包土地的资格，只要其不丧失集体组织成员的身份，及至土地承包期届满后，具有再次承包土地的权利。当农民向集体组织主张行使土地承包权，获得的土地承包经营权是一项完全物权化的用益物权，不再具有身份属性，可以进行抵押
6	成员权—不动产用益物权		1.《农村土地承包法》第5条对土地承包权已经做出了规定； 2. 将土地承包经营权通过出租、转包等债权化流转方式而产生的债权性质的土地经营权改造成不动产用益物权是分置改革创新之所在，符合"放活土地经营权"的政策需求
7	成员权—权利用益物权		1. 土地承包权属于农村集体经济组织的成员权； 2. 受让人基于转让取得的土地经营权为土地承包经营权上设立的权利用益物权

第二节 土地承包权与经营权分置方式学理论争的评释与审思

一 土地承包权与经营权分置方式学理论争的评释

前述七种代表性学说为了回应中央"稳定（保留）土地承包权、放活土地经营权"的政策目标，从而在法律上寻求土地承包权与经营权分置的妥适表达。然而从土地承包权与经营权分置的政策意蕴、法理逻辑、基本要义以及土地经营权的既有立法安排来看，上述学说或多或少还存在着一些让人难以信服之处。

第一种学说在论证时参考了《物权法》第 143 条的规定和德国法中的次级地上权规则。然而，《物权法》第 143 条规定的建设用地使用权流转（如建设用地使用权转让、互换、出资、赠与以及抵押等）是一种物权化流转方式，除抵押之外流转之后建设用地使用权人与国有土地之间已不存在法权关系。换言之，原建设用地使用权人已从国有土地上解放出来。这与该说所主张的，土地承包经营权之上设定土地经营权之后农民与农地之间的法权关系维持不变的要求不相吻合。因此，该说援引《物权法》第 143 条来论证用益物权人可以在自己的权利之上设定次级用益物权属于参照系寻找不当。同样，按照该说的观点，农地三权分置后，同一块土地之上存在着集体土地所有权、土地承包经营权与土地经营权这三大土地物权。而按照《物权法》第 143 条的规定，建设用地使用权流转之后，国有土地之上依旧只存在国有土地所有权与建设用地使用权这两大土地物权，唯一变化的只是建设用地使用权主体发生了变更。总而言之，通过借鉴《物权法》第 143 条来展开论证有失偏颇。该说在论证时，还比较考察了德国法上的次级地上权规则。然而，考虑到当前世界不同法系国家除了在保护财产权方面是各国共同遵循的原则外，在物权法领域，尤其在土地权利领域，几乎不存在什么"国际惯例"。[①] 因此，在此背景下，该说借鉴建立在土地私人所有基础之上的德国法上的次级地上权规则来论证建立在土地集体所有基础上的土地承包经营权与土地经营权分置，这一比较考察是否合理殊值接续研究一番。详言之，该说在比较考察德国法上的次级地上权规则时，一方面没有论证次级地上权规则与在土地承包经营权之上设立土地经营权的内在关联性；另一方面，德国的土地属于私人所有，与我国建立在土地公有基础之上的农地使用权制度之间的差别对于我国借鉴德国法上的次级地上权规则是否有影响，该说也没有涉及，就直接表明了在我国用益物权之上可以设定次级用益物权，存在说理不充分之嫌。此外，权利分置指的是土地承包经营权和土地经营权应由不同的民事主体享有[②]，该说认为土地承包经营权人除了为他人设立土地经营权外还可以为自己设立，为

[①] 王卫国：《中国土地权利研究》，中国政法大学出版社 1997 年版，第 6 页。
[②] 参见孙宪忠《推进我国农村土地权利制度改革若干问题的思考》，《比较法研究》2018 年第 1 期。

自己设立的情形是否称为分置殊值推敲，徒增权利行使的负担，而且也与用益物权是设立在他人之物上面的物权法理不符合。

第二种学说在论证时也参考借鉴了德国法上的次级地上权规则，与第一种学说一样存在着说理需要补强之处。此外，该说还认为《物权法》第136条确立的建设用地使用权分层设立规则为在用益物权基础上再设置用益物权提供了实定法上的依据。其实，《物权法》第136条是为了更好地实现对国有土地的有效利用，应对土地立体化利用的社会需求以及实现土地的物尽其用，在吸收国外空间权立法有益经验的基础上应运而生的。[①] 这意味着在同一块国有土地上可以存在多个建设用地使用权。由于建设用地使用权分层设立是以独立支配的特定的土地地表或者土地空间为客体而设立的，其成立并不违背物权客体特定、一物一权原则的要求。[②] 换言之，当同一块土地上存在着数个建设用地使用权时，后续设立的建设用地使用权并不是在已设立的建设用地使用权之上设立的，而是以已设立建设用地使用权之外的土地空间或土地地表另行设立的。此外，在同一块土地上设立的数项建设用地使用权的行使可以并行不悖，而不像土地承包经营权与土地经营权两者的行使处于非此即彼的状态。由此观之，该说以《物权法》第136条作为土地承包经营之上设立土地经营权的法律依据，属于参照系寻找不当。

第三种学说主张土地经营权是通过土地承包经营权的转包、出租等债权化流转方式为他人设定的，本质上仍属债权范畴，没有迎合中共十八届三中全会以来确立的农地制度改革要求以及当前关于土地经营权的立法规定。其实，土地承包权与经营权分置改革的目的在于解决土地二轮承包以来出现的各类疑难，通过放活土地经营权解决农地的抵押困境，入股农业公司、农民专业合作社以及土地信托公司等丰富现代农业经营组织体并实现农地的规模化经营。总之，改革呼吁的是物权性质的土地经营权。[③] 如果认为本次农地制度改革要求的是债权性质的土地经营权，

[①] 参见王利明、杨立新、王毅、程啸《民法学》（第五版），法律出版社2017年版，第426页。
[②] 陈华彬：《空间建设用地使用权探微》，《法学》2015年第7期。
[③] 吴越、庄斌：《农地"三权分置"如何分？》，《土地科学动态》2017年第1期；孙宪忠、张静：《推进农地三权分置的核心是经营权物权化》，《光明日报》2017年2月14日；等等。

则农业行政最高主管部门和中央政策的制定者完全没有必要如此声势浩大地推动土地承包权与经营权分置改革，并自党的十八届三中全会之后出台系列政策，典型如《关于引导农村土地经营权有序流转发展农业适度规模经营的意见》《深化农村改革综合性实施方案》《关于完善农村土地所有权承包权经营权分置办法的意见》等。这是因为，从解释论的视角以观，根据《农村土地承包法》第 39 条第 1 款的规定，可知土地承包经营权的出租、转包等债权化流转方式，是在维持发包方与承包方之间土地承包关系不变的基础上，向外流转承包土地的，受让方获得的即为一定期限内的债权性质的土地利用权。在现行法律已明确规定从土地承包经营权中可派生出债权性质土地利用权的情形下，再专门设置一个债权性质的土地经营权就显得有些多余。[①] 此外，2014 年修正的《行政诉讼法》第 12 条第 1 款第 7 项、2017 年 12 月修订通过并于 2018 年 7 月 1 日起生效实施的《农民专业合作社法》第 13 条第 1 款关于土地经营权的立法规定，其实暗含了土地经营权的物权属性。具体而言，土地经营权人享有的土地经营权是通过与土地承包经营权人签订土地流转合同设立的，土地经营权人不仅受到合同法保护，按照 2014 年修正的《行政诉讼法》的规定，行政机关侵犯其土地经营权的可提起行政诉讼，这其实赋予了土地经营权具有对抗第三人不法侵害的效力。这一立法规定其实内含着土地经营权具有排除第三人不当妨碍的物权效力。《农民专业合作社法》第 13 条第 1 款明确规定土地经营权可以评估作价、出资转让至合作社名下，成为合作社法人的财产权客体。这其实也暗含了土地经营权的物权属性，因为土地经营权止步于债权不利于土地权利的物权变动、农地利用效率的提升和稳定的土地经营预期。

第四、五、六、七种学说将土地承包权定性为集体组织成员权。在此情形下，土地承包权名曰权利实为承包土地的一种资格[②]，可见土地承包权仅仅是一种过渡性权利、程序性权利，是为了引出实体性土地承包经营权，目的实现而终结，两者不具有共时性，也即在某一时间节点土地承包权与土地承包经营权不会同时存在。所以，第四、五、六、七种学说认为分置

---

① 贺雪峰：《农地"三权分置"的变与不变》，《农村工作通讯》2018 年第 4 期。
② 朱广新：《土地承包权与经营权分离的政策意蕴与法制完善》，《法学》2015 年第 11 期。

的权利之一为土地承包权,最终论证的逻辑基点又回归至土地承包经营权。

具体而言,第四种学说主张承包经营权通过出租、转包等债权化流转方式产生经营权,经营权是债权,获得经营权的流转机构或个人在获得承包经营农户的同意后还可用经营权抵押融资。关于土地经营权的属性认定,在第三种学说中已经进行了较为详细的论证,在此不再赘述。该说在将土地经营权定位为债权,赋予其抵押等物权性权能,其不足之处也是显而易见的。一方面会导致权利设置的名不副实和法律内在逻辑体系的混乱;另一方面是赋予土地经营权抵押之名,行债权质押之实。①另外,该说还认为承包经营权可以通过抵押的方式产生经营权,其论证的依据为《关于引导农村土地经营权有序流转 发展农业适度规模经营的意见》和《关于开展农村承包土地的经营权和农民住房财产权抵押贷款试点的指导意见》这两个中央政策文件。在现行《担保法》第37条第1款第2项、《物权法》第184条第1款第2项与《最高人民法院关于审理涉及农村土地承包纠纷案件适用法律问题的解释》第15条中从法律和司法解释两个维度封锁土地承包经营权抵押的情形下,该说以位阶效力低于法律的中央政策文件为依据认可土地承包经营权抵押,这是值得推敲之处。

第五种学说主张在《农村土地承包法》《物权法》以及《土地管理法》修改在即的背景下,应开禁土地承包经营权抵押并允许土地承包经营权的自由转让,只要农民不丧失集体组织成员身份,在下一轮土地承包期到来时除非其不放弃行使承包土地的权利即可获得土地承包经营权,受让人获得的土地承包经营权在流转期限届满时便自动灭失。该说的观点更加适宜我国城乡土地物权平等的情境。在当前考虑到国家还不可能为每一位社会成员提供同等的养老、就业和生活保障②,也即在当下中国土地或多或少还发挥着生存保障功能的约束条件之下,土地承包经营权的完全物权化改造显得有些超前,但不失为将来的一大农地制度改革良策。此外,对于农民享有的土地财产权利应置于成员权类型视野下予以统一安排、考量,否则会发生土地承包经营权主体与宅基地使用权主体的分离现象,这就有可能

---

① 宋志红:《"三权分置"关键是土地经营权定性》,《农村经营管理》2016年第9期。
② 邓大才:《中国农村产权变迁与经验——来自国家治理视角下的启示》,《中国社会科学》2017年第1期。

对集体组织的成员权构成冲击，打破集体组织成员权内部权利体系的和谐。关于这部分内容，持该学说观点的学者在其文章中并没有涉及。

第六种学说主张"三权分置"改革创新之所在为将土地承包经营权债权化流转而产生的继受土地经营权定性为不动产用益物权。对于该说，本书追问如下：第一，物权和债权作为市场经济社会的两大基本财产权利，两者之间的联系是十分密切但区别也是显而易见的，主要表现在法律关系、权利内容、权利设定、权利标的、存续期限、法律效力以及保护程度等方面的不同。① 为了顺应改革的潮流，该说将土地承包经营权出租、转包等债权化流转方式产生的债权性质的土地利用权②改造为物权，这会引发民事权利设置的名不副实、物权与债权界分的交错，更有甚者引发财产法律关系内部逻辑体系的混乱。第二，按照该说的主张，分置改革后农村承包土地上将清一色地只存在物权性质的土地利用权，债权化流转方式将会荡然无存。其实，不管是物权性的土地利用权还是债权性的土地利用权，着力点各不相同，完全没有必要从价值判断的视角分出高下。正因如此，大陆法系国家在土地权利体系的设置上，无一例外地规定在土地用益物权的同时也保留债权性土地利用权，这样当事人既可以设定内容法定的土地用益物权，也可以设置权利义务自由约定的意定型土地利用权，以此回应丰富多彩的实践需求。③ 因此，该说所倡导的单一型土地利用方式也即物权化土地利用权，显然不利于土地流转方式的多元化以供当事人根据各自偏好进行自我选择。

第七种学说主张根据土地承包经营权流转方式的不同，将基于出租、转包等债权化流转方式而取得的经营土地的权利称为土地租赁权；受让人通过转让等方式获得的物权性土地利用权称为土地经营权。这一方面为了将土地租赁权排除在土地经营权的范畴之外，另一方面为了与农民通过行使土地承包权而获得的土地承包经营权相区别。这表明，土地经

---

① 参见陈华彬《民法物权》，经济科学出版社 2016 年版，第 21—24 页；王利明、杨立新、王毅、程啸《民法学》（第五版），法律出版社 2017 年版，第 523—525 页；等等。

② 有学者将土地承包经营权债权化流转方式产生的土地利用权称为土地租赁权。参见高飞《土地承包权与土地经营权分设的法律反思及立法回应——兼评〈农村土地承包法修正案（草案）〉》，《法商研究》2018 年第 3 期。

③ 参见宋志红《"三权分置"关键是土地经营权定性》，《农村经营管理》2016 年第 9 期。

营权是通过土地承包经营权的转让等方式产生的。土地承包经营权转让后,农民与发包方之间的土地承包关系终止,受让人与发包方之间建立新的土地承包关系并因这一法律关系而获得土地经营权。由此可知,土地经营权产生后,同一块农地上存在着集体土地所有权和土地经营权这两种物权。然而,该说又指出土地经营权为土地承包经营权之上设立的权利用益物权,这意味着同一块土地上除了集体土地所有权、土地经营权外,还存在着土地承包经营权。换言之,这里又存在着三类土地物权,前后表述不相一致。也正是基于土地经营权是设立在土地承包经营权这一权利之上的,所以将其认定为权利用益物权。而按照该说前面的观点,土地经营权是通过土地承包经营权转让产生的,土地经营权的客体为土地这一不动产,应为不动产用益物权。因此,土地经营权究竟为权利用益物权还是不动产用益物权,陷入了顾此失彼之中。

二 土地承包权与经营权分置方式的法律审思

通过前述评释,本书认为,为揭开土地承包权与经营权分置方式的真实面向,需要明确如下几个方面的内容。

第一,土地承包权与经营权分置应该坚持本土化原则。

前已述及,当前在世界不同法系国家,在土地权利领域几乎不存在共通性规则。不管是以德、法为代表的大陆法系国家的土地物权制度,还是以英、美为典型的英美法系国家的地产权制度,各国因其不同的社会发展历程、不同的政治文化因素、不同的社会历史条件、土地之上承载的不同使命以及众多其他因素共同作用的结果,形成了在概念、技术与原则等方面各具特色的土地权利制度。同样地,我国现有的农村土地权利[①]作为农村经济体制改革的产物。它是在中国实施了长达30余年的计划经济体制下、私权制度极不发达、市民社会的权利长期萎缩、政治国家权力膨胀、国家意志渗透到社会各个领域这样一种背景下产生的,是建立在农村土地集体所有制基础上的家庭经营模式。[②] 因此,在探寻土

---

① 本书在这里特指土地承包经营权,特此说明。
② 李国英、刘旺洪:《论转型社会中的中国农村集体土地权利制度变革——兼评〈物权法〉的相关规定》,《法律科学》(西北政法学院学报)2007年第4期。

地承包权与经营权的分置方式时更多地应该立足于本国的农村土地权利法律制度，而非简单地运用比较法的视角借鉴他国的土地法律制度。

第二，土地承包权与经营权分置不是权利解构而是农地功能的分离。

当前土地承包权与经营权分置的农地改革已经取代"两权分离"并确认为中央政策，尽管这是由经济学界所主导，然而功能主义的分析进路可以调和法学界和经济学界对土地承包权与经营权分置改革的认识。[①] 长期以来，由于土地承包经营权背负着过多的社会保障责任，致使其徒有物权之名而无物权之实，立法或者司法解释等对土地承包经营权的抵押、转让等物权化流转方式给以较多的约束甚至是禁止。从法律视角以观，由于土地承包经营权是单一、完整的权利，因此，土地承包权与经营权分置不是将土地承包经营权分解为土地承包权与土地经营权，应当从农村土地制度改革所欲实现的功能目的着手。其中，土地承包权发挥土地的生存保障功能，土地经营权释放土地的物权资本功能。也即土地承包权与经营权分置为土地承包经营权中的生存保障功能与物权资本功能恰如其分地有效区分开来提供了良机。

第三，维持土地承包经营权制度是土地承包权与经营权分置的现实选择。

任何一项成功法律制度建立的背后都是在充分借鉴和吸收既有制度资源的基础上演变而来的。在制度变迁过程中，既有制度的"基因"总会遗传至新制度之中，形成一种规律性的路径依赖。其实，新中国成立以来我国农地制度的变迁历程具有典型的路径依赖特征。新中国成立以来至20世纪70年代末80年代初，农地制度在经过土地改革、农民合作化运动以及家庭联产承包责任制之后，土地产权关系实现了从封建土地地主所有制到农民所有制，农民所有集体利用、集体所有集体利用到集体所有农民利用的确立，最终建立起了极富中国特色的农地"两权分离"制度。因此，从新中国成立以来农地产权制度所经历的历次重大变迁可以看出，每一阶段的

---

① 参见张力、郑志峰《推进农村土地承包权与经营权再分离的法制构造研究》，《农业经济问题》2015年第1期；姜红利《放活土地经营权的法制选择与裁判路径》，《法学杂志》2016年第3期；楼建波《农户承包经营的农地流转的三权分置——一个功能主义的分析路径》，《南开学报》（哲学社会科学版）2016年第4期；吴义龙《"三权分置"论的法律逻辑、政策阐释及制度替代》，《法学家》2016年第4期；等等。

土地产权制度都是对前一阶段的扬弃,是一种既否定又继承的过程。[1]

发轫于20世纪70年代末80年代初的土地承包经营权制度,作为农民自发探索而创造出来的一项农地经营体制改革的实践产物,已经获得了《民法总则》《物权法》《农村土地承包法》《土地管理法》《农业法》等[2]众多涉农法律的明文规定与认可,并且土地承包经营权制度为农村经济社会的稳定发展起到了坚实的支撑作用,是农村土地制度的基石。事实上,改革开放以来,不管是中央有关农地的政策还是法律制度安排都是在朝着做大、做实、做强土地承包经营权的方向发展着。可以说,土地承包经营权的名称、权利内涵、特征以及权利内容等早已深入人心、为人所熟知。如果土地承包权与经营权分置另起炉灶,摒弃土地承包经营权制度,这意味着我国农村土地权利结构体系将会发生改变。这不仅会产生非常高昂的立法成本,而且会侵害基于已有农地法律制度建立起来的农地经营秩序,更有甚者引发土地承包经营权人的误解并带来不必要的恐慌。因此,通过对新中国成立以来农地制度发展历程的历史规律总结,缘起于中共十八届三中全会的土地承包权与经营权分置应当维持土地承包经营权制度。[3] 2014年修正的《行政诉讼法》第12条第1款第7项和2017年修订的《农民专业合作社法》第13条第1款对土地经营权

---

[1] 覃美英、程启智:《建国以来我国农地产权制度变迁的经济学分析》,《农村经济与科技》2007年第4期。

[2] 参见《民法总则》第55条:农村集体经济组织的成员,依法取得农村土地承包经营权,从事家庭承包经营的,为农村承包经营户。《物权法》第三编用益物权部分第十一章对土地承包经营权予以专章规定。《农村土地承包法》整部法律围绕土地承包经营权而展开,成为我国调整土地承包经营权制度的一部主干法。《土地管理法》第14条第1款:农民集体所有的土地由本集体经济组织的成员承包经营,从事种植业、林业、畜牧业、渔业生产。土地承包经营期限为三十年。发包方和承包方应当订立承包合同,约定双方的权利和义务。承包经营土地的农民有保护和按照承包合同约定的用途合理利用土地的义务。农民的土地承包经营权受法律保护。《农业法》第10条第2款:农村土地承包经营的方式、期限、发包方和承包方的权利义务、土地承包经营权的保护和流转等,适用《中华人民共和国土地管理法》和《中华人民共和国农村土地承包法》。《农业法》第72条:各级人民政府、农村集体经济组织或者村民委员会在农业和农村经济结构调整、农业产业化经营和土地承包经营权流转等过程中,不得侵犯农民的土地承包经营权,不得干涉农民自主安排的生产经营项目,不得强迫农民购买指定的生产资料或者按指定的渠道销售农产品。《农业法》第90条第1款:违反本法规定,侵害农民和农业生产经营组织的土地承包经营权等财产权或者其他合法权益的,应当停止侵害,恢复原状;造成损失、损害的,依法承担赔偿责任。

[3] 参见房绍坤《民法典物权编用益物权的立法建议》,《清华法学》2018年第2期。

进行了立法规定，表明当前土地经营权已是一项法律化权利。所以，政策上的土地承包权与经营权分置转化为法律上的表达应为——土地承包经营权与土地经营权分置。

此外，农民的土地承包经营权有别于传统民法中的用益物权，是根据自己在集体组织中的成员权取得的地权。① 党的十九大报告和2018年中央"一号文件"明确指出"第二轮土地承包到期后再延长三十年"。这就使得土地承包经营权的特殊性更加凸显，具有类所有权的法律地位。加之，改革呼吁的是物权性质的土地经营权。

综上所述，本书试图重新解读土地承包经营权和主张增加新型用益物权——土地经营权的方式来探寻土地承包权与经营权分置的法律表达方式。

第三节　土地承包权与经营权分置方式的法理生成与表达

一　土地承包经营权有别于传统的用益物权具有类所有权属性

用益物权制度往往与一个国家的基本经济制度紧密相关。从比较法来看，用益物权的种类和内容因历史传统、国情地域不同而异，具有浓厚的固有法色彩。② 比如德国法中的土地债务、法国法中的居住权、日本法中的小耕作权等。③ 有别于建立在土地私有基础之上的传统用益物权，我国采用社会主义公有制的市场经济，土地为国家所有或农民集体所有，并在此基础上发展出特有的用益物权，建立在农民集体所有土地之上的土地承包经营权即为适例，以取代土地所有权的功能。④ 换言之，在农村土地集体所有制制约下，由于集体土地所有权不能转让，造成土地承包经营权事实上具有土地私有制国家或地区的土地所有权的法律地位。⑤ 其实，按照物权法制定之初确定的立法方针，尽管农民对自己耕作的土地

---

① 孙宪忠：《推进我国农村土地权利制度改革若干问题的思考》，《比较法研究》2018年第1期。
② 谢在全：《民法物权论》（中册），中国政法大学出版社2011年版，第426页。
③ 参见陈根发《论日本法的精神》，北京大学出版社2005年版，第207页。
④ 王泽鉴：《民法物权》（第二版），北京大学出版社2010年版，第268页。
⑤ 朱广新：《土地承包权与经营权分离的政策意蕴与法制完善》，《法学》2015年第11期。

不能享有所有权，但物权立法应当赋予其相当于所有权的权利，最终出台的物权法也确实实现了这一立法目的。① 因此，土地承包经营权是一种具有类所有权或者准所有权地位的土地物权。

首先，土地承包经营权的精神实质为集体组织成员的农民作为集体土地所有权人的一分子对集体土地进行质的分割结果，是集体土地所有权的一种特殊表现方式与转换形式。传统大陆法系国家的土地用益物权大多建立在土地私有制的基础之上，土地用益物权人与土地所有权人之间在用益物权设定之前往往不存在特定的身份上的牵连关系。而我国实行农村土地集体所有制，根据调整财产归属关系的基本法——《物权法》第 59 条第 1 款的规定，农民集体所有的土地属于"成员集体所有"。② 物权法的这一表述旨在通过引入"成员权"突出身为集体组织成员的农民作为集体土地所有权的主体法律地位，实现土地权属和土地利用的结合。③ 农民作为集体组织成员的一分子是与其他集体组织成员共同所有集体土地的，依据《农村土地承包法》第 5 条第 1 款的规定④通过向集体组织主张承包土地的权利而取得土地承包经营权。因此，作为土地承包经营权主体的农民一方面是作为个人法上的土地承包经营权人，另一方面是作为团体法上的集体土地所有权人。这种主体的个人属性和团体属性的结合使得土地承包经营权的物权属性呈现出一种有别于传统民法上的特质。亦即，作为土地承包经营权主体的农民本身就是农村集体土地

---

① 陈华彬：《中国物权法的意涵与时代特征》，《现代法学》2012 年第 6 期。
② 2017 年 10 月 1 日起生效实施的《民法总则》第 99 条赋予了农村集体经济组织特殊法人地位，结合《物权法》第 59 条、第 60 条，《农村土地承包法》第 2 条、第 12 条，《土地管理法》第 10 条等规定，从解释论视角以观，其实现行法律已经明确界分了农民集体与农村集体经济组织的法律关系。从应然层面讲，农民集体是集体土地的唯一、实质、终极意义上的所有权主体，农村集体经济组织作为特殊法人基于民事主体地位对外独立代表农民集体行使集体所有权。关于农民集体与农村集体经济组织之间关系的具体探讨，可参见于飞《"农民集体"与"集体经济组织"谁为集体所有权人？——风险界定视角下两者关系的再辨析》，《财经法学》2016 年第 1 期；姜红利、宋宗宇《集体土地所有权归属主体的实践样态与规范解释》，《中国农村观察》2017 年第 6 期；许中缘、崔雪炜《"三权分置"视域下的农村集体经济组织法人》，《当代法学》2018 年第 1 期；李永军《民法总则》，中国法制出版社 2018 年版，第 441—467 页；童列春《中国农地集体所有权制度理论解惑与重述》，《南京农业大学学报》（社会科学版）2018 年第 2 期；等等。
③ 王利明、周友军：《论我国农村土地权利制度的完善》，《中国法学》2012 年第 1 期。
④ 《农村土地承包法》第 5 条第 1 款：农村集体经济组织成员有权依法承包由本集体经济组织发包的农村土地。

法理上的所有权人，而且这种所有权人在现实中是通过承包经营的方式直接支配成员集体所有物——土地，并因自主经营而享受物之利益的。①

其次，"土地承包关系稳定并长久不变"的法思想是要求土地承包经营权具有所有权一样的法律地位。② 党的十九大报告和 2018 年中央"一号文件"明确要求土地承包关系稳定并长久不变。这其实涉及两方面的内容，一为稳定土地承包关系；二为保持土地承包期限的长久不变。③

稳定土地承包关系的技术路径为：在确立农民对集体土地是一种物权性质的土地利用权的基础上通过土地承包经营权的确权登记，明确承包地块归属、权利内容、空间位置、面积大小、坐落界址等内容，以此稳定更是强化农民的土地承包经营权的物权属性。④ 这一方面旨在让农民获得一种长期稳定的土地承包利益、鼓励农民加大对土地的投入并提高土地利用效率，根据《物权法》第 59 条第 2 款第 2 项、第 130 条与《农村土地承包法》第 27 条等规定⑤，土地承包经营权在承包期限内非因法定情形、未经法定程式承包地不被任意调整。如果发包方违反土地承包合同约定或者法律、行政法规的强制性规定而凭借其单方意思任意调整承包地，由于土地承包经营权是一项土地物权，具有对世效力，排除包括土地发包方在内的任何第三方的非法干涉与不当干预，在此情形下，发包方不仅要根据土地承包合同承担合同责任，而且还面临着承担停止

---

① 黄河：《农业法视野中的土地承包经营权流转法制保障研究》，中国政法大学出版社 2007 年版，第 4 页。
② 参见孙宪忠《中国物权法总论》，法律出版社 2014 年版，第 155 页。
③ 高圣平：《农地三权分置视野下土地承包权的重构》，《法学家》2017 年第 5 期。
④ 参见孙中华《深化农村改革研究与探索》，中国农业出版社 2017 年版，第 193—195 页。
⑤ 《物权法》第 59 条第 2 款第 2 项：下列事项应当依照法定程序经本集体成员决定：……（二）个别土地承包经营权人之间承包地的调整。《物权法》第 130 条：承包期内发包人不得调整承包地。因自然灾害严重毁损承包地等特殊情形，需要适当调整承包的耕地和草地的，应当依照农村土地承包法等法律规定办理。《农村土地承包法》第 27 条：承包期内，发包方不得调整承包地。承包期内，因自然灾害严重毁损承包地等特殊情形对个别农户之间承包的耕地和草地需要适当调整的，必须经本集体经济组织成员的村民会议三分之二以上成员或者三分之二以上村民代表的同意，并报乡（镇）人民政府和县级人民政府农业等行政主管部门批准。承包合同中约定不得调整的，按照其约定。

侵害、恢复原状、赔偿损失等侵权责任①的风险。另一方面，土地承包经营权通过确权登记外化于形在于公示承包地的归属，并且随着当前土地承包权与经营权分置改革的深入推进，土地承包经营权的生存保障属性在逐步淡化、土地财产属性在日渐增强，土地承包经营权的确权登记也在于实现由以往的登记对抗主义向登记生效主义的物权登记公示效力转化。

在土地承包关系稳定的基础上，土地承包期限的长久不变在于赋予农民一种长久稳定的土地期限利益。然而，需要注意的是，政策与法律属于不同的规则系统和话语体系。"长久不变"是一个极富伸缩性的政治语词，"长久"只是表示比30年长而已，还必须以法律的形式做出明确规定。② 当前，《土地承包法（草案）》第20条③明确规定耕地30年承包期届满后再延长30年。此举旨在通过修法的方式对"长久不变"中央土地承包政策做出立法回应以立法的方式将"长久不变"的中央政策法律化，同时与《物权法》第126条第2款④这一引致条款做好条文的衔接，就以法律的形式确立土地承包期限的自动续期规则。在民法上，从权利存续期间的长度来看，其实只有所有权才有"长久不变"的法律特征。现在不仅中央政策文件提出土地承包期限的"长久不变"，更是通过修法的方式明确土地承包期的自动续期规则，这就让农民吃上了一颗"定心

---

① 《侵权责任法》在第2条调整范围中明确规定侵害用益物权等民事权益的，应当承担侵权责任。因此，土地承包经营权作为用益物权受到《侵权责任法》的调整与保护。当农民的承包地受到发包方的不当调整时，一方面可以根据《侵权责任法》第2条、第15条的规定获得保护。《侵权责任法》第2条：侵害民事权益，应当依照本法承担侵权责任。本法所称民事权益，包括……所有权、用益物权……等人身、财产权益。第15条：承担侵权责任的方式主要有：（一）停止侵害；（二）排除妨碍；（三）消除危险；（四）返还财产；（五）恢复原状；（六）赔偿损失；（七）赔礼道歉；（八）消除影响、恢复名誉。以上承担侵权责任的方式，可以单独适用，也可以合并适用。另一方面也可以根据《农村土地承包法》第54条第1款第2项的规定，要求发包方承担停止侵害、恢复原状等民事责任。参见《农村土地承包法》第54条第1款第2项：发包方有下列行为之一的，应当承担停止侵害、返还原物、恢复原状、排除妨害、消除危险、赔偿损失等民事责任：……（二）违反本法规定收回、调整承包地。

② 朱广新：《论土地承包经营权的主体、期限和继承》，《吉林大学社会科学学报》2014年第4期。

③ 《农村土地承包法修正案（草案）》第20条：耕地的承包期为三十年。草地的承包期为三十年至五十年。林地的承包期为三十年至七十年。前款规定的耕地承包期届满后再延长三十年。

④ 《物权法》第126条第2款：前款规定的承包期届满，由土地承包经营权人按照国家有关规定继续承包。

丸",不用再被土地承包期限的问题困扰。土地承包经营权的稳定并长久不变,加之其是经集体土地所有权质的分割基础上形成的,因此,当前土地承包经营权的内容和性质的发展趋势事实上正在朝着"土地恒产"的方向进化和靠近。

此外,"农村土地问题立法研究"课题组对我国的广东、江苏、四川等 10 个较有代表性的省份将近 2000 户农民的田野调查统计结果表明,农民对承包地所有权归属认知上,形成了一种类所有权的心理基础和产权认知。[1]农民较为强烈的土地归属于个人所有的诉求源于农民期望在土地承包经营权的行权过程中具有更多的自主权和话语权,农民希望自己获得的土地承包经营权能够像对待所有权一样来看待,并能够获得像所有权一样的处分权能与法律保障。

二 土地承包经营权的类所有权属性允许在其基础上设定新型用益物权——土地经营权

土地承包经营权定位于类所有权或准所有权的法律地位[2],可以为土地承包经营权派生出的土地经营权用益物权化提供动力革新机制。考察我国改革开放以来农村土地权利发展变化可知,总的趋势是限缩集体土地所有权的权能、强化土地承包经营权的权能,也即各项土地权能不断由集体让渡给作为集体组织成员的农民。当前,集体土地所有权的权能主要表现为对集体农地行使管理、分配等方面的宏观权能,而对农地利用方面的具体权能主要由土地承包经营权来体现。当前,在我国土地承包经营权在农地利用中所扮演的角色类似于大陆法系市场经济

---

[1] 参见陈小君等《农村土地问题立法研究》,经济科学出版社 2012 年版,第 6 页。
[2] 参见朱广新《土地承包权与经营权分离的政策意蕴与法制完善》,《法学》2015 年第 11 期;王洪亮《三权分置与土地使用权权能的完满》,《清华法律评论》2016 年第 1 期;孙宪忠《推进农地三权分置经营模式的立法研究》,《中国社会科学》2016 年第 7 期;刘恒科《"三权分置"下集体土地所有权的功能转向与权能重构》,《南京农业大学学报》(社会科学版)2017 年第 2 期;袁震《论物权性耕作经营权之创设》,《学习与探索》2017 年第 11 期;孙宪忠《推进我国农村土地权利制度改革若干问题的思考》,《比较法研究》2018 年第 1 期;冯建生《民法典编纂中农村承包土地"三权分置"的法理构造》,《上海交通大学学报》(哲学社会科学版)2018 年第 3 期;等等。

第二章　土地承包权与经营权分置方式的法律表达 / 99

发达国家、地区中的土地所有权。① 对此，日本学者原田纯孝指出：中国的土地承包经营权从机能视角以观，其发挥的功效等同于日本的私人土地所有权所担负的作用。② 当前，在大陆法系市场经济发达国家、地区，典型如法国、意大利、日本、韩国以及我国台湾地区等，除了土地所有权外，均无一例外地通过法律明文规定允许在土地所有权上为他人设立诸如永租权、永佃权、地上权、农育权等以农业为目的的土地物权。

具体而言，在法国，永租权被称为分解的所有权，期间可长达99年。尽管法国民法典制定者在法典中并未涉及永租权而且理论界认为其仅仅是动产性质的债权，然而鉴于对物权的有限性列举，法院判例坚持认为永租权是一种得到《民法典》第543条准许、对他人之物的不动产物权。法院判例在得到了1902年6月25日法律的确认，这一法律后被归入《农村法典》（现在的第451—1条及随后条文）。立法目的在于保障对土地进行耕作或者对土地经营方式进行深刻改造。③

在意大利，实行土地私人所有制度，农地利用主要是通过设立在他人所有土地之上的永佃权制度进行调整的。《意大利民法典》在第三编所有权部分的第四章设专章对"永佃权"制度进行规定，法律条文从第957条至第977条共计21条，主要内容涉及了永佃权强制规定、存续期间、永佃权人的权利与义务，等等。④ 在永佃权的存续期间方面，既可以是永久的也可以是附期间的。对于有期的永佃权存续期间不得低于20年。在永佃权存续期间，永佃权人具有改良土地的权利。关于农地的权利利用方面，与所有人有同一的权利，也即在永佃权存续期间而发生的关于土地歉收、果实灭失等法律风险由永佃权人自己承担，不得以此为由要求减免地租。

---

① 参见袁震《论农村土地承包经营权的相当所有权属性》，《河南大学学报》（社会科学版）2016年第5期。

② ［日］原田纯孝：《从日本法看中国〈物权法〉中的用益物权制度》，胡光辉译，载渠涛主编《中日民商法研究》第7卷，法律出版社2009年版，第153页。

③ 参见［法］弗朗索瓦·泰雷、菲利普·森勒尔：《法国财产法》（下册），罗结珍译，中国法制出版社2008年版，第915—918、1078—1083页。另参见尹田《法国物权法》（第二版），法律出版社2009年版，第50—52页；张民安《法国民法》，清华大学出版社2015年版，第484、492—493页。

④ 参见陈国柱译《意大利民法典》，中国人民大学出版社2010年版，第183—186页；丁关良《国外农用土地流转法律制度对中国土地承包经营权流转的启示》，《世界农业》2010年第8期。

在日本，永佃权（Emphytenusis；Erbpacht；Emphyteose；Enfiteusi）者，以支付租佃，在他人土地上，为耕作或畜牧为内容之物权也。① 由此观之，在日本，永佃权系以土地使用为本质的用益物权，以耕作或畜牧为限。因此，永佃权作为物权，对其土地可以排斥第三人的不当干涉与侵害，对土地所有人有请求其交付土地的权利。根据2017年大修改的《日本民法典》第278条第1项的规定②，永佃权的存续期间为20年至50年。日本民法之所以做出最低20年的期限规定主要是考虑到耕作、畜牧非有较长时间不能为有利之经营，其短期经营者，仅认为租赁即可。③ 之所以不得超过50年，是为了尊重所有权的绝对性及弹力性的思想。④

在韩国，根据《韩国民法典》第279条的规定⑤，地上权人除了在他人所有的土地上有为兴建建筑物或其他工作物而使用土地的权利外，还可以在他人所有的土地之上种植林木，这类物权被统称为地上权。按照《韩国民法典》第280条第1款第1项的规定⑥，以树木的所有为标的地上权的存续期限不得短于30年。这主要适合树木发展的成长规律、经济利益等因素的综合考虑。

在我国台湾地区，为因应社会经济变迁，强化农地的使用和利用效率，2010年2月3日公布修正的"用益物权"删除了永佃权，创设了农育权。此举一方面在于更新土地的使用收益目的，促进台湾地区的农业发展；另一方面在于避免土地永佃关系的"长久化"而损害公益。根据

---

① ［日］三潴信三：《物权法提要》，孙芳译，中国政法大学出版社2005年版，第116页。

② 参见2017年大修改《日本民法典》第278条第1项：永佃权的存续期间为二十年以上五十年以下。在设定行为中设定五十年以上的长期间，其期间缩短为五十年。参见刘士国、牟宪魁、杨瑞贺《日本民法典》，中国法制出版社2018年版，第53页。

③ ［日］三潴信三：《物权法提要》，孙芳译，中国政法大学出版社2005年版，第118—119页。

④ ［日］我妻荣：《我妻荣民法讲义Ⅱ新订物权法》，罗丽译，中国法制出版社2008年版，第411页。

⑤ 《韩国民法典》第279条：地上权人，为所有他人土地上的建筑物或其他工作物或树木，有使用该土地的权利。参见金玉珍译《韩国民法典　朝鲜民法》，北京大学出版社2009年版，第44页。

⑥ 《韩国民法典》第280条第1款第1项："以契约设定地上权的存续期间时，其期间不得短于下列年限：（1）以石材、石灰、砖瓦建造的建筑物或与此类似的坚固的建筑物或以树木的所有为标的物时，为30年。"参见金玉珍译《韩国民法典　朝鲜民法》，北京大学出版社2009年版，第44页。

台湾地区"民法典"第850条之1第1项的规定,农育权系存在于他人土地的用益物权,其内容系以农作、森林、养殖、畜牧、种植竹木或保育为目的。因其包括农业及保育,故称为农育权,实富创意。① 根据我国台湾地区"民法典"第850条之1第2项的规定,农育权的存续期间不得超过20年;若双方当事人约定的存续期间超过20年,超过的期限不具有法律约束力,但以造林、保育为目的或者法令另有规定的除外。

因此,我国应在充分审视土地承包权与经营权分置改革在于实现农地"有"与"用"的社会机能的现实背景下,充分借鉴上述市场经济发达国家与地区的做法,在土地承包经营权已具类所有权的法律地位与法律属性时,应允许在其基础上为他人尤其是现代农业经营组织体,典型如农业公司、农民专业合作社、土地信托公司等法人组织体,设定期限短于土地承包期限的新型用益物权,也即与永租权、永佃权、地上权、农育权等相类似的具有物权性质的耕作经营农地的权利——土地经营权。具体而言,在土地承包权与经营权分置改革下,土地承包经营权是在维持农民与集体之间法权也即土地承包法律关系不变的基础上,通过出资农业公司、农民专业合作社以及土地信托公司等法人组织体将其占有、使用等权能也即土地经营权能从其本权中分离出来,为土地承包经营权人之外的第三人——农业公司等法人组织体设立土地经营权。从土地承包经营权中派生出的土地经营权被塑造为一种不受传统农村土地的观念羁绊与制度障碍的一类新型土地用益物权,土地经营权的非身份性、非社区性与商品性、财产性,使得土地承包经营权出资农业公司等法人组织体后,土地经营权成为农业公司等法人组织体的法人财产,农业公司等对土地经营权享有法人财产权。

综上所述,农民的土地承包经营权,从本质上讲,是其作为集体组织成员对成员集体所有的土地经质的分割而获得的一份土地物权。并且,随着农民在集体组织成员中成员身份的相对固定或者已经固化,使得土地承包经营权的类所有权法律属性更加强烈与明显。② 从土地承包权与经

---

① 王泽鉴:《民法物权》(第二版),北京大学出版社2010年版,第315页。
② 参见孙宪忠《推进农村土地"三权分置"需要解决的法律认识问题》,《行政管理改革》2016年第2期。

营权分置所欲实现的土地功能来看,其核心要义即为土地承包经营权中物权部分的权能分离出来形成一项物权性质的土地经营权以解决农地物权化流转长期以来裹足不前的夙愿,解决土地"二轮承包"以来出现的各类疑难,发挥土地的财产功能,实现农业的产业化、规模化、现代化经营。因此,土地承包权与经营权分置方式的法律表达为"土地承包经营权的类所有权属性——新型用益物权"的权利结构。

值得注意的是,尽管本书持土地承包经营权具有类所有权的法律地位和属性的观点,但并非在集体土地之上倡导甚至是效仿英美法系的"双重所有权",更非"淡化所有"、农地变相"私有化",仍然紧紧坚持农村土地集体所有的观点毫不动摇。土地承包经营权的类所有权的法律地位仅仅是从农地利用层面这个视角来阐释的,在于强化农地的使用功能、促进农业现代化发展与提升土地利用效率使其成为一项活的制度。在土地承包权与经营权分置下,集体土地所有权并非扮演"土地稻草人"的角色,前已述及其权能主要表现为对农地行使分配、管理等方面的宏观权能。一方面,集体组织按照集体成员民主决议形成的土地承包方案将土地分配给每个农户家庭。与此同时,在土地(承包)经营权期限届满时,依所有权"弹性原则"收回集体土地,为新一轮的土地重新调整和再次分配奠定基础。另一方面,赋予集体组织一定的土地利用监管公权力,通过类推适用《土地管理法》第37条第3款的规定,赋予集体组织单方终止土地经营权,收回承包地的土地用途管理权。[①]

此外,大陆法系主要国家、地区关于土地的利用方面,除了设定土地用益物权外,往往还允许当事人通过合同成立债权型土地利用权,土地租赁权即为适例,从而发生所谓的土地权利利用的二元体系。例如,德国民法典在第585条至第597条规定了农地用益租赁合同[②];日本民法典中除了规定永佃权外,还允许在他人土地上有债权之租赁权,俗称为佃耕[③];我国台湾地区除了农育权也还存在着土地租赁;等

---

① 刘恒科:《"三权分置"下集体土地所有权的功能转向与权能重构》,《南京农业大学学报》(社会科学版)2017年第2期。

② 杜景林、卢谌:《德国民法典——全条文注释》(上册),中国政法大学出版社2015年版,第468页。

③ [日]三潴信三:《物权法提要》,孙芳译,中国政法大学出版社2005年版,第117页。

等。在土地承包权与经营权分置改革背景下，我国遵循大陆法系主要国家、地区关于土地利用二元体系的做法，并非否定土地承包经营权的出租、转包等债权化流转方式。详言之，在维持土地承包关系不变的情形下，存在着物权型土地利用权和债权型土地利用权。前者如土地承包权与经营权分置下派生出的土地经营权，一方面在由中国政法大学民商经济法学院民法研究所"中国民法典研究小组"负责起草的《中华人民共和国民法物权编（专家建议稿）》（以下简称《物权编（专家建议稿）》）在第六章用益物权部分的第二节土地承包经营权中明确规定了"土地经营权"[①]；另一方面《土地承包法（草案）》拟从修法的方式将其命名为"土地经营权"，《土地承包法（草案）》对现行《农村土地承包法》进行了较大幅度的修改，在多达32处的条文修改中有21处涉及"土地经营权"的内容，并在《土地承包法（草案）》第二章第五节"土地经营权的保护和流转"中对其设专节予以规范。后者如土地承包经营权的出租、转包等债权化流转方式，由于转包与出租具有质的同一性，不妨称其为土地租赁权。这一方面旨在从权利名称上表明其属于债权，另一方面从称谓上与物权性质的土地经营权相区别。在土地承包权与经营权分置改革下，尽管土地利用方式应当以物权性质的土地经营权这种方式为主，但仍然为债权型土地利用权保留空间。也即在土地利用方面，当事人究竟采取何种利用方式，物权型抑或债权型，由当事人综合土地利用方式、主观需要、客观情事、土地利用期限以及交易成本等因素综合确定。

第四节 本章小结

土地承包权与经营权分置是破解土地承包经营权制度困境的出路，然而在分置方式的法律表达方面学界还远未达成共识。通过对不同分置方式的评释与深思，应当通过重新解读土地承包经营权和主张增加新型用益物权——土地经营权的方式来探寻土地承包权与经营权分置的法律

[①] 参见李永军等《中华人民共和国民法物权编（专家建议稿）》，《比较法研究》2017年第4期。

表达方式。本章通过研究表明，土地承包经营权的类所有权法律地位与属性允许在其基础上设定新型用益物权——土地经营权。因此，土地承包权与经营权分置方式的法律表达为"土地承包经营权的类所有权属性——新型用益物权"的权利结构。值得注意的是，在土地承包权与经营权分置改革下，坚持农村土地集体所有的原则不变，土地承包经营权的类所有权属性是从农地利用层面这个视角来阐释的。此外，土地承包权与经营权分置遵循土地利用的二元体系并非否定土地承包经营权的出租、转包等债权化流转方式。

第三章

分置后土地承包权与土地经营权的法律认知与实质探讨

第一节 土地承包权为权能分离之后的土地承包经营权的代称

前已述及，土地承包权与经营权分置的法律表达方式为土地承包经营权的类所有权属性和法律地位允许在其基础上设立新型用益物权——土地经营权。换言之，土地经营权是基于土地承包经营权中的占有、使用等权能分离出来而形成的。相应地，权能分离之后的土地承包经营权的代称或简称即为土地承包权，其在法律上的称谓为"土地承包经营权"，法律地位和属性不会发生改变。这就犹如集体土地所有权之上派生出土地承包经营权后，集体土地所有权在法律上的称谓仍为"集体土地所有权"，集体土地所有权的物权地位和法律属性不会变更。然而，决不能想当然地认为权能分离之后的土地承包经营权是一种不包含任何内容的名义上的权利或者是观念上的权利，更有甚者将其认定为空壳权利或者是已成具文。其实，权能分离之后的土地承包经营权会产生新的权利内容。从法理上说，权利与义务在宏观上具有一致性，权利与义务是共存的，也即不存在无义务的权利，也不存在无权利的义务。土地承包权人在享有权利的同时也需负担对应的义务。

一 土地承包权人的权利

自改革开放以来，农地制度改革坚持农村土地集体所有、耕地红线不突破的基础上，始终围绕农民利益不受损这一主线展开，旨在赋予农民更多的土地财产性权利。土地承包权与经营权分置改革也不例外。由于土地承包权与经营权分置并不改变农民与集体之间的土地承包法律关系，因此，土地承包人的法律地位仍然由农民保有，并基于这一基础性身份而享有包括但不限于如下财产性权利，典型如土地经营权设立对价获取权，在耕地被征收时的财产补偿权，以及承包地有偿退出权等。由于土地承包权人是基于土地承包人的身份而获得前述财产性权利的，因此，分置后的土地承包权是一项身份性财产权承担原有的农地保障功能。①

（一）土地承包人身份保有权

土地承包权与经营权分置后，承包土地之上存在着三重土地物权，从权利来源与彼此的派生关系考察，农村土地权利结构体系表达为农民集体的土地所有权—农民的土地承包经营权—农业经营主体的土地经营权。相应地在同一块农村土地上面存在着三重土地法律关系，具体而言：第一，作为农村土地所有权人的集体与土地原占有人农民之间的土地承包法律关系；第二，土地原占有人农民与土地新占有人农业经营主体之间的土地流转法律关系；第三，作为农村土地所有权人的集体与土地新占有人农业经营主体之间的土地利用法律关系。由于稳定土地承包经营权制度一方面是国家一以贯之的政策意旨，另一方面又是农村土地制度进行市场化改革的基石。因此，在这二重法律关系中，作为农村土地所有权的集体与土地原占有人农民之间的土地承包法律关系处于核心地位。这意味着土地承包权与经营权分置尽管导致土地占有事实上的改变，也即农民由对土地的他物直接占有演变为他物间接占有，但无论如何终究没有撼动农民的土地承包方法律地位，农民的土地承包经营权也并没有因此而灭失。申言之，土地承包权与经营权分置开辟了外部农业经营主体入农的通道，有助于社会工商资本下乡实现土地与资本的"联姻"，通过土地、人才、资本、科技等现代农业生产要素培育农业公司、农民专业合作社、土地信托公司等现代新型农业经营组织体占有土地。然而，

---

① 马俊驹、丁晓强：《农村集体土地所有权的分解与保留——论农地"三权分置"的法律构造》，《法律科学》（西北政法大学学报）2017年第3期。

并不因土地占有主体的变更和土地利用方式的变化而改变农民作为集体组织的成员身份,更没有另起炉灶切断集体与农民之间的土地承包法律关系,土地承包合同依然存在并约束着集体与农民,"任何组织和个人都不能取代农民家庭的土地承包地位,都不能非法剥夺和限制土地承包权"[1],土地承包人的身份并不因土地新占有人的出现而被"篡位",依旧由作为集体组织成员的农民保有。

(二) 土地经营权设立对价获取权

伴随着城乡土地的统筹发展以及农村土地的市场化改革,农村土地物权已由原来单一的仅仅强调对土地标的物的现实占有支配权,"逐渐演化为强调获取融资或收取代价的价值权"[2]。按照土地承包权与经营权分置的改革设计,土地经营权是在土地确权登记的基础上坚持农村土地集体所有、土地承包关系稳定并长久不变,从土地承包经营权中派生出来为他人设立的一种直接耕作经营土地的新型用益物权。土地经营权不受传统农地的观念羁绊,是一种商品化的土地权利突破了身份樊篱,不再局限于封闭的集体社区内部自发流转,而是按照市场交易法则进行。土地承包权与经营权分置之后,尽管农民已不再实实在在地直接占有土地,但却依旧保留着土地承包方的主体法律地位,并基于这一身份而获得为他人设立土地经营权的对价。

具体而言,首先土地经营权是根据农业资源市场化配置要求而从土地承包经营权中分离出来的一种新型土地财产权,由于土地承包人的法律地位不变,可以使其成为一项高品质和高附加值的抵押财产,可以解决长期以来农业投入面临的资金问题,打通农业与资金市场之间的通道。[3] 因此,解决农业投入问题的出路在于使得农业融资需求与土地融资功能能够得到有效的衔接。为落实中共十八届三中全会关于赋予农民对承包土地的经营权抵押、融资权能,2015 年 12 月 27 日第十二届全国人民代表大会常务委员会第十八次会议通过了《全国人民代表大会常务委

---

[1] 《习近平:按照时间表路线图推进改革》,2016 年 8 月 30 日,新华网(http://news.xinhuanet.com/finance/2016-08/30/c_1119481321.htm),2018 年 5 月 20 日访问。
[2] 王怀勇:《我国农地流转中的法律限制分析》,《中国农村金融》2015 年第 4 期。
[3] 许明月:《农村承包地经营权抵押融资改革的立法跟进》,《比较法研究》2016 年第 5 期。

员会关于授权国务院在北京市大兴区等232个试点县（市、区）、天津市蓟县等59个试点县（市、区）行政区域分别暂时调整实施有关法律规定的决定》（以下简称《决定》），在北京市大兴区等232个试点县（市、区）暂时调整实施集体所有的耕地使用权不得抵押的规定，允许以农村承包土地的经营权抵押贷款，上述调整在2017年12月31日前试行。① 由于考虑到在试点地区承包土地的经营权抵押配套措施不完善、抵押物处置机制不完善等原因②，2018年4月27日全国人大常委会公布的2018年立法工作计划，做出关于延长授权国务院在北京市大兴区等232个试点县（市、区）、天津市蓟县等59个试点县（市、区）行政区域分别暂时调整实施有关法律规定期限的决定，并于2018年12月实施期届满。③ 由此观之，在现行法律框架内，试点地区以外范围的土地承包经营权抵押仍将受到禁止。从土地承包权与经营权分置改革的发展趋势来看，法律是朝着允许承包土地的经营权抵押的方向发展的。2017年10月31日，第十二届全国人大常委会第三十次会议初次审议的《土地承包法（草案）》第42条④允许承包土地的经营权可以向金融机构抵押融资。按照2018年的立法工作计划，全国人大常委会将于2018年10月继续审议并修改农村土地承包法。因此，及至《土地承包法（草案）》经全国人大常委会审议修改通过，承包土地的经营权将是一项适格的法定抵押财产，农民可以凭此从金融机构获得用于投入农业生产的一笔贷款。其次，农民以土地承包经营权入股公司时获得公司股权并分享公司法人的营业利润。中共十八届三中全会指出，允许农民以土地承包经营权入股

---

① 参见《全国人民代表大会常务委员会关于授权国务院在北京市大兴区等232个试点县（市、区）、天津市蓟县等59个试点县（市、区）行政区域分别暂时调整实施有关法律规定的决定》，2015年12月27日，中国人大网（http：//www.npc.gov.cn/npc/xinwen/2015-12/28/content_1957361.htm），2018年5月20日访问。

② 《农地经营权抵押试点或将延期》，2018年5月8日，新华网（http://www.xinhuanet.com/2018-05/08/c_1122798707.htm），2018年5月20日访问。

③ 参见《全国人大常委会2018年立法工作计划》，2018年4月27日，中国人大网（http：//www.npc.gov.cn/npc/xinwen/2018-04/27/content_2053820.htm？from=timeline&isappinstalled=0），2018年5月20日访问。

④ 《农村土地承包法修正案（草案）》第42条：承包方可以用承包土地经营权向金融机构融资担保。第三方通过流转取得的土地经营权，经承包方或其委托代理人书面同意，可以向金融机构融资担保。具体由国务院有关部门规定。

发展农业产业化经营。2015年中央"一号文件"进一步提出引导农民以土地经营权入股龙头企业。在土地承包权与经营权分置下，农民以土地承包经营权出资入股是在遵循土地承包关系不变的基础上，为农业公司等龙头企业设立土地经营权。[1] 按照公司法理，农民的出资构成公司法人财产权的客体，农民出资获得的对价即成为公司股东并获得公司股权，遵循民法上的等价有偿原则。农民出资获得的公司股权，可进一步划分为自益权和共益权。前者主要体现为农民股东获取投资回报以及相应的财产权，这是农民以土地承包经营权出资为农业公司等设立土地经营权的本来目的所在。后者实际上是指农民股东参与农业公司经营管理的一种体现，农民股东行使共益权为农业公司产生利益的同时也将使农民股东间接受益。最后，土地经营权作为一项适格的信托财产，农民将其委托给土地信托公司从事农村土地信托时成为土地信托受益人可以获得承包地的信托收益权。此外，土地承包权与经营权分置后，土地对农民生存保障功能已由以往实物形态的土地出产物（农产品）演变为价值形态的流转收益或经济利益，但两者的效果殊途同归。

（三）耕地征收财产补偿权

根据《土地管理法》第47条第2款的规定，征收耕地的补偿费用由土地补偿费、安置补偿费以及地上附着物和青苗补偿费这三部分组成。在土地承包权与经营权分置场合，由于土地经营权人这一新的土地物权主体参与其中，以往仅以集体和农民为主要考察对象的征地补偿分配规则亟须调整。承包耕地的补偿费用需要在集体、农民与土地经营权人之间进行重新分配与安排。也即土地经营权人在征地补偿费用的分配格局中获得一席之地。具体而言，土地补偿费是给予集体的一种补偿，由于集体所有的主要实现方式为土地承包制，因此土地补偿费包括因集体土地所有权的灭失而由集体经济组织获得的补偿和土地承包经营权的丧失作为承包方的农民获得的补偿这两大部分，而不涉及土地经营权人的利益。由于农村耕地的征收，一方面使得农民失去了土地经营权设立而可

---

[1] 参见高圣平《农地三权分置视野下土地承包权的重构》，《法学家》2017年第5期。

以获得的经济利益,如农民以土地承包经营权出资为农业公司设立土地经营权而获得的公司利润分配、农民以土地承包经营权信托为土地信托公司设立土地经营权而获得的信托收益等;另一方面致使土地经营权人不能利用土地从事农业生产活动获得土地出产物。因此,土地承包权与经营权分置场合下,安置补偿费不再简单地认定为仅仅是对失地农民的生活和再就业的一种补偿,而应将土地经营权人的预期可得农业经营收入一并纳入考量范围。土地承包经营权人应与土地经营权人共同享有获得安置补偿的权利。[①] 具体而言,如果土地承包经营权人为农业公司等第三人设立的土地经营权的存续期间与土地承包剩余期间相一致,在此情形下,安置补偿费应根据土地经营权设立之时至耕地被征收之际这段年限内平均每年农民可得的经济收益与平均每年农业公司等因行使土地经营权而可得的土地经营收入的比例来分配。如果土地经营权设立的存续期间短于土地承包剩余期间,在此情形下,首先将安置补偿费除以土地承包剩余期间再乘以土地承包剩余期间与土地经营权存续期间之差,以此获得的费用归土地承包方所有。然后再将剩余的安置补偿费按照前述规则处理,也即土地经营权设立之时至耕地被征收之际这段年限内平均每年农民可得的经济收益与平均每年农业公司等因行使土地经营权而可得的土地经营收入的比例来分配剩余的安置补偿费。此外,土地经营权人作为直接的农地耕作经营主体,地上的附着物(例如,修建用于农业生产的必要生产设施等)和青苗是其劳力与资金共同投入的产物,相应地地上附着物和青苗补助费应归土地经营权人所有。总而言之,土地承包权与经营权分置改革后,在承包地被征收情形下,土地承包方依旧享有耕地征收补偿获取权,只不过由于土地经营权人这一土地物权主体的出现与集体组织、农民共同参与征地补偿费的分配,致使土地承包方可得的补偿份额有所限缩。

(四)农民承包地有偿退出权

土地承包权与经营权分置改革后,农民在与发包方保持土地承包关系不变的基础上,土地经营权的有序设立一方面使得农民获得了合理的土地流转收益,另一方面离地农民可以安心从事二三产业工作并享有非

[①] 蔡立东、姜楠:《承包权与经营权分置的法构造》,《法学研究》2015 年第 3 期。

农收入。这为农民的市民化提供了有力的资本支持。另外，随着城乡统筹的统一推进，国家在户籍制度、医疗保险制度、社会保障制度等方面为农民市民化的顺利进行提供了有力的外部配套制度跟进。因此，对于那些已经具备市民化条件的农民，在土地经营权设立期限届满复归至农民手中之后，可以通过提高经济补偿标准、多元化补偿形式，增加退地农民的激励和保障，引导退地农民在作为"经济人"的利益驱使下自愿做出退地决策。[1] 这里必然涉及两方面的法律问题：第一，承包地退出的方式。农民市民化意味着农民的集体组织成员身份灭失，农民从土地承包法律关系中彻底脱离出来，而不是指在本轮承包期内暂时终止土地承包法律关系及至下轮承包期开始时仍然继续享有承包土地的权利。这是农民身份去农的根本转型。第二，承包地退出应是一种有偿行为。我国对农村土地实行集体所有制与建立在非商品性制度基础上的农地无偿使用制度。换言之，土地承包经营权在原始取得层面是基于集体组织的公平福利原则无偿分配给集体内部每位成员的。然而，城乡统筹土地市场的发展与农村土地的市场化改革，加之土地承包经营权的用益物权属性，折射出了承包地的商品价值属性。事实上，农民市民化是以失去其在集体经济组织中的财产权益为代价的。[2] 譬如，通过退出承包地的方式获得城镇市民的身份。因此，土地承包经营权的退出是一种市场交易机制行为，也即适用承包地有偿退出模式。具体而言，根据属地原则由地方政府主导建立农地价格评估制度，公正客观地确定农地价格，使土地承包法律关系双方当事人在土地承包经营权退出时可以有效、公正地达成补偿价格。[3]

（五）监督土地经营权人按照土地属性和合同约定合理利用和使用土地

如前所述，土地承包经营权的类所有属性允许从其中派生出新型用益物权土地经营权。这犹如集体土地所有权，根据权能分离的属性和原

---

[1] 参见高伟《农业转移人口市民化：土地承包权退出及经济补偿研究》，中国农业出版社2016年版，第183页。

[2] 戴威：《农村集体经济组织成员权制度研究》，法律出版社2016年版，第225页。

[3] 谢根成、蒋院强：《土地承包经营权退出制度的缺陷及完善》，《农村经济》2015年第3期。

理，允许从其中分离出土地承包经营权。在以家庭承包方式获得土地承包经营权场合，根据《农村土地承包法》第 12 条第 1 款①的规定，发包方根据集体土地所有权的归属而由不同的农村集体经济组织来确定的，通过与农民签订土地承包合同，农民因此获得土地承包经营权。在土地承包权与经营权分置场合，土地承包经营权人好比扮演了土地二次发包人的角色和法律地位，通过与农业公司、农民专业合作社等农业经营组织体签订土地经营权设立合同，农业经营组织体从而获得土地经营权。因此，通过类推《农村土地承包法》第 13 条②关于土地发包人的权利规定，在土地承包权与经营权分置场合，土地承包权人有权监督土地经营权人按照土地经营权设立合同的约定合理使用土地，维持土地的农业用途，不得用于非农建设。同时，根据土壤特点和土地属性，合理利用土地开展耕作经营，不得破坏农地资源，更有甚者给土地造成永久性伤害。

二　土地承包权人的义务

在两权分离之下，土地承包经营权人承担的义务一方面是根据《物权法》《农村土地承包法》以及《土地管理法》等法律确定的，另一方面可以通过发包方与农民在土地承包合同中根据实际情况进一步具体化。然而，土地承包权与经营权分置改革当前更多的还在学理探讨的层面，立法层面除了 2014 年修正的《行政诉讼法》第 12 条第 1 款第 7 项与 2017 年修订的《农民专业合作社法》第 13 条第 1 款已将土地经营权法律化外，还没有对土地承包权与经营权分置进行完整确认和较为全面的回应。在此背景下，土地承包权人所负担的义务一方面应当根据权利义务相一致的法理依据土地承包权人享有的权利来确定，另一方面土地承包

---

①《农村土地承包法》第 12 条第 1 款：农民集体所有的土地依法属于村农民集体所有的，由村集体经济组织或者村民委员会发包；已经分别属于村内两个以上农村集体经济组织的农民集体所有的，由村内各该农村集体经济组织或者村民小组发包。村集体经济组织或者村民委员会发包的，不得改变村内各集体经济组织农民集体所有的土地的所有权。

②《农村土地承包法》第 13 条：发包方享有下列权利：（一）发包本集体所有的或者国家所有依法由本集体使用的农村土地；（二）监督承包方依照承包合同约定的用途合理利用和保护土地；（三）制止承包方损害承包地和农业资源的行为；（四）法律、行政法规规定的其他权利。

权与经营权分置的法律表达方式为土地承包经营权的类所有权属性允许在其基础上派生出土地经营权,土地承包权人具有类似于土地所有权人的法律地位,因此可以借鉴两权分离下集体组织对土地承包经营权人所承担的义务。

(一) 土地承包权人对土地承包经营权承担权利瑕疵担保义务

在土地承包权与经营权分置下,土地经营权是从土地承包经营权中派生出来为农业经营主体设立的,这就要求土地承包关系的稳定并长久不变,才能确保土地经营主体获得的利用土地的权利具有一种稳定的经营预期。因此,土地承包权人应确保对土地承包经营权具有完整的处分权并且土地承包经营权的权属不存在任何争议,也即对土地承包经营权承担权利瑕疵担保义务,这是土地承包权人在为农业经营主体设立土地经营权时所应承担的首要义务。如果土地承包权人在与农业经营主体签订土地经营权设立合同时,无权处分或者隐瞒土地承包经营权之上存在的争议纠纷、权利负担以及各类瑕疵情形等,最终必将导致土地经营权设立合同难以履行或者履行不能情形的出现,致使农业经营主体一方面为签订土地经营权设立合同耗费时间与精力,错失与其他土地承包经营权人签约的机会;另一方面会使得农业经营主体在土地上面投入大量的人力、物力以及财力之后却因土地经营权设立合同难以履行或者不能履行而遭受大量损失。因此,对于土地承包权人违反土地承包经营权的权利瑕疵担保义务而导致农业经营主体遭受损失的,可以通过类推适用合同法中权利瑕疵担保责任[1],农业经营主体可以视合同具体情况要求土地承包权人承担违约责任、解除土地经营权设立合同或者向土地承包权人主张损害赔偿等。

(二) 维护农业经营主体土地经营权的义务

为了稳定土地经营关系,确保农业经营主体的土地经营权不受侵犯,土地承包权人负有维护农业经营主体的土地经营权的义务。在土地经营权设立合同签订并经国家有权机关登记之后,即为农业经营主体获得的一项土地物权。非因法定原因,典型如集体土地征收、地震、洪水等需要依法解除或者变更土地经营权设立合同外,不得以其他任何理由解除

---

[1] 参见马俊驹、余延满《民法原论》,法律出版社2010年版,第641—642页。

或者变更土地经营权设立合同。对于实践中出现的一些纠纷，譬如，由于农业经营主体科学种地、加大对农业的投入又加强管理使得土地的经营效益相较于以往获得显著提高，此时，土地承包权人以土地经营权设立而获得的对价过低为由不愿意继续履行合同，而要求终止土地经营权设立合同，试图提高土地流转收益，显然违背了善意履行土地经营权设立合同的义务，农业经营主体有权拒绝履行。

（三）尊重农业经营主体生产经营自主权的义务

农业经营主体的生产经营自主权，是其按照土地的自然属性和土地经营权设立合同约定的用途，独立自主地安排农业生产活动，自主展开经营决策以及自主处置农产品的权利。生产经营自主权是土地经营权中的一项非常重要的权能，是农业经营主体通过土地经营获取收益的基本要件和重要前提。同时，也是农业经营主体敢于长期投入，进行土地规模生产经营的必要条件。因此，对于农业经营主体日常的生产经营活动，如土地经营主体根据土壤特点决定种植何种类别的农作物、何时开始耕种等，土地承包权人不得以任何借口和理由进行非法干涉。

（四）土地承包权人负有向集体如实报告土地经营权设立的义务

考虑到当前农村土地的现实情形，与土地承包权人展开土地经营权设立谈判的往往是农业公司、农民专业合作社等现代新型农业经营组织体，作为团体法上的主体它们在信息收集、谈判能力、经济实力等方面都远远强于个人法上的土地承包权人。因此，为防范土地承包权人在土地经营权设立中的利益受损，建立起集体土地流转的约束机制，应当强化集体组织对土地经营权设立行为的审核和监督作用。集体组织要对土地经营权设立行为本身进行合法性、合理性的审核，对于不符合法定条件和后果不利于土地承包权人以及不能保证土地正常利用的土地经营权设立行为，有权建议、提出异议、不予同意。[①] 此外，集体组织为确保土地承包权人的土地权益，还应监督土地经营权设立合同的落实情况。但凡涉及土地经营权设立都必须签订规范的书面合同。书面合同内容必须明确包括土地用途、流转土地的位置和面积、土地经营权设立方式、设立对价、土地经营权设立期限以及双方的权利义务、违约

---

① 参见孟勤国等《中国农村土地流转问题研究》，法律出版社2009年版，第153页。

责任等。集体组织应加强土地经营权设立合同的档案管理，推动土地经营权设立的规范化进程。当然，上述集体组织的审核和监督作用的发挥以土地承包权人向集体组织履行土地经营权设立的报告义务为前提。

综上所述，关于土地承包权人的权利义务关系结构参见图3—1。

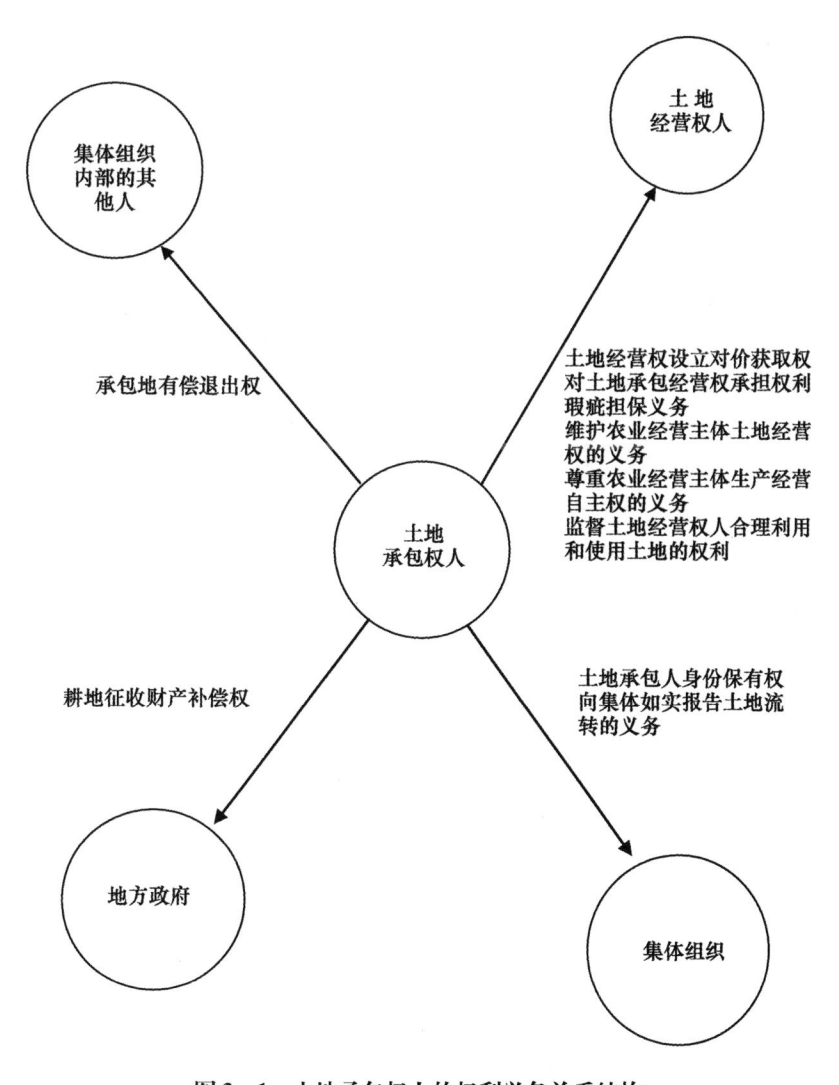

图3—1 土地承包权人的权利义务关系结构

第二节 土地经营权是派生于土地承包经营权的新型用益物权

如前所述,土地承包权与经营权分置的法律表达方式为土地承包经营权的类所有权属性和法律地位允许从其中派生出新型用益物权——土地经营权。这就好比集体土地所有权在权能分离场合,允许从其中派生出土地承包经营权的法律效果。因此,在土地承包权与经营权分置背景下,通过借鉴所有权理论中的母子权利结构及其相互关系表达[①]的观点,土地承包经营权与土地经营权属于母子权利关系,从土地承包经营权中派生出来的土地经营并未违背"一物一权"原则,其法理效果等同于土地承包经营权在时间维度上的分割[②]。从土地承包经营权中派生出来的土地经营权旨在巩固土地承包方与土地经营主体之间的法律关系,具有调剂土地"承包"与"利用"的机能,包含着丰富的权利内容。

一 土地承包经营权与土地经营权属于母子权利关系

按照所有权与其权能分离的属性和原理,定限物权派生于所有权,所有权是定限物权的母权,定限物权是所有权的子权。[③] 具体而言,所有权中的占有、使用以及收益等权能从所有权中分离出去,聚集在一起便形成了定限物权。采用母子权利结构的相互关系表达来看,从所有权中分离出去的权能形成了定限物权,因此所有权是产生定限物权的母权;定限物权为所有权所生产出来的子权。随着当前民法理论的发展,值得关注的是,有观点指出,通过扩展母权的范围和层次以发挥和彰显母权—子权结构的理论及其价值。[④] 沿循这一思路,本书认为基于土地承包

---

① 参见崔建远《物权:规范与学说——以中国物权法的解释论为中心》(上册),清华大学出版社2011年版,第379页。

② 有学者指出我国现行法上的土地承包经营权在内容、功能及期限确定上与英国法上的租赁地产权类似,通过借鉴英国法上的做法,应允许在承包地上再设定期限短于土地承包期限的次土地承包经营权,实质上是将土地承包经营权进行时间上的分割。参见周应江《家庭承包经营权:现状、困境与出路》,法律出版社2010年版,第162页。

③ 崔建远:《母权—子权结构的理论及其价值》,《河南财经政法大学学报》2012年第2期。

④ 同上。

经营权的类所有权属性和法律地位，通过扩展母权—子权结构理论，表明土地承包经营权与土地经营权属于母子权利关系。前已述及，土地承包权与经营权分置的法律表达方式为"土地承包经营权的类所有权属性——新型用益物权"，也即基于土地承包经营权的类所有权属性允许在其基础上设定物权性质的土地经营权。换言之，土地承包经营权如同集体土地所有权一般允许其中的占有、使用等权能分离出去设立期限等于或短于土地承包期限的土地经营权。土地经营权的存续期间届满后，土地经营权自动灭失，从土地承包经营权中分离出去组成土地经营权的权能并未随同土地经营权一同消灭，而是又复归至土地承包经营权中，自此土地承包经营权的权能恢复至分离之前的圆满状态。由此观之，土地经营权是从土地承包经营权中派生出来的，土地承包经营权中蕴含着土地经营权的基因，土地承包经营权中的权能遗传给了土地经营权。因此，土地承包经营权与土地经营权属于母子权利关系。土地经营权必然产生于土地承包经营权，土地承包经营权是土地经营权的母权，土地经营权是土地承包经营权的子权；无母权则无子权——土地经营权。

二 在土地承包经营权之上设立物权性质的土地经营权符合物权法理，并未违背"一物一权"原则

当前，对土地承包权与经营权分置持保留意见的学者认为：根据一物一权原则，在用益物权之上再设相近用益物权的安排是立法技术的倒退，在物、债区分的情形下，是人为地将法律关系复杂化。[1] 本书认为土地承包权与经营权分置的制度设计符合物权法理，并未违背一物一权原则。所谓一物一权原则指的是在同一物上只能存在一个所有权，不能够存在两个或两个以上的内容或者性质不相容的定限物权。由于土地承包权与经营权分置方式为"土地承包经营权的类所有权属性——新型用益物权"的权利结构和分置路径。土地承包经营权是一种具有类所有权或者准所有权地位的"自物权"，占有、使用等权能分离出来在其之上设立新型用益物权——土地经营权。其实，从土地承包经营权中分离出来的

---

[1] 陈小君：《我国农村土地法律制度变革的思路与框架——十八届三中全会〈决定〉相关内容解读》，《法学研究》2014年第4期。

那部分权能恰好组成土地经营权，两者无缝对接。权能分离之后的土地承包经营权的代称或者简称为土地承包权，土地承包权与土地经营权尽管共存于一块土地之上，但两者互不干涉，权利行使起来并行不悖。在土地承包经营权上设定土地经营权后，土地承包权人不再对土地享有直接的占有、经营和使用等方面的任何权利，而是处于"隐而不现"的地位；土地经营权人对土地享有直接耕作、展开农业生产经营活动的权利，处于"显而不隐"的地位。

当然，前已述及，权能分离之后的土地承包经营权并非是一项不承载任何内容的空权利，依旧包含着丰富的权利内容，只是其权利的行使受到土地经营权的限制，并且不能干涉土地经营权人的自主生产权。例如，在土地经营权存续期间，若土地承包权人转让土地承包权，则受让人必须承担土地承包经营权之上已设定土地经营权权利负担，并不得干扰土地经营权人的正常生产经营行为。及至土地经营权流转期限届满之际，若不存在土地承包经营权人与土地经营权人续期的意愿，土地经营权则自然灭失，从土地承包经营权中分离出去的那部分权能便又自动恢复、复归至完整状态。综上，土地承包经营权与土地经营权属于不同类型、内容相异的土地物权，两者可以友好和谐地相处在同一块土地之上。因此，土地承包经营权之上设立物权性质的土地经营权符合物权法理，并未违背"一物一权"原则。

三 土地经营权设立的法律效果等同于土地承包经营权在时间维度上的分割

在土地承包经营权之上设立期限短于土地承包期限的土地经营权的法律效果，究其本质为对土地承包经营权进行时间维度上的分割。[①] 尽管在土地经营权的存续期间内，土地承包经营权与土地经营权在时间维度上存在着重叠，然而两者在内容和效力方面并不冲突。土地经营权设立后，在权利存续期间，对农地的直接占有、使用以及收益等方面的权利将由土地经营权人独立行使，排除土地承包经营权人在此期间对农地的

[①] 蔡立东、姜楠：《承包权与经营权分置的法构造》，《法学研究》2015年第3期；蔡立东、姜楠：《农地三权分置的法实现》，《中国社会科学》2017年第5期。

直接占有、使用等方面权利的行使。然而，这并不排除土地承包经营权人对自身权利的处分权，土地承包经营权在土地经营权的存续期间届满后即刻恢复对农地的直接占有、使用和收益的权利。具体而言，在土地经营权的存续期间，土地经营权人可根据土地的自然属性，自主对土地展开农业生产经营活动，自主决定耕作何种类型的农作物以及何时开始耕作等，土地出产物归属于土地经营权人所有。在此期间，土地承包经营权人应维护好土地经营权人的权利，不得任意干预土地经营权人的正常生产经营行为。换言之，在土地经营权人不存在背离土地经营权设立合同的约定而从事违法经营土地的情形下，土地承包经营权人应对土地经营权人的土地经营行为负有容忍义务并保持沉默。及至土地经营权存续期间届满，土地承包经营权人的权能就恢复到圆满状态，土地承包经营权人就又享有《农村土地承包法》第16条[①]所规定的各类权利。此外，需要指出的是在土地承包期限内设立的土地经营权，并不是以土地承包经营权为客体，而仍旧是以农地这个标的物为客体的。总而言之，在土地承包经营权之上设立土地经营权，就好比在土地承包经营权的权利存续期间内，裁剪出一段时间，由土地经营权人扮演土地承包经营权人的角色，并由土地经营权人行使在这期间内本应由土地承包经营权人所享有的对土地的各项权能。

四 土地经营权的法律特征

土地承包权与经营权分置改革后，从土地承包经营权中派生出的土地经营权被塑造为一种不受传统农村土地的观念羁绊与制度障碍的一类新型土地用益物权，去除了裹挟在农村土地物权中固有的身份印迹，使其成为一项商品化的"集体所有的土地使用权"[②]。诚然，从法律上看，土地承包经营权与土地经营权都是在集体土地上利用土地的权利，而且

---

① 《农村土地承包法》第16条：承包方享有下列权利：（一）依法享有承包地使用、收益和土地承包经营权流转的权利，有权自主组织生产经营和处置产品；（二）承包地被依法征用、占用的，有权依法获得相应的补偿；（三）法律、行政法规规定的其他权利。

② 高圣平：《承包土地的经营权抵押规则之构建——兼评重庆城乡统筹综合配套改革试点模式》，《法商研究》2016年第1期。

在两者没有分离之前，其实际上都是土地承包经营权的内容。[1] 在土地承包权与经营权分置后，土地经营权有别于土地承包经营权具有如下基本法律特征。

（一）土地经营权的用益物权属性

众所周知，用益物权对物的使用价值的实现须以实体上能够支配物为必要。正因为用益物权是对标的物的实体层面的利用，所以被称为实体支配权。之所以会设立用益物权，目的就在于能够稳定、长期并合法地获取物的使用价值。用益物权的享有和行使必须要以占有并能够支配物作为前提要件。在土地承包经营权之上为他人设立期限短于土地承包期限的土地经营权后，在权利存续期间，对农地的生产、耕作以及收益等方面的实体利用权由土地经营权人排他地独占行使，目的就在于获取农地的使用价值，且土地经营权的享有和行使是以对农地的直接占有关系为前提的。

（二）土地经营权的非身份属性

土地经营权有别于土地承包经营权的一大特征即为不管是在土地经营权的取得方面还是存续期间，扫除了以往土地之上的人身依附属性以及色彩，使其能够畅通无阻地进入土地市场和融入财产流通的自由中。以往土地承包经营权的主体主要是本集体经济组织的成员，集体外部权利主体往往难以成为本集体的土地承包经营权人。而土地经营权则大异其趣，土地经营权对行权主体不再局限于封闭的集体组织内部，扩大了权利主体范围，使得任何具有经营意愿、经营能力且以农业为目的事业范围的现代新型农业经营主体，典型如农业公司、农民专业合作社、土地信托公司等均可有效地参与到集体土地的利用中来，"正好契合并证实了集体土地利用主体多元化改革的基本主张"[2]。

（三）土地经营权是一项土地财产权

缘起于中共十八届三中全会的土地承包权与经营权分置改革的最初动因在于解决土地承包经营权抵押所受到的《物权法》第184条第1款第2项、《担保法》第37条第1款第2项以及《关于审理涉及农

---

[1] 王利明：《我国民法典重大疑难问题之研究》，法律出版社2016年版，第374页。
[2] 杨青贵：《集体土地所有权实现的困境及其出路》，《现代法学》2015年第5期。

村土地承包纠纷案件适用法律问题的解释》第 15 条等从法律和司法解释两个层面所施加的双重封锁。详言之，从土地承包经营权中派生出来的土地经营权发挥土地的财产功能是一项适格的土地财产权，"完全可以成为具有高度流通性土地权利和高品质的抵押担保财产"[1]，土地经营权抵押在于解决长期以来农业投入所面临的资金瓶颈，打通农业与资金市场的通道，有助于实现农地金融化。为改变小农生产格局、发展农业产业化，实现土地与资本的联姻，土地承包权与经营权分置改革下土地承包经营权入股、入社以及信托等应运而生。土地经营权作为一项土地财产权可以实实在在地用货币进行估价、量化，也即土地经营权具有货币评估作价的特性，符合《公司法》第 27 条第 1 款[2]所规定的非货币财产出资类型，成为一项适格的入股公司财产。与此同时，2017 年修订的《农民专业合作社法》第 13 条第 1 款明确规定，土地经营权可以作价出资成为合作社法人的财产权客体。此外，土地经营权作为一项信托财产，农民将其委托给信托机构从事农村土地信托时可以获得承包地的信托收益权。总而言之，从土地承包经营权中派生出的土地经营权作为一项土地财产权在于解决农地物权化流转不达的夙愿。

（四）土地经营权是一次性期限物权

当前，关于土地经营权的存续期限，由于民法典物权编尚处于编纂阶段、农村土地承包法也正处于修法过程中，实定法上还没有做出规定。[3] 由于土地经营权是从土地承包经营权中派生出来的，土地承包经营权是受到土地承包期限限制的权利，因此，一般而言，土地经营权设

---

[1] 许明月：《农村承包地经营权抵押融资改革的立法跟进》，《比较法研究》2016 年第 5 期。

[2] 《公司法》第 27 条第 1 款：股东可以用货币出资，也可以用实物、知识产权、土地使用权等可以用货币估价并可以依法转让的非货币财产作价出资；但是，法律、行政法规规定不得作为出资的财产除外。

[3] 尽管当前关于土地经营权的存续期限尚无实定法上的依据，由中国政法大学民商经济法学院民法研究所"中国民法典研究小组"负责起草的《中华人民共和国民法物权编（专家建议稿）》对于土地经营权的存续期限已展开了积极回应。这对于将来通过民法典物权编编纂以及修改农村土地承包法确立土地经营权的期限，无疑起到了良好的学术探索作用。在前述《中华人民共和国民法物权编（专家建议稿）》第六章用益物权部分第二节土地承包经营权中的 147 条指出，土地经营权的期限不得超过土地承包权的剩余期限；第 148 条指出，土地经营权人有权在流转合同到期后按照同等条件优先续租承包土地。参见李永军《中华人民共和国民法物权编（专家建议稿）》，《比较法研究》2017 年第 4 期。

立期限必然不长于剩余土地承包期限。① 而且土地经营权存续期限届满后，由于其是一种纯商品化的高度流通性土地权利发挥土地的物权资本功能，并不像土地承包经营权由于还承载着农民的生存保障功能，根据《物权法》第126条的规定②，土地承包经营权承包期限届满后按照国家有关规定可以继续承包。也即在土地承包期限届满后，只要土地承包经营权人没有丧失集体经济组织成员的身份而且其向集体组织主张继续承包土地的权利，则集体组织负有向其强制缔约继续签订土地承包合同的义务。事实上，土地承包经营权为"长久不变"的土地物权。土地经营权的存续期限与此不同，土地经营权的存续期限届满后，如果土地承包权人与土地经营权人双方不具有续期的合意，换言之，在土地经营权的存续期间届满后，土地承包权人对土地经营权人不负强制缔约继续签订土地经营权设立合同的义务。土地经营权存续期间届满则土地经营权自动灭失。总之，土地经营权设立遵循的是"一次设立、一次有效"的原则，是一次性期限物权。除非土地承包经营权人的土地承包期限届满后其并没有放弃继续承包土地的意思，且与土地经营权人达成继续设立土地经营权的合意，土地经营权才可继续存续。

五 土地经营权人的权利与义务

（一）土地经营权人的权利

第一，土地的使用、收益权。土地经营权是土地承包经营权人为他人设定的对其享有具有用益物权属性的农地占有、使用以及收益的权利，其本质为权利人对他人享有权利的土地的用益。③ 因此，土地经营权人对于依法经营的土地，在土地经营权设立合同约定的期限范围内，在不改变土地农业用途的前提下，根据土地的自然属性，有权

---

① 宋志红：《中国农村土地制度改革研究——思路、难点与制度建设》，中国人民大学出版社2017年版，第179页。

② 《物权法》第126条：耕地的承包期为三十年。草地的承包期为三十年至五十年。林地的承包期为三十年至七十年；特殊林木的林地承包，经国务院林业行政主管部门批准可以延长。前款规定的承包期届满，由土地承包经营权人按照国家有关规定继续承包。

③ 姜楠：《农地三权分置制度法律问题研究》，博士学位论文，吉林大学，2017年12月，第128页。

对土地进行合理的使用、自主决定资本配置的投入要素比例等。土地经营权人可以自主决定耕作何种农作物以及采用何种耕作方式等，不受土地承包权人在内的任何第三方的非法侵扰与干预。同时，对于土地经营权存续期限内的土地出产物在无特别约定的情形下归属于土地经营权人所有，由土地经营权人自主进行处置。前已述及，土地经营权是一项具有高度流通属性的土地财产权，发挥土地的物权资本功能，土地经营权人在农业生产期间可通过土地经营权抵押的方式打通农业投入与资金市场之间的通道，以此实现农地金融化和农业扩大化再生产的目的。

第二，土地特别改良费用返还请求权。土地承包权与经营权分置不仅在于为外部第三人入农开辟了一个通道，更在于为外部第三人提供了一种物权性质的利用土地的权利。这样土地经营权人对土地就获得了一种稳定的支配关系。现代农业生产周期长，生产过程往往需要耗费大量的时间、财力与精力。尤其是在农业规模经营时，土地经营权人为提高农业出产率，除了运用现代农业生产技术、具备专业农业知识背景的人员外，加大对土地的投入是其中不可忽视的重要一环。典型如修建农田水利基础设施、通过施加有机肥提高土壤的肥力等。然而，在土地经营权存续期限届满时，土地又复归至农民手中，土地生产能力的提高对于农民而言无异于一种"不当得利"。因此，一方面从公平原则出发，另一方面为土地经营权人提高土地生产能力提供一种激励机制，在土地经营权存续期限届满而未与土地承包权人达成续期的合意情形下，土地经营权人对土地承包权人可以主张土地经营权人为提高土地生产能力而支出的特别改良费用返还请求权。[①]

第三，土地征收补偿权。根据《物权法》第42条的规定，农村土地征收是指国家为了公共利益的需要依据行政强制力单方面地将集体所有的土地收归国家所有，其法律后果为土地所有权的主体由集体变更为国家。土地承包权与经营权分置之后，在承包耕地被征收情形下，不可忽视的是，除了集体土地所有权和土地承包经营权之外，土地经营权也应被纳入征收客体的范围之内。这是因为土地经营权是从土地承包经营权

---

① 朱广新：《土地承包权与经营权分离的政策意蕴与法制完善》，《法学》2015年第11期。

中派生出来的一种直接耕作经营土地的新型土地用益物权,其可以通过抵押、入股、入社、信托等方式设立,具有交换价值。在土地被征收时,不仅土地承包经营权随之消灭,土地经营权亦是如此。若将土地经营权排除出征收补偿的范围显然不妥。因此,在集体土地被征收的情形下,土地经营权人有权获得相应的土地征收补偿费用。[1]

此外,对于因不可抗力,如地震、干旱、洪水等致使土地经营权人在经营期间的耕作收益减少或者全无时,由于并非因土地经营权人的故意或过失所致,如果在此情形下仍旧要求农业公司、土地信托公司等土地经营权人依照土地经营权设立合同向土地承包权人支付公司可分配盈余、土地信托收益等,显然有失公平。因此,在此情形下,为平衡双方当事人之间的权益,土地经营权人应享有费用减免请求权。

(二)土地经营权人的义务

权利和义务是相统一的,土地经营权人既享有权利也负有相应的义务。总的来说,土地经营权人的义务是支付对价、不得改变农地用途、不得对农地造成永久性损害以及环境保护的义务等。[2]

第一,土地经营权设立对价支付的义务。有别于建立在集体土地所有权之上的土地承包经营权的无偿取得原则,土地经营权是土地承包经营权人通过市场化流通方式为他人设立的土地用益物权,土地经营权的设立遵循的是民事活动等价有偿原则。申言之,土地经营主体获得土地经营权并非无偿取得,而是需要向土地承包经营权人支付对价。譬如,土地承包经营权人通过入股的方式为农业公司设立土地经营权时,农业公司负有向土地承包经营权人签发出资证明书,在公司股东名册以及公司章程中将其列入公司股东序列并认可土地承包经营权人的公司股东身份也即交付公司股权的义务。土地经营权人通过向土地承包经营权人支付对价而获得土地经营权后,土地经营权人方可对土地开展后续的活动,如农业生产、农业投入以及获得土地出产物并对农产品进行自由处置等。

---

[1] 关于土地经营权因集体土地征收而可以获得的补偿费用,已在土地承包权人的权利部分进行了论述,在此不再赘述。

[2] 全国人大农业与农村委员会法案室编著:《农村土地承包法律制度研究》,中国法制出版社 2017 年版,第 80 页。

由此观之，土地经营权人支付对价是其首要义务，是其享有一系列后续权利的基础和前提。

第二，按照农业用途使用土地的义务。土地承包权与经营权分置后，耕地保护的责任义务主体发生了变化，由以往的土地承包经营权人转变为现在的土地经营权人。因此，土地经营权人虽可自行决定对土地的使用，但其前提要件是保护好耕地，不能改变土地的农业用途。尽管当前我国确保18亿亩的耕地红线不变，创造了用占有世界7%左右的耕地养活了占世界22%左右人口的奇迹。然而，却面临着"一多三少"（耕地总量多，人均耕地少、耕地后备资源少、高质量的耕地少）的局面。因此，我国对耕地实行最严格的保护政策，并确认为我国的一项基本国策。《物权法》第43条①确立了耕地保护原则，《土地管理法》第四章对耕地保护设专章予以规定，要求对土地用途进行严格管制，禁止擅自改变土地的农业用途。当然，基于农业生产的需要土地经营权人在土地之上建造一些农业构筑物，如沟渠、打井等应不在禁止之列。对于土地经营权人将土地用于农业生产目的以外的建设活动或者变相地将耕地变为建设用地的，根据《土地管理法》第74条②所确立的非法占用耕地责任，由地方政府土地行政主管部门视情形不同而对其课以行政处罚，情节严重的依法追究土地经营权人的刑事责任。

第三，合理使用土地、保持土地生产力的义务。土地是人类进行物质生产不可替代的自然资源。然而，土地资源并非取之不尽、用之不竭，而是不可再生的并具有稀缺性。在当前耕地总体质量差、沙化现象严重、生态环境被严重破坏的情形下，保护生态环境已成为我国的一项基本国策，并成为五大发展理念的重要内容。按照《民法总则》第9条③所确立的生态环境保护原则，要求实现土地经营主体与土地生态环境之间的利

---

① 《物权法》第43条：国家对耕地实行特殊保护，严格限制农用地转为建设用地，控制建设用地总量。不得违反法律规定的权限和程序征收集体所有的土地。

② 《土地管理法》第74条：违反本法规定，占用耕地建窑、建坟或者擅自在耕地上建房、挖砂、采石、采矿、取土等，破坏种植条件的，或者因开发土地造成土地荒漠化、盐渍化的，由县级以上人民政府土地行政主管部门责令限期改正或者治理，可以处罚款；构成犯罪的，依法追究刑事责任。

③ 《民法总则》第9条：民事主体从事民事活动，应当有利于节约资源、保护生态环境。

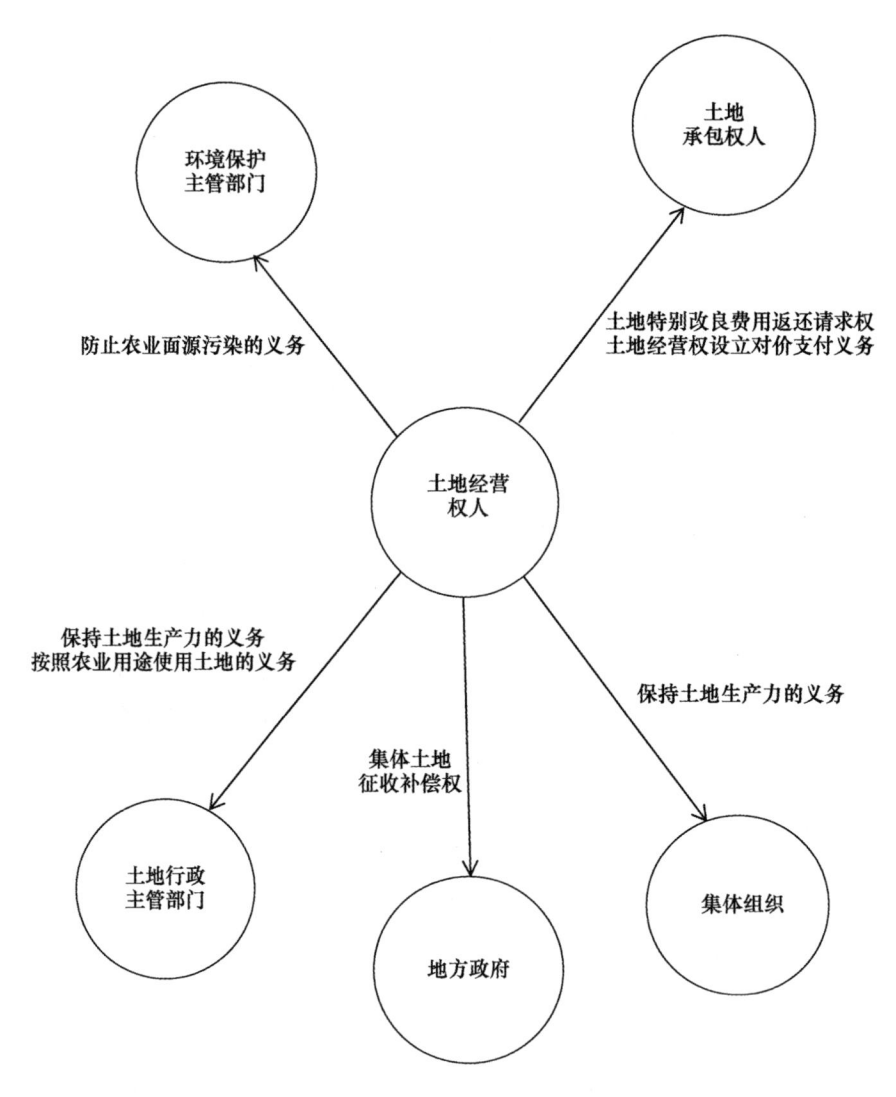

图 3—2　土地经营权人的权利义务关系结构

益平衡，也即在注重土地财产效用发挥和土地生态环境保护之间的协调发展，从而实现土地经营权人对土地使用收益和土地生态环境保护的双重目的。如前所述，土地承包权与经营权分置后，耕地保护的责任义务主体为土地经营权人，所以土地经营权人负有合理使用土地的义务。在农业生产经营过程中，土地经营权人应遵循客观规律科学使用土地，提高农药与化肥的使用率，防止土地沙化、盐渍化、农业面源污染等。总而言之，土地经营权人在农业生产过程中应考虑到土地的生态平衡，合理利用土地，避免土地失去再生产能力，尤其是给土地造成永久性伤害情形的出现。如果土地经营权人在农业生产过程中因没有合理利用土地，引发土地的农业面源污染而给土地生产能力造成损害的，土地经营权人除了需要给作为土地所有权人的集体组织承担损害赔偿外，还需要向地方政府环境主管部门和土地主管部门承担公法责任。

此外，除了上述义务外，在不违反法律和社会公共利益的情况下，土地承包权人和土地经营权人还可以在意思自治的基础上在土地经营权设立合同中自由约定由土地经营权人承担的其他义务条款。

综上所述，关于土地经营权人的权利义务关系结构，参见图3—2。

第三节 本章小结

土地承包权与经营权分置的法律表达方式确立之后，本章旨在对分置后的土地承包权与土地经营权的法律属性以及两者的权利义务内容展开实质探讨。本章研究表明，"土地承包权"为权能分离之后的土地承包经营权的代称或简称，其在法律上的称谓仍然是"土地承包经营权"，其类所有权的法律属性没有发生改变。分置后，土地承包权人的权利为土地承包人身份保有权、土地经营权设立对价获取权、耕地征收财产补偿权、农民承包地有偿退出权以及监督土地经营权人按照土地属性和合同约定合理利用和使用土地等。相应地，土地承包权人承担的义务为对土地承包经营权承担权利瑕疵担保义务、维护农业经营主体土地经营权的义务、尊重农业经营主体生产经营自主权的义务以及向集体如实报告土地经营权设立的义务等。土地承包经营权与土地经营权属于母子权利关系，土地经营权从土地承包经营权中分置符合物权法理，并未违背"一物一权"原则，其法律效果等同于土地承包经营权在时间维度上的分割。分置后，土地经营权人享有土地的使用收益权、土地特别改良费用返还请求权、土地征收补偿权等，相应地土地经营权人的义务为土地经营权设立对价的支付义务、按照农业用途使用土地的义务以及保持土地生产力的义务等。

第四章

土地承包权与经营权分置下土地承包经营权的权利体系效应及其规则构建

现代社会的物权法确立了一整套有效利用财产的规则，尤其表现在物权权能的分离现象越加趋于复杂，在同一物之上可以产生多种新的物权，从而对物的利用更加富有效率。[1] 土地承包权与经营权分置旨在维持土地承包关系稳定并长久不变的基础上，从土地承包经营权中派生出一类对土地直接经营与利用的新型用益物权——土地经营权，在于巩固土地承包方与土地经营主体之间的土地利用法律关系，具有调剂土地"承包"与"利用"的机能。土地经营权的放活为外部主体入农提供了顺畅的通道，有助于培育现代新型农业经营主体，如农业公司、农民专业合作社以及土地信托公司等，实现土地与资本的联姻。土地承包经营权抵押打通了农业与资金市场之间的通道，解决了长期以来农业投入所面临的资金问题，有利于土地资源的科学配置和价值的最大化发挥。[2] 总而言之，土地承包权与经营权分置改革在于修复农地物权化流转裹足不前的法律缺憾，改变了以往对农地由"实物形态的占有"到"价值形态的利用"的职能翻转与权利飞跃。

第一节 土地承包经营权抵押

既有的理论研究与农村土地市场化改革的实践证明，农地抵押制度

---

[1] 王利明：《民商法研究》第7辑，法律出版社2014年版，第144页。
[2] 焦富民：《"三权分置"视域下承包土地的经营权抵押制度之构建》，《政法论坛》2016年第5期。

的设计并非一项单纯的法律问题，由于我国农村土地权利体系庞杂、众多的农地利益关联主体参与其中，加之适合于现代企业化大生产模式的金融体制简单地照搬到农村注定摆脱不了"水土不服"的命运。因此，土地承包经营权抵押制度的设计与建构，需要对其所涉及的各方面因素进行有机整合与制度安排，以便更好地回应土地承包权与经营权分置的旨趣与依归所在。

一　土地承包经营权作为农地抵押标的物的法律正当性分析

农业产业本质上具有逐利性。因此不论是深耕细作的小农生产还是规模化大农业生产的现代农业经营组织体，两者对农地金融往往有着强烈的诉求与期盼。在中共十八届三中全会之前，土地承包经营权抵押就以各种不同的方式在重庆江津、湖北天门、宁夏同心、浙江温岭、山东枣庄以及四川崇州等地如火如荼地进行着。当时的土地承包经营权抵押模式大致主要存在如下几种，参见表4—1。

一言以蔽之，在《物权法》《担保法》等上位法关于土地承包经营权不得抵押的规定没有突破之前，主要依靠地方政府推动的土地承包经营权抵押只是一种迂回法律的政策上的迁就和妥协的无奈之举，这种"戴着镣铐跳舞"的农地金融化方式面临着规则绊脚石和制度性扭曲的法律风险。上述关于土地承包经营权抵押的模式，还没有走出"假抵押""变相抵押"的怪圈，实践中还没有真正出现过直接以土地承包经营权单独作为抵押标的物获得融资的事例。[1]

前已述及，土地承包经营权抵押有着强烈的现实需求，可以解决长期以来农业投入所面临的资金问题。此外，简单地将农民个人财产上的土地承包经营权具有的生活保障功能等同于国家提供的社会保障，有失公允，毕竟父爱主义的法律规定反而极大地抑制了农地融资功能的发挥。[2] 有鉴于此，中共十八届三中全会公报指出，赋予农民对承包经营权的

---

[1] 参见唐薇、吴越《土地承包经营权抵押的制度"瓶颈"与制度创新》，《河北法学》2012年第2期。

[2] 参见王利明、杨立新、王毅、程啸《民法学》（第五版），法律出版社2017年版，第461页。

表4—1　中共十八届三中全会之前土地承包经营权的抵押模式

土地承包经营权抵押模式	代表地区	特征	三种抵押模式的比较及评价
土地承包经营权作"反担保"模式	重庆江津（政府担保公司保证担保＋股权质押反担保）	1. 农民以土地承包经营权作价入股成立有限责任公司； 2. 通过政府设立的信用担保公司的保证担保及农民入股公司的股权为保证担保人提供反担保，最终获得银行贷款资金； 3. 政府主导特色鲜明； 4. 具有政策试点与法律规范不兼容的尴尬处境	该模式虽然没有突破《物权法》《担保法》等上位法的禁止性规定，一方面政府性担保公司承担了极大的风险；另一方面以土地承包经营权作为反担保，实践中无法进行抵押登记，这种反担保的约束力极低。如果没有地方政府干预将很难推广
	宁夏同心（民间组织保证担保＋股权质押反担保）	1. 土地承包经营权抵押协会起到信用筛选、保证担保及借款人行为监督的核心中介作用； 2. 非常规意义的抵押形式，采取土地协会总担保与土地承包经营权抵押反担保相结合的"变相抵押"； 3. 适用于同一集体经济组织的内部流转模式	
土地承包经营收益权抵押模式	山东枣庄	1. 土地合作社的成立； 2. 名为土地承包经营权抵押，实则以地上附着物收益作为还款来源，本质上为动产浮动抵押和农产品期货交易结合的法律形态	该模式中并非在土地承包经营权之上设定权利负担，抵押对象为承包土地上的收益权。如果没有地方政府撮合，很难具有市场吸引力

续表

土地承包经营权抵押模式	代表地区	特征	三种抵押模式的比较及评价
土地承包经营权抵押登记附加额外担保模式	四川崇州	1. 根据土地承包经营权是原始取得还是继受取得等方式区分不同的抵押人类型； 2. 政府主导设置风险保障机制； 3. 法律关系本质上为土地承包经营权的抵押登记附加额外政府担保	该模式由于与《物权法》《担保法》等上位法中关于耕地不得抵押的规定相冲突，若引发诉讼，法院会依据上位法优先适用的原则，做出对金融机构不利的判决。因此，该模式中金融机构的风险还是很大的

资料来源：根据吴越教授等在其所著《土地承包经营权流转制度瓶颈与制度创新——以农地资本化和农业现代化为研究重心》一书中第六章土地承包经营权抵押融资面临的制度瓶颈中关于土地承包经营权抵押试点模式分析部分的内容整理制作而成，特此说明。参见吴越等《土地承包经营权流转制度瓶颈与制度创新——以农地资本化和农业现代化为研究重心》，法律出版社 2014 年版，第 138—146 页。

抵押、担保权能，2014 年、2015 年这两年的中央"一号文件"进一步强化了这一改革，要求积极稳妥推进农村承包土地的经营权向金融机构抵押。① 为具体落实这一改革目标，国务院于 2015 年 8 月 24 日发布了《关于开展农村承包土地的经营权和农民住房财产权抵押贷款试点的指导意见》（国发〔2015〕45 号）（以下简称《指导意见》），对承包土地的经营权抵押贷款试点工作的总体要求、试点任务与组织实施做出了顶层安排与制度设计。② 按照《指导意见》的规定，农村承包土地的经营权抵押

---

① 参见 2014 年 1 月 19 日中共中央、国务院印发《关于全面深化农村改革 加快推进农业现代化的若干意见》："在落实农村土地集体所有权的基础上，稳定农户承包权、放活土地经营权，允许承包土地的经营权向金融机构抵押融资"；2015 年 2 月 1 日，中共中央、国务院发布《关于加大改革创新力度 加快农业现代化建设的若干意见》："做好承包土地的经营权和农民住房财产权抵押担保贷款试点工作。"

② 参见国务院《关于开展农村承包土地的经营权和农民住房财产权抵押贷款试点的指导意见》（国发〔2015〕45 号），2015 年 8 月 24 日（http://www.gov.cn/zhengce/content/2015-08-24/content_10121.htm），2018 年 6 月 1 日访问。

遵循自主自愿原则，由农民自主决定；而对于流转土地的经营权抵押需经承包方同意。① 由此观之，《指导意见》所指称的"承包土地的经营权"存在两种不同的法权表现形式。当农民基于与发包方签订土地承包合同而自己耕作经营土地时，土地的经营权能属于土地承包经营权的一项权利内容。按照民法原理，权利毕竟不同于权能，权能仅仅发挥权利的某一功能和作用。土地经营权能是一项独立的权能，仅仅是使用土地；而土地承包经营权则包括了土地的占有权能、使用权能以及收益权能等。因此，承包土地由农民自己经营时，农民属于自耕农，由于没有引入外部第三人，不存在土地经营权能从其本权中分离出来为他人设立土地经营权，所谓的"承包土地的经营权"名为土地经营权，实为土地经营权能，法权表达形式依旧为土地承包经营权。而当农民通过土地承包经营权入股农业公司、入股农民专业合作社以及信托给土地信托公司时，土地已不再由农民自己经营而变为现代农业经营主体经营时，土地承包经营权中的土地经营权能已从其本权中分离出来为前述主体设立了土地经营权。也即土地经营权从土地承包经营权中派生出来后，土地的占有权能、使用权能以及收益权能等均由现代农业经营主体享有并将土地承包方排除在外。此种情形下的"承包土地的经营权"，法权表现形式为真正的土地经营权权利，既非土地承包经营权也非土地经营权权能。

相应地，"承包土地的经营权"抵押就存在如下两种形式：当农民自己耕作经营土地时，土地承包经营权是一项单一、完整的权利，土地经营权能内含于土地承包经营权之中，还不存在从其中派生出来的先决要件。加之抵押是一种不以物的转移占有为特征的担保，也即农地抵押不要求土地经营权能派生出来。有且只有在抵押权实现时，土地经营权能才会分离出来为他人设立土地经营权。因此，农民以其自有的承包土地的经营权抵押实为土地承包经营权抵押。当农民通过土地承包经营权为他人，典型如农业公司，设立土地经营权时，在此种情形下，土地经营权为农业公司等的法人财产权客体，农业公司可以土地经营权设定抵押。

---

① 关于《指导意见》要求流转土地的经营权抵押需经承包方同意的合理性将在后文展开论述。

因此,"承包土地的经营权"抵押包括土地承包经营权抵押和土地经营权抵押这两种情形。

然而,按照《物权法》第 184 条第 2 项的规定,土地承包经营权不属于适格的抵押财产,其抵押行为受到立法的严格禁止。《最高人民法院关于审理涉及农村土地承包纠纷案件适用法律问题的解释》第 15 条将土地承包经营权抵押认定为是一项无效的民事法律行为。土地经营权尽管是从土地承包经营权中派生出来的一项新型土地用益物权,不是直接在集体土地所有权上设定,但究其本质属于集体所有的耕地使用权之列,在现行法之下土地经营权的抵押行为仍未超出《物权法》第 184 条第 2 项的文义辐射范围。[①] 因此,不能因为"土地经营权"与"土地承包经营权"两者之间名称有别,而将土地经营权视为适格的抵押标的物进而规避物权法的上述禁止性规定。

为深化农村金融改革创新,使农村"承包土地的经营权"抵押能够在全国各地顺利开展,按照《指导意见》的规定,拟采取分区域、分阶段、分步骤的方式,由国务院提请全国人大常委会授权在农村改革试验区、现代农业示范区等地暂停实施相关法律条款,开展"承包土地的经营权"的抵押贷款试点,并要求认真做好试点经验总结,待条件成熟时提出修改农村土地承包方面法律的建议。

为此,2015 年 12 月 27 日,第十二届全国人大常委会第十八次会议通过《决定》,全国人大常委会授权国务院在北京市大兴区等 232 个试点县(市、区)行政区域,暂时调整实施《物权法》第 184 条第 2 项、《担保法》第 37 条第 2 项关于集体所有的耕地使用权不得抵押的规定,赋予农村承包土地(指耕地)的经营权抵押融资功能,上述调整在 2017 年 12 月 31 日前试行。[②] 相较于以往全国人大常委会关于授权国务院暂时调整实施相关法律的决定由于缺乏宪法文本、法律文本的

---

① 参见高圣平《承包土地的经营权抵押规则之构建——兼评重庆城乡统筹综合配套改革试点模式》,《法商研究》2016 年第 1 期。

② 参见《全国人大常委会关于授权国务院在北京市大兴区等 232 个试点县(市、区)、天津市蓟县等 59 个试点县(市、区)行政区域分别暂时调整实施有关法律规定的决定》,2015 年 12 月 28 日,人民网(http://politics.people.com.cn/n1/1228/c1001-27 982539.html),2018 年 6 月 1 日访问。

直接依据而饱受非议①，此次全国人大常委会以 2015 年修正的《立法法》第 13 条②作为做出前述所做授权决定正当性的法律依据。因此，全国人大常委会前述授权决定的做出一方面于法有据、有法可依，完全获得了法律文本的支撑；另一方面真正做到了重大农村土地制度改革政策与法律规则调整的有效衔接。随着上述 232 个试点地区暂时调整实施承包耕地使用权不得抵押的规定，农村"承包土地的经营权"在试点地区将成为适格的抵押财产，抵押行为自不会面临法律适用方面的障碍。据悉，在 232 个试点地区，总体而言农村承包土地的经营权抵押贷款方面已经取得了良好效果。③ 截至 2017 年 9 月末，全国 232 个试点地区农村承包土地的经营权抵押贷款余额 295 亿元，试点以来累计发放贷款 448 亿元。④ 以四川省为例，截至 2017 年 6 月，在成都市温江区、崇州市以及内江市市中区等 10 个试点县（市、区）累计发放农村承包土地的经营权抵押贷款 30.31 亿元。⑤ 而在黑龙江省，截至 2017 年第三季度末，各试点地区涉及农村承包土地的经营权抵押的贷款余额达到 79.55 亿元，比 2017 年初增长 52.79%。⑥ 农村承包土地的经营权抵押无疑有助于实现农地金融化，有效盘活农村"沉睡"的资产，解决了农业扩大化再生产过程中的融资难、融资贵等问题。然而，由于农地产权具有先天弱质性、农村经济发

---

① 参见范进学《授权与解释：中国（上海）自由贸易试验区变法模式之分析》，《东方法学》2014 年第 2 期；刘志刚《暂时停止法律实施决定的正当性分析》，《苏州大学学报》（法学版）2015 年第 4 期；等等。

② 2015 年修正的《立法法》第 13 条：全国人民代表大会及其常务委员会可以根据改革发展的需要，决定就行政管理等领域的特定事项授权在一定期限内在部分地方暂时调整或者暂时停止适用法律的部分规定。

③ 参见中国人民银行农村金融研究小组《中国农村金融服务报告（2016）》，中国金融出版社 2017 年版，第 35 页。

④ 参见中国人民银行副行长潘功胜于 2017 年 12 月 22 日在第十二届全国人民代表大会常务委员会第三十一次会议上所做的《关于〈关于延长授权国务院在北京市大兴区等 232 个试点县（市、区）、天津市蓟州区等 59 个试点县（市、区）行政区域分别暂时调整实施有关法律规定期限的决定（草案）〉的说明》，2017 年 12 月 27 日（http://www.npc.gov.cn/npc/xinwen/2017-12/27/content_2035736.htm），2018 年 6 月 2 日访问。

⑤ 参见中国人民银行眉山市中心支行课题组《金融创新视角下的农村产权融资法律制度研究——基于农村"两权"融资实践引出的法律问题研究》，《西南金融》2018 年第 2 期。

⑥ 参见《农地经营权抵押试点或将延期》，2018 年 5 月 8 日，新华网（http://www.xinhuanet.com/2018-05/08/c_1122798707.htm），2018 年 6 月 2 日访问。

展相对滞后、我国长期以来城乡分割以及农村金融制度改革与创新不足等影响①,致使在部分试点地区出现承包土地的经营权抵押规则不完善、土地确权登记不明晰、抵押权实现方式不通畅等问题,制约了承包土地的经营权抵押融资功能的发挥。有鉴于此,中国人民银行副行长潘功胜在2017年底表示,承包土地的经营权抵押贷款试点工作稳步有序推进之际,存在着一些需要通过进一步深化试点解决的问题,为此有必要延长试点授权期限。② 因此,原定于2017年12月31日完成的农村承包土地的经营权抵押贷款试点,后经全国人大常委会批准做出关于延长授权国务院在北京市大兴区等232个试点县(市、区)、天津市蓟县等59个试点县(市、区)行政区域分别暂时调整实施有关法律规定期限的决定,并于2018年12月实施期限届满。③ 综上,在前述北京市大兴区等232个试点区域,并在2018年12月实施期限届满之前,农村承包土地的经营权将是一项适格的抵押财产,具有法律上的正当性。

二 土地承包经营权抵押的制度设计与构建

一方面,为使农村承包土地的经营权抵押贷款在上述232个试点地区依法稳妥并规范有序地推进,力争做到有法可依,2016年3月15日,中国人民银行、银监会、保监会、财政部以及农业部五部门依据《指导意见》和《决定》联合印发了《农村承包土地的经营权抵押贷款试点暂行办法》(以下简称《暂行办法》)。④ 另一方面,为积极回应部分试点区域在开展承包土地的经营权抵押过程中所出现的土地确权登记、抵押法律

---

① 全国人大农业与农村委员会法案室、调研室编著:《农村金融法律制度研究》,中国法制出版社2018年版,第188页。
② 参见《农地经营权抵押试点或将延期》,2018年5月8日,新华网(http://www.xinhuanet.com/2018-05/08/c_1122798707.htm),2018年6月2日访问。
③ 参见《全国人大常委会2018年立法工作计划》,2018年4月27日,中国人大网(http://www.npc.gov.cn/npc/xinwen/2018-04/27/content_2053820.htm?from=timeline&isappinstalled=0),2018年6月2日访问。
④ 参见中国人民银行《中国人民银行、中国银行业监督管理委员会、中国保险监督管理委员会、财政部、农业部关于印发〈农村承包土地的经营权抵押贷款试点暂行办法〉的通知》,2016年3月15日(http://www.pbc.gov.cn/goutongjiaoliu/113456/113469/3037758/index.html),2018年6月5日访问。

关系主体不明晰以及抵押物实现方式不顺畅等问题。因此，本书拟将以该《暂行办法》为蓝本，结合农村土地权利运行机理和物权法中的担保物权法理、农村金融的实际运行状况以及从激发金融机构参与土地承包经营权抵押贷款的积极性视角出发，展开土地承包经营权抵押的制度设计。

（一）土地承包经营权抵押法律关系主体的确定

《暂行办法》将抵押人划分为两种类型：通过家庭承包方式获得土地承包经营权的农户与现代农业经营组织体，其中后者的典型表现形式为农民专业合作社、现代农业公司以及家庭农场等。《暂行办法》第6条、第7条[①]均对上述两类土地权利主体的准入设定了相应要件，如用于抵押的承包土地获得合法的权利表达凭证、不存在权属争议、土地权利主体无不良信用记录、具有相应的农业生产经营能力等，这是值得赞同之处。然而，细究农户的准入资格《暂行办法》第6条第1项会发现规则的制定者陷入了顾此失彼的矛盾之中。从严格意义上来说，农户只是家庭的一种别称，不属于民事权利主体之列，是户籍制度逻辑行使的结果也即是社会管理的基本单位构成。因此，用来计算土地承包经营权基本单元的农户制度与以自然人为调整对象的民事法律行为制度大异其趣，无法有效衔接。事实上，原始取得的土地承包经营权的实质主体应为作为自然人的农民个人或是农户成员，而非作为集合概念的农户。

关于抵押权人主体资格的确定和设立，本书认为应考虑如下几方面的因素。首先，农民个人（不管是本村抑或外村）和企业都不是适格的抵押权主体，否则会引发农村社会的不稳定：一是成为变相的私人高利

---

① 《农村承包土地的经营权抵押贷款试点暂行办法》第6条：通过家庭承包方式取得土地承包经营权的农户以其获得的土地经营权作抵押申请贷款的，应同时符合以下条件：（一）具有完全民事行为能力，无不良信用记录；（二）用于抵押的承包土地没有权属争议；（三）依法拥有县级以上人民政府或政府相关主管部门颁发的土地承包经营权证；（四）承包方已明确告知发包方承包土地的抵押事宜。第7条：通过合法流转方式获得承包土地的经营权的农业经营主体申请贷款的，应同时符合以下条件：（一）具备农业生产经营管理能力，无不良信用记录；（二）用于抵押的承包土地没有权属争议；（三）已经与承包方或者经承包方书面委托的组织或个人签订了合法有效的经营权流转合同，或依流转合同取得了土地经营权权属确认证明，并已按合同约定方式支付了土地租金；（四）承包方同意承包土地的经营权可用于抵押及合法再流转；（五）承包方已明确告知发包方承包土地的抵押事宜。

贷行为；二是引发土地兼并行为。① 按照当前的信贷管制要求，有且也仅能由商业银行等金融机构发放贷款。其次，自四大国有商业银行于1996年决定全面退出农村金融市场以来，仅留下具有政策性金融机构性质的农业发展银行在农村金融市场中"唱独角戏"，然而出于农业发展银行的职能定位是从整体上扶持农村经济发展致使其难以真正做到对土地农业生产经营活动的资金供给。② 再次，纵使是在金融服务"三农"的国家政策机制强力驱动之下，商业银行等金融机构往往出于逐利性本质特征，对于有违"盈利性""安全性""流动性"等金融抵押经营原则，并且高风险、低收益、难处置的农村承包地抵押业务敬而远之。最后，从比较法视角以观，为适应农村经济发展和扶持农业的持续健康生产的需求，世界上许多市场经济发达国家，均普遍设立了形态各异的土地银行，但名异而实一，专门从事农村土地的抵押业务、发放中长期农业生产的低息贷款。例如，英国的农业抵押公司、美国的联邦土地银行、德国的土地抵押信用合作社、法国的农业信贷银行、日本的农林渔业金融公库等，不一而足。③

综上所述，本书认为不能将适合于现代社会化大生产的融资担保体制直接照搬到农村，为使农村金融尤其是土地承包经营权抵押业务能够获得长期持续、健康稳定的发展，唯有进行农村金融制度创新。其终极途径在于效仿国外市场经济发达国家关于农村土地金融流通实践也即国外的土地银行做法，建立由政府特设的专业农村土地政策性金融机构，也即农村土地政策银行。农村土地政策银行，是指以服务于农业生产经营者为依归也即对其发放中长期低息贷款为业，并承担农村金融扶助的

---

① 厉以宁：《论城乡二元体制改革》，《北京大学学报》（哲学社会科学版）2008年第2期。
② 左良平：《土地承包经营权流转法律问题研究》，中南大学出版社2007年版，第150页。
③ 参见韩俊《中国农村土地制度建设三题》，《管理世界》1999年第3期；周诚《土地经济学原理》，商务印书馆2003年版，第393—397页；胡吕银《土地承包经营权的物权法分析》，复旦大学出版社2004年版，第171—172页；周晓林、罗文斌《国外土地银行运作模式对我国农村改革的启示》，《农村经济》2009年第6期；蒲坚《解放土地》，中信出版集团2015年版，第127—133页；罗剑朝、庸晖、庞玺成《农地抵押融资运行模式国际比较及其启示》，《中国农村经济》2015年第3期；张周国《借鉴德美经验发展中国农村土地银行》，《世界农业》2015年第3期；等等。

非营利性法人组织机构。关于农村土地政策银行的运作需要把握以下几点：第一，农村土地政策银行应设有专业的土地价值评估、信用评估部门，以评定农业生产经营者的抵押贷款申请能否顺利通过，以及贷款数额、贷款利率、贷款期限等，逐步形成符合中国土地承包权与经营权分置实际情况的土地承包经营权抵押运行机理。[1] 第二，农村土地政策银行肩负着为农业发展筹措中长期资金的任务，秉持的是非营利性原则，因此，国家应在资金、税收、技术等配置方面做出倾斜安排与特别规定，尤其是要强化政府公共财政的支持。此外，也应鼓励农村土地政策银行以贷款押契做担保发行债券进行自我融资。第三，法律应明确赋予农村土地政策银行具有自营土地的权利能力。商业银行等金融机构不愿参与农地抵押业务的一大重要原因，即为商业银行等金融机构出于逐利性，立法为防范金融风险，禁止自营非自有不动产业务，这一立法规定更是加剧了对承包地的处置难度。由于农村土地政策银行是不以赢利为目的的政策性金融机构，因此法律应允许其自营土地，一方面有利于降低承包土地的经营权抵押权实现的成本，不仅不会引发金融风险，反而会提高土地的利用效率；另一方面农村土地政策银行作为理性经济人，自营土地会使得抵押物的变现更为便捷，有利于降低不良贷款率、快速收回本息。

（二）土地承包经营权抵押的设立规则

"承包土地的经营权"抵押的设立规则，一方面要遵从现有的物权变动模式与理论，另一方面要顾及土地承包权与经营权分置改革中的公共政策因素，此外更要尊重土地经营权的物权属性。根据《暂行办法》第14条，承包土地的经营权抵押权应在试点地区的农业行政主管部门或者政府授权的农村产权交易所办理抵押登记。[2] 关于登记在抵押权设立中扮演的角色，物权法依据抵押财产的不同类型，分门别类地做出登记生效要件与登记对抗要件这样两种不同的制度安排。但关于《暂行办法》第

---

[1] 罗剑朝、庸晖、庞玺成：《农地抵押融资运行模式国际比较及其启示》，《中国农村经济》2015年第3期。

[2] 《农村承包土地的经营权抵押贷款试点暂行办法》第14条：借贷双方要按试点地区规定，在试点地区农业主管部门或试点地区政府授权的农村产权流转交易平台办理承包土地的经营权抵押登记。受理抵押登记的部门应当对用于抵押的承包土地的经营权权属进行审核、公示。

14条中"登记"在抵押权设定中的意义，则语焉不详。

　　本书认为，对于"承包土地的经营权"抵押中第一类情形的抵押权设立也即土地承包经营权抵押权的设立规则，应采登记生效主义模式。尽管在土地承包经营权的初始设立阶段，由于集体组织成员之间是一个相对封闭的熟人社会，根据《农村土地承包法》第22条与《物权法》第127条第1款的规定[①]，立法采意思主义的物权变动规则，也即承包方自土地承包合同生效而非向不动产登记机构登记时获得土地承包经营权。然而，抵押标的物自身取得的物权变动规则与抵押权设立规则之间并不存在直接的因果关联性。随着土地承包权与经营权分置改革的深入推进，农村土地商品化属性越加凸显，应以不动产物权的一般规则强化土地承包经营权的公示手段。在土地承包经营权上设定抵押权时，以登记作为抵押权设立的生效要件。至于，《暂行办法》第6条第4项所规定的承包方将土地承包经营权抵押事宜告知发包方，仅是及时让集体经济组织知悉土地承包经营权上设定的权利负担，并为集体经济组织协助抵押权人参与后续贷款管理的一项程序手段。

　　至于第二种情形中抵押权的设立规则也即土地经营权抵押权的设立规则，相对而言，更具复杂性。第一，关于承包人意志在土地经营权抵押权设定时承载的意义。按照《暂行办法》第7条第4项的规定，土地经营权抵押权的设定设置了承包人同意的前置程序。然而，仔细推敲这一规定，不值赞同，饱受诟病。首先，土地经营权是从土地承包经营权中派生出来由他人享有的一类新型土地物权，本质特征在于排他性和独立支配性，无须借助他人意思农业经营主体即可自主决定土地经营权的得丧变更。其次，土地承包权与经营权分置改革的旨趣在于使土地经营权成为一种市场化的土地商品权利，体现其市场价值、使用价值和交换价值，承包方同意的前置程序完全有违市场化方式配置土地权利的交易法则。最后，经承包方同意实际上是限制了抵押权的设立，也有违合同

---

　　① 《农村土地承包法》第22条：承包合同自成立之日起生效。承包方自承包合同生效时取得土地承包经营权。《物权法》第127条第1款：土地承包经营权自土地承包经营权合同生效时设立。

相对性，为以准行政手段配置土地资源留下了太多空间。① 因此，应将前置的同意规则修改为农业经营主体应将在土地经营权之上设立抵押权的事宜向承包人履行通知义务作为一种程序性告知手段。需要注意的是，这里的通知义务是一种不真正义务，纵使土地经营权人由于过失没有及时将土地经营权之上设立抵押权的事宜告知承包方也无须承担违约责任，更不会引致土地经营权之上抵押权无法设立的法律后果。

第二，土地经营权抵押权的设立规则类推适用《物权法》第180条第1款第3项与第187条的规定②，采登记生效规则。土地经营权作为一种商品化的土地权利，尽管从土地承包经营权中派生出来，但究其本质仍属在他人土地上从事农业活动的一类新型不动产土地物权。其与以其他方式承包而产生的土地承包经营权之间别无二致。因此，对土地经营权抵押权的设立规则，通过类推适用以其他承包方式获得的土地承包经营权抵押权的设立规则，也即采登记生效主义模式。这里需要澄清一点，类推适用在物权法中的适用领域：尽管不容许依类推适用的方法创设法律所未规定之物权，但却不排除物权法规范内容不备时的类推适用。③

第三，培育并发展土地经营权权属确认登记制度。按照2015年3月1日起生效实施的《不动产登记暂行条例》（以下简称《条例》）第5条第9项的规定④，抵押权应当纳入不动产权利的登记范畴。单从这一文本表达来看土地经营权抵押权的登记应该不会面临规则层面的障碍。然而，依据不动产登记中的先登记原则，因处分不动产而申请相应的处分登记的，被处分的不动产权利应当已经登记。⑤ 因此，土地经营权抵押权要获

---

① 参见高圣平《农地金融化的法律困境及出路》，《中国社会科学》2014年第8期。
② 《物权法》第180条第1款第3项：债务人或者第三人有权处分的下列财产可以抵押：……（三）以招标、拍卖、公开协商等方式取得的荒地等土地承包经营权。《物权法》第187条：以本法第一百八十条第一款第一项至第三项规定的财产或者第五项规定的正在建造的建筑物抵押的，应当办理抵押登记。抵押权自登记时设立。
③ 王泽鉴：《民法物权》（第二版），北京大学出版社2010年版，第17页。
④ 《不动产登记暂行条例》第5条第9项：下列不动产权利，依照本条例的规定办理登记：……（九）抵押权。
⑤ 程啸：《不动产登记法研究》，法律出版社2011年版，第79—81页；孙宪忠：《不动产登记基本范畴解析》，《法学家》2014年第6期；武立宏：《不动产登记法律制度要论》，中国政法大学出版社2015年版，第46—49页；等等。

得登记机关的登记,其先决要件为土地经营权已经登记在册。在《条例》制定过程中关于土地经营权的登记问题存在讨论,但考虑到由于对土地承包权与土地经营权还存在着不同的认识,因此,《条例》规定的还是严格依据《物权法》规定的土地承包经营权,暂未将土地经营权作为可登记的不动产权利类型,待改革探索成熟、修法完善之后,再作相应调整。①随着当前土地承包权与经营权分置改革的持续深入推进,"社会需要和社会见解总是或多或少地走在法律的前面"②。

因此,关于土地经营权登记问题的破解之道,在于通过培育和发展物权制度中的公示制度及时反映土地承包经营权权能分离之后的土地经营权权属变化。为应对土地经营权登记上位法缺失的困境,一种缓兵之计在于在试点地区鼓励地方政府出台土地经营权管理办法等相关规范性文件作为规则支撑。例如,走在全国农村土地制度改革前列的全国城乡统筹试验区的成渝地区,因应土地承包权与经营权分置改革的要求,2015年4月15日成都市农业委员会出台了《成都市农村土地经营权管理办法》,2017年2月25日重庆市巴南区人民政府印发了《重庆市巴南区农村土地经营权证登记管理办法(试行)》,作为土地经营权权利登记的依据。具体而言,在农民自己经营土地时,获得的登记凭证为土地承包经营权证;由农民之外的其他农业经营主体经营土地时,由于土地经营权是从土地承包经营权中派生出来为他人设立的,对于土地承包经营权而言是一种权利负担。因此,一方面应将土地经营权纳入土地承包经营权登记中的其他土地权利登记范畴予以登记,表明农民的土地承包经营权存在着权利负担;另一方面应向农业经营主体颁发专门的土地经营权证,予以登记造册。

(三)土地承包经营权抵押的实现方式与处置机制

依据土地承包权与经营权分置的改革旨趣,"承包土地的经营权"抵押权的实现是在坚持农村土地集体所有、"稳定土地承包权"也即土地承包关系保持不变、土地的农业用途不变的框架下展开的。因此,"承包土

---

① 国土资源部政策法规司、国土资源部不动产登记中心编著:《不动产登记暂行条例释义》,中国法制出版社2015年版,第53—54页。

② [英]梅因:《古代法》,郭亮译,法律出版社2016年版,第17页。

地的经营权"抵押权的实现方式与处置机制相较于《物权法》第195条第1款①所规定的抵押权一般实现规则需要通过创新抵押权的实现方式来解决。

就"承包土地的经营权"抵押第一种情形下抵押权的实现方式，也即土地承包经营权抵押权的实现，如果按照《物权法》第195条第1款所规定的折价、拍卖或者变卖均导致土地承包经营权的绝卖也即农民与集体之间的土地承包法律关系的终止，显然背离了"稳定土地承包权"的公共政策。在此情形下，可以借鉴德国、日本、韩国以及我国台湾地区等主要大陆法系国家、地区的民事强制执行法律制度中的强制管理规则，即为一种可行的路径和方法。所谓强制管理，指的是执行法院对于被执行的不动产，通过选任管理人对不动产实施经营管理，将不动产管理所生收益的整体作为执行标的物，使债务人丧失其收益权能，而将其转移由管理人行使，并将所得收益作为清偿债权之用。②强制管理不改变抵押物的权属，以使用收益为目的，将抵押物的收益权能归抵押权人所有，直到抵押权人的债权得到完全实现，抵押人对抵押物享有的权能才会恢复。因此，在土地承包经营权抵押权的实现过程中，强制管理以承包地的使用价值为依归，土地承包关系不变，前已述及农村土地政策银行具有自营土地的权利能力，在抵押权实现时，由其作为抵押土地的管理人，享有占有、支配、使用、收益的权能，也即土地经营权由农村土地政策银行享有，以土地收益（土地出产物）作为执行对象通过农产品交易市场流转获得的价金用于优先清偿债务。考虑到我国实定法上暂无强制管理这一执行措施，

---

① 《物权法》第195条第1款：债务人不履行到期债务或者发生当事人约定的实现抵押权的情形，抵押权人可以与抵押人协议以抵押财产折价或者以拍卖、变卖该抵押财产所得的价款优先受偿。

② 参见杨与龄《强制执行法论》，中国政法大学出版社2002年版，第459页；田平安主编《民事诉讼法·执行程序篇》，厦门大学出版社2007年版，第110页；赖来焜《强制执行法各论》，元照出版有限公司2008年版，第406页；董少谋《民事强制执行法论纲——理论与制度的深层分析》，厦门大学出版社2009年版，第271—272页；江必新主编《比较强制执行法》，中国法制出版社2014年版，第233—236页；等等。

在制度重建时，可以考虑引入这种抵押权的实现方式。①

"承包土地的经营权"抵押第二种情形下抵押权的实现，也即土地经营权抵押权的实现。由于农业经营主体是通过市场化交易方式获得土地经营权的，土地经营权作为从土地承包经营权中分离出来的一类新型土地物权，其功能与土地承包经营权已大异其趣，不再受到传统的农村土地观念羁绊与制度障碍，是一种完全商品化的土地权利。相应地，土地经营权抵押权的实现方式应有别于土地承包经营权抵押权的实现方式。本书认为土地经营权抵押权实现时，首先由农业经营主体与农村土地政策银行协议以土地经营权折价，若协商一致，则剩余存续期限内的土地经营权归农村土地政策银行保有，由其在剩余期限内展开土地的耕作经营，在此期限内获得的土地出产物收益归农村土地政策银行所有。若双方不能就土地经营权的协议折价达成合意，农村土地政策银行可根据《物权法》第195条第2款②向人民法院申请通过强制拍卖、变卖土地经营权，获得的变价款优先清偿债务。

尽管《物权法》第195条第2款已就担保物权的实现做出了实体法上的规定，但由于民事程序法中没有可供对接的程序性规定，致使担保物权的实现存在制度缺失。③为此，2012年修正的《民事诉讼法》在第十五章特别程序中增设了"实现担保物权案件"一节共计2个条文（其中第196条为申请与管辖、第197条为裁定与执行）作为第七节，并在2015年2月4日起施行的《最高人民法院关于适用〈民事诉讼法〉的解释》关于特别程序部分中的第361条至第374条从实现担保物权案件的

---

① 房绍坤：《论土地承包经营权的制度构建》，《法学家》2014年第2期；高圣平：《农地金融化的法律困境及出路》，《中国社会科学》2014年第8期；高圣平：《承包土地的经营权抵押规则之构建——兼评重庆城乡统筹综合配套改革试点模式》，《法商研究》2016年第1期；焦富民：《"三权分置"视域下承包土地的经营权抵押制度之构建》，《政法论坛》2016年第5期；许明月：《农村承包地经营权抵押融资改革的立法跟进》，《比较法研究》2016年第5期；赵忠奎：《土地承包经营权抵押制度的构建——以土地经营权物权塑造为视角》，《江西财经大学学报》2017年第6期；武亦文、杨勇：《论土地承包经营权处分之限制性规范的科学配置——基于司法裁判文书的整理与分析》，《中国农村观察》2017年第6期；高圣平：《论承包地流转的法律表达——以我国〈农村土地承包法〉的修改为中心》，《政治与法律》2018年第8期；等等。

② 《物权法》第195条第2款：抵押人与抵押人未就抵押权实现方式达成协议的，抵押权人可以请求人民法院拍卖、变卖抵押财产。

③ 张卫平：《民事诉讼法》，法律出版社2016年版，第461—462页。

管辖、申请受理、处理方式、救济方式等方面对实现担保物权案件进一步做出了更加细致的规定。因此，关于"承包土地的经营权"抵押权实现的公力救济方式，本书认为应尽量避免采用程序复杂、时间冗长的诉讼方式，从快速、便宜实现抵押权人债权的角度，应优先适用实现担保物权案件的非诉这一特别程序，除非双方当事人之间存在实体法上的权利、义务争议。此外，在上述试点地区，国家还应鼓励地方政府利用公共财政出资设立农村产权资产管理公司，以处理农村不良资产作为自身的目的事业范围。具体到本书而言，当农村土地政策银行通过上述抵押权的实现方式不能实现债权时，农村产权资产管理公司从维护农村金融安全、稳定、和谐的视角，应展开对农村土地政策银行因开展"承包土地的经营权"抵押贷款而产生不良债权的收购业务。

三 司法机构应审慎回应土地承包经营权抵押

土地承包权与经营权分置改革与既有的农村土地权利配置与制度安排存在着不和谐、不兼容之处，甚至在某些地方还相抵触。而司法的裁判路径与导向作用在于鼓励具有积极意义的试点展开土地承包经营权抵押、放活土地经营权。如果一味地墨守不合时代前进步伐的法律成规，不能以一种开放的态势包容农村土地制度变迁，司法无疑扮演了维护旧有法律制度守护人的角色，以"守法之名"行拒绝改革之实。前已述及，第十二届全国人大常委会第十八次会议决定在北京市大兴区等232个试点地方暂时调整实施关于农村耕地使用权不得抵押的规定[①]，同时为配合"承包土地的经营权"抵押业务在上述试点地区顺利开展，中国人民银行等5部门联合印发了《暂行办法》。这意味着在上述试点地区，国家正积极鼓励"承包土地的经营权"用于抵押以释放农地的资本功能。为将实践检验行之有效的试点经验和成功做法及时转化为法律规范，根据全国人大常委会2018年立法工作计划，2018年8月将初次审议包括物权编在内的民法典各分编、10月继续审议并修改农村土地承包法修正案。这意

---

① 全国人大常委会2018年立法工作计划决定将授权试点的调整期限延长至2018年12月实施期届满。参见《农地经营权抵押试点或将延期》，2018年5月8日，新华网（http://www.xinhuanet.com/2018-05/08/c_1122798707.htm），2018年6月6日访问。

第四章　土地承包权与经营权分置下……体系效应及其规则构建　/　145

味着包括土地承包经营权抵押等相关法律文本在可以预见的将来得以修改。正是在此背景下，司法机关应审慎地、差异化地回应各地"承包土地的经营权"抵押纠纷，稳步有序地推进土地承包权与经营权分置改革，为乡村振兴发展提供良好的法治环境。[1]

在北京市大兴区等 232 个试点地方，由于《决定》已允许"承包土地的经营权"用于抵押，因此，对于农民、现代农业经营组织体等与金融机构签订的"承包土地的经营权"抵押合同，且已在农业行政主管部门或者农村产权交易所办理抵押登记的情形下，在充分考虑农业投入的融资需求与探求双方当事人的真意后，司法机关应原则性地认定抵押合同以及抵押行为有效。纵使在上述试点地区，双方当事人只签订抵押合同未办理抵押登记的情形下，司法机关仍应认定抵押合同有效，裁判限期办理抵押登记。反之，对于在试点期间试点范围也即上述 232 个试点地区之外其他不具备试点条件与经济条件的区域，展开"承包土地的经营权"抵押业务，由于受到立法的强行管控与严格禁止，仍然必须按照现行法律规定处理土地承包经营权抵押的法律纠纷。比如，郝志忠与郝志有等土地承包经营权纠纷上诉案，二审法院认为：根据最高人民法院《关于审理涉及农村土地承包纠纷案件适用法律问题的解释》第 15 条的规定，郝志忠与郝志有达成的以地抵债协议应被确认无效。[2] 再如，在张国伟与钟宇露等农村土地承包经营权纠纷上诉案中，二审法院认为：被上诉人钟学林因欠上诉人张国伟 180000 元债务不能偿还，将三被上诉人钟宇露、钟某某、钟学林通过土地承包经营权证登记取得的 0.61 亩承包土地以 180000 元价格抵偿债务给张国伟，由于土地承包经营权抵偿债务行为违反了国家法律的强制性规定，应当无效。[3]

《决定》分区域、分阶段地赋予农村耕地使用权的抵押融资功能，在于防止土地承包经营权抵押以及土地承包权与经营权分置改革可能引发的农村金融波动、农村社会不稳定以及农地用途变更等社会风险。此外，

---

[1]　参见最高人民法院《充分发挥人民法院职能作用　为实施乡村振兴战略提供有力司法保障》，2018 年 3 月 1 日（http：//www.court.gov.cn/zixun-xiangqing-82792.html），2018 年 6 月 6 日访问。
[2]　参见黑龙江省绥化市中级人民法院（2017）黑 12 民终 907 号民事判决书。
[3]　参见四川省凉山彝族自治州中级人民法院（2017）川 34 民终 1153 号民事判决书。

为充分发挥人民法院在司法裁判过程中的能动作用，应加强人民法院在上述试点地区展开"承包土地的经营权"抵押业务的调研工作，并适时向全国人大及其常委会、最高人民法院以及农业农村部、自然资源部等国务院组成部门建言献策，共同为推动土地承包权与经营权分置改革的顺利进行做出应有的贡献。

第二节　土地承包经营权入股

一　农村土地入股的历史追溯与现状透视

农村土地入股的最早实践溯源至20世纪80年代末的广东省南海市。由于南海市地处改革开放的前沿地带，乡镇企业的发展规模呈勃兴之势。致使越来越多的农村劳动力从事非农产业。但由于非农就业缺乏稳定性，加之当时的农村社会保障体系尚未建立，南海市的许多农民为防后患给自己留下一条后退之路，往往不愿放弃或者转让土地承包经营权，农村土地粗放式经营、抛荒、搁荒等现象甚是严重。当地政府为回应这一社会需求，率先在全国开始了农村土地入股的创新探索，实现土地股份合作制。具体做法为：年满16周岁以上的集体组织成员分配1个土地股份，16周岁以下的分配0.5个股份，并将集体组织成员分配获得的承包地以及其他农村集体资产交由管辖区内的农业公司统筹安排，农民不参与土地的生产经营，根据自身获得股份对集体收益进行分配。然而，严格说来，广东省南海市的土地股份合作制是农村土地集体所有权的行使方式[①]，不属于土地承包经营权的流转方式，其股权设置的福利色彩厚重，与股权经营的市场化运作相背离。此外还面临着法律主体地位不明、实际运行效果差强人意、属于过渡性质的组织等弊端，但无论如何却具有了农村土地入股的萌芽。

上述创新做法被非农产业就业发达的东南沿海其他经济发展良好的省份，如浙江、福建、江苏等地所借鉴，并在此基础上演进与升

[①] 郭继：《土地承包经营权流转制度研究——基于法律社会学的进路》，中国法制出版社2012年版，第105页；陈小君等：《中国农村土地制度体系构建——田野、实证与法理》，北京大学出版社2012年版，第75页；等等。

华,发展出了农村土地入股的其他创新范式:入股农民专业合作社与入股农业公司。其实,不管是农民专业合作社还是农业公司,作为一种新型农业经营组织体,对于实现土地的规模集约经营、改造传统农业、改变农民的"社会化小农"地位、提升农民的组织化程度,其重要性不言而喻。这是实现农村土地经营主体制度创新的一种有益探索与实践。其实,两相比较,虽然当前农民专业合作社的发展呈一片欣欣向荣之势[1],但早已有学者通过对农民专业合作社的深层次走访与田野调查表明,"许多农户对合作社反应茫然和漠然,还有相当多的合作社没有开展活动"[2]。农业公司则被认为是更具市场化的经济组织,更能够有力推动农村土地的资本化经营,提升农业生产的现代化水平,具有更高的社会认同度。[3] 此外,从文义解释来看,入股属于公司法上的一个专用术语,特指股权投资行为。实践中,"入股"这一词往往存在被泛化使用的现象。因此,本书所指"入股"特指入股农业公司而不包括其他组织形式。

作为全国城乡统筹综合配套改革试验区的重庆,曾于 2007 年 7 月 20 日发布一项新政[4]首开全国农村土地入股农业公司的先河,以土地承包经营权折股量化的方式入股农业公司,土地承包经营权成为农业公司的法人财产权客体,农民获得的对价即为持有农业公司的股权。重庆这一土地流转新政一经推出即刻受到社会各界的广泛关注,然而由于突破了现

---

[1] 据工商总局最新统计,全国农民专业合作社数量有 193.3 万家,入社农户超过 1 亿户。合作社覆盖面稳步扩大,平均每个村有 3 家合作社,入社农户占全国农户的 46.8%。在数量猛增的同时,合作社的合作水平显著提升,逐步向一二三产业融合多种功能拓展,向生产、供销、信用业务综合合作演变。参见《全国农民专业合作社数量达 193 万多家》,2017 年 9 月 4 日,新华网(http://www.xinhuanet.com/c_129695890.htm),2018 年 6 月 8 日访问。
[2] 潘劲:《中国农民专业合作社:数据背后的解读》,《中国农村观察》2011 年第 6 期。
[3] 马俊驹:《中国城市化与农村土地财产权结构的变革》,载陈小君主编《私法研究》第 15 卷,法律出版社 2014 年版,第 27 页;陈广华:《土地承包经营权流转法律问题研究》,中国政法大学出版社 2014 年版,第 90—93 页;吴越等:《土地承包经营权流转制度瓶颈与制度创新——以农地资本化和农业现代化为研究重心》,法律出版社 2014 年版,第 110—113 页;等等。
[4]《重庆市工商行政管理局办公室关于农村土地承包经营权入股设立公司注册登记有关问题的通知》(渝工商办发〔2007〕86 号)。这是由重庆市工商行政管理局于 2007 年 7 月 20 日发布的关于企业登记管理类别方面的地方规范性文件。时至今日,该份文件依然有效,并未被废止。

有的农村土地法律制度、物权制度与公司制度，因而无论是理论界还是中央高层对此都保持着相当的谨慎态度。最终，这一土地新政遇挫还是没有摆脱被"叫停"的命运。"实践中，真正意义上的土地承包经营权入股设立的公司还不存在。"[①]

二 土地承包经营权入股的制度设计

按照公司法理，公司的初始资本积累源自股东的出资，因此股东出资肩负着公司资本的重要筹集功能，在公司资本制度中发挥着举足轻重的作用。不同的出资类型与结构，一方面折射出的是公司的资本经营理念，另一方面与出资主体的利益相关。中共十八届三中全会指出，允许农民以承包经营权入股发展农业产业化经营，2015年中央"一号文件"进一步指出引导农民以土地经营权入股龙头企业加快构建新型农业经营组织体。按照中央的要求，2015年3月19日，农业部[②]办公厅发布了《关于组织申报土地经营权入股发展农业产业化经营试点方案的通知》（以下简称《入股试点方案》），决定在4个省（市）自选的县级行政区、3个农村改革试验区展开土地承包经营权入股发展农业产业化经营试点。[③]由于土地承包经营权入股公司跨越了民、商两大部门法，主要涉及物权法、公司法等，在国家加大"增加农民更多财产性收入"的政策力度背景下，土地承包经营权入股仍应遵循基本的股东出资规则，不能因为出于对农民利益的倾斜考虑而出现弱化甚至侵蚀公司基本法则的规则设计。在土地承包权与经营权分置下，土地承包经营权入股指的是在维持土地承包关系不变的基础上，在土地的承包期限内土地的经营权能从其本权中分离出来由土地的承包方为农业公司设立土地经营权。由此观之，土地承包经营权入股还必须考虑农业公司经营土地的期限与土地承包期限

---

① 陈广华：《土地承包经营权流转法律问题研究》，中国政法大学出版社2014年版，第85页。

② 2018年3月，根据十三届全国人大一次会议表决通过的关于国务院机构改革方案的决定，批准成立农业农村部。不再保留农业部。

③ 农业部农村经济体制与经营管理司：《农业部办公厅关于组织申报土地经营权入股发展农业产业化经营试点方案的通知》，2015年3月20日（http://jiuban.moa.gov.cn/zwllm/tzgg/tfw/201503/t20150320_4449088.htm），2018年6月16日访问。

之间的衔接。此外，土地承包经营权入股后，公司股东类别可分为农民股东与非农民股东，对于这两类异质性的股东群体，彼此之间的利益如何平衡以及公司在破产清算时入股的土地经营权如何处置等相关一系列问题将是本书不得不追问之处。

（一）土地承包经营权入股公司应遵循法定的出资规则而非"双重资本制"

为了防范农民以土地承包经营权入股公司而出现"失地"的风险，《入股试点方案》指出可以尝试探索"双重资本制"等方式出资。所谓双重资本制指的是农民股东出资采取内外有别的方式，在内部层面，农民股东的出资——土地经营权作为法人财产权的客体，其出资在公司章程中声明，股东簿册将其登记为股东；外部层面，在工商登记机关进行登记时，声明公司注册资本中不包括农民的土地经营权出资。[①] 这一规则设计一方面确保了农民股东对公司自益权和共益权的有效行使，另一方面农民对公司的出资财产土地经营权未被纳入公司对外承担债务的责任财产范围，以防农民入股土地的"失地"情况出现。本书认为，这一规则设计违反了公司资本理论和股东出资规则。出资人的出资构成法人财产权的客体，出资人出资获得的对价即成为公司股东并获得公司股权，遵循的是民法上的等价有偿原则。土地经营权作为一种新型用益物权，按照物权法中物的分类属于不动产权利类型，因此，土地经营权的物权变动采登记生效主义模式。所以，"双重资本制"下，土地经营权未登记至公司名下，农民获得的仅仅是一种掩耳盗铃式的"空股"，并非真正的公司股东。除非按照《最高人民法院关于适用》（以下简称《公司法司法解释三》）第10条第1款的规定[②]，土地经营权虽交付公司使用，但需在合理期限内将土地经营权登记至农业公司名下才认可农民履行了出资义务。

[①] 参见冯曦《家庭土地承包经营权入股公司的法律建构——基于公司双重资本制》，《法学杂志》2013年第2期。

[②] 《最高人民法院关于适用〈中华人民共和国公司法〉若干问题的规定（三）》第10条第1款：出资人以房屋、土地使用权或者需要办理权属登记的知识产权等财产出资，已经交付公司使用但未办理权属变更手续，公司、其他股东或者公司债权人主张认定出资人未履行出资义务的，人民法院应当责令当事人在指定的合理期间内办理权属变更手续；在前述期间内办理了权属变更手续的，人民法院应当认定其已经履行了出资义务；出资人主张自其实际交付财产给公司使用时享有相应股东权利的，人民法院应予支持。

否则，由于违反了《公司法》第28条①确立的股东出资义务也即依法办理其非货币财产权的转移手续，因此，对公司负有出资义务，同时对其他按照出资协议已足额缴纳出资的非农民股东承担违约责任。根据《公司法司法解释三》第13条第2款、第17条第1款的规定②，农民股东还分别面临着在土地经营权作价出资的本息范围内对公司债务不能清偿的部分承担补充赔偿责任以及被公司除名的法律风险。此外，"双重资本制"下，工商登记机关登记的股东范围（仅为非农民股东）与公司章程、股东簿册中记载的股东范围（既包括农民股东也包括非农民股东）不一致，极易引发农民股东是否为公司股东的身份之争。因此，土地承包经营权入股公司农民应按照《公司法》第28条确立的股东出资义务履行的规定，将出资的土地经营权登记至农业公司名下。

（二）土地经营权的期限性与农业公司永续性的调和

土地承包经营权入股公司后，土地经营权作为农业公司享有的一项物权性质的土地利用权，权利的存续期间应在土地承包经营权的剩余期限内，最长不超过第二轮土地承包期限的最后截止时间2027年。然而，公司作为法人组织体是超脱了自然人的有限生命存续特征而设置的，一经成立在存续运营期间除非陷入公司僵局或者出现解散清算等情形，否则将成为永续存在的"百年老店"。因此，两者之间不可避免在土地经营权的期限性与公司永续性之间存在张力，致使农业公司对于土地的经营投入缺乏一种长期的期限利益与激励机制。因此，土地经营权存续期限的改革势在必行。由于土地经营权是从土地承包经营权中派生出来的，

---

① 《公司法》第28条：股东应当按期足额缴纳公司章程中规定的各自所认缴的出资额。股东以货币出资的，应当将货币出资足额存入有限责任公司在银行开设的账户；以非货币财产出资的，应当依法办理其财产权的转移手续。股东不按照前款规定缴纳出资的，除应当向公司足额缴纳外，还应当向已按期足额缴纳出资的股东承担违约责任。

② 《最高人民法院关于适用〈中华人民共和国公司法〉若干问题的规定（三）》第13条第2款：公司债权人请求未履行或者未全面履行出资义务的股东在未出资本息范围内对公司债务不能清偿的部分承担补充赔偿责任的，人民法院应予支持；未履行或者未全面履行出资义务的股东已经承担上述责任，其他债权人提出相同请求的，人民法院不予支持。《最高人民法院关于适用〈中华人民共和国公司法〉若干问题的规定（三）》第17条第1款：有限责任公司的股东未履行出资义务或者抽逃全部出资，经公司催告缴纳或者返还，其在合理期间内仍未缴纳或者返还出资，公司以股东会决议解除该股东的股东资格，该股东请求确认该解除行为无效的，人民法院不予支持。

土地承包期限最终决定着土地经营权的生命周期。全国人大常委会于2017年11月7日公布的《土地承包法（草案）》第20条明确规定了承包耕地期届满后再延长30年，因此及至该法经全国人大常委会审议通过，才真正从法律制度层面确立土地承包期限的自动续期规则。不过既有民法理论研究表明，从解释论视角以观，《物权法》第126条第2款确立了土地承包经营权的自动续期规则。[①]因此，调和土地经营权的期限性与农业公司永续性之道为：在农民与农业公司签订土地承包经营权入股的出资协议中可增设一条"土地经营权存续期限届满前，若土地承包经营权自动续期且土地承包经营权人与农业经营主体达成继续设立土地经营权的合意，则入股公司的土地经营权的存续期限相应顺延，否则农民股东应通过实物、货币等财产置换出土地经营权以确保公司资本的充实与稳定；或者农民股东转让其股权，受让人应以符合公司出资要件的财产置换出入股公司的土地经营权，也即股权转让、支付对价与置换农民股东的出资标的物三者联动展开"等类似的相关条文。

（三）建立科学合理的农民股东利益分配机制

在我国实践中，长期以来对农民角色存在着这样的一种认知：农民是一类有别于其他群体，自给自足的、缺乏理性诉求的狭隘小农生产者，是落后生产力的代表。正是在这样的"理论误读"与"认识偏差"之下，中央相关涉农政策确立了农民股东的"保底收益"规则，这对于增加农民财产性收入和维护农民利益无疑是一种符合现实约束条件的理性选择。然而，从公司法视角以观，"保底收益"的做法于法和于理均不足，尤其是在农业公司受外部经营环境影响致使当年没有利润或者没有剩余利润可分的情形下，上述做法完全背离了《公司法》第166条第4款[②]所确立的公司利润分配规则。在此状况下，"保底收益"无异于让农民股东变相抽离自己的出资穿上了一件貌似"合法的外套"，这势必导致对公司资本的侵蚀，进而将农民股东所应承担的风险责任转嫁给了公司债权人。因

[①] 参见朱广新《论土地承包经营权的主体、期限和继承》，《吉林大学社会科学学报》2014年第4期。

[②] 《公司法》第166条第4款：公司弥补亏损和提取公积金后所余税后利润，有限责任公司依照本法第三十四条的规定分配；股份有限公司按照股东持有的股份比例分配，但股份有限公司章程规定不按持股比例分配的除外。

此，本书认为，对于农民股东利益的保护不能一味地过度追求、逐底竞争，突破公司法的底线，而应在公司法的现有理论与文本规则范围内寻求科学合理的农民股东利益分配规则，其中优先股的制度设计不失为一良策。优先股是通行于世界各国公司法中的一类公司股权类型，是股东权利内容在不同类别股东之间的自治化配置。依据不同股东类型的偏好，优先股可在公司利润分配事项、剩余财产分配事项、表决权事项等方面设置差异化的内容。[①] 按照《公司法》第 34 条的规定，有限责任公司在股东分红权方面存在较大的自治空间。因此，本书认为在公司利润分配时，对农民股东的红利分配请求权可具体设置为累积、参加优先股，使其参与公司利润分配的顺位优先于非农民股东，一方面若在本年度分取的特定红利未达标准，则允许从下一年度的红利分配中予以补足；另一方面农民股东除了优先分取特定红利之外，还可以与非农民股东一道共同参与嗣后的剩余公司利润分配。此外，值得注意的是，农民股东享有分红优先权是基于公司自治而确立，优先股与表决权之间并不存在必然联系[②]，并不意味着农民股东以放弃或者牺牲表决权为前提要件。

（四）构建高效民主的治理结构，维护农民股东共益权的行使

前已述及，土地承包经营权入股后，农业公司内部的股东利益群体发生了分化，根据股东身份和地位的分野分为农民股东与非农民股东两类。因此，从利益平衡的角度考察，对农民股东和非农民股东的权利义务配置进行差异化安排或者倾斜配置实属必要，农民股东的分红权优先设置即为适例。然而，为构建高效、民主的农业公司治理结构，同时维护农民股东共益权的有效行使，本书认为需注意以下几点：第一，关于农业公司法定代表人的选任。农业公司法定代表人作为公司的化身，在市场发展瞬息万变之际，要求其代表公司能够灵敏地捕捉商业机会，恰如其分地做出重大商业判断与经营决策，此外还需要处理好日常繁忙的公司业务。对于上述重任，应走出以往对农民股东利益一以贯之而唯农民股东方可担任法定代表人的窠臼，而应在民主协商的基础上，选任拥有现代科学知识、精通公司管理并能够运用新生产要素为农业公司发展做出贡献的人来担任。第二，

---

① 任尔昕：《关于我国设置公司种类股的思考》，《中国法学》2010 年第 6 期。
② 张志坡：《优先股之无表决权质疑》，《法学杂志》2012 年第 12 期。

关于农民股东对公司事务管理、决策等方面的安排。与其说是加强农民股东对公司的控制权，倒不如说成是加强农民股东对农业公司经营活动的知情权和话语权。就知情权而言，在于使得农民股东能够及时知悉、掌握和监督农业公司对于土地的经营状况、农业公司的市场交易发展及其盈利状况等；就话语权而言，是指农业公司的经营决策涉及农民股东的重大利益，如重新选任由农民股东所担任的法定代表人、更换农民董事（监事）、农民股东利益分配方式的变更等引入类别股东多数同意规则。也即上述事项除了遵循公司内部一般决议方式外，尚需经过代表 2/3 以上拥有表决权的农民股东同意。此外，尽管农民股东获得了倾斜安排与制度配置，但农民股东享有的公司决议不成立、可撤销或者无效提起权、会计账簿查阅权、股东代表诉讼提起权等权利不受任何制约与影响。在共益权行使方面，农民股东完全不必拘泥于由自己来行使这一单一僵化的方式，完全可以采用股权代理或者信托的方式来进行。

（五）农业公司破产清算时土地经营权的破产处置

公司作为商事主体的典范，逐利为其本性。农业公司也不例外。然而，由于市场风险的不确定性致使农业公司经营管理不善濒临破产风险时，如果通过破产重整或者破产和解的方式能够使得农业公司化解财务风险、恢复经营能力，使得农业公司复兴，这既有利于农民股东与农业公司自身，也有利于公司债权人。但通过上述方式，农业公司不能摆脱困境而进入破产清算时，由于土地经营权属于私权，是一种商品化土地权利，作为农业公司的责任财产应被列入破产财产序列。按照《破产法》第 112 条的规定，对破产财产的处置应当按照其属性和市场的具体情况，本着破产财产价值最大化的原则进行变价出售。变价出售的方式为拍卖或者是债权人会议认可的其他方式，如变卖，此时就应尊重债权人的意思。① 在破产程序中处置土地经营权应坚持债务人财产最大化和土地经营权的成本内部化这两大原则，通过赋予农民对入股公司的土地经营权变卖的优先回购权，并将回购费用作为破产财产，这有助于提高土地经营权的处置效率和最大化债务人财产的优势。② 也即通过农民自身的货币财

---

① 施天涛：《商法学》（第四版），法律出版社 2010 年版，第 753 页。
② 参见刘冰《农村承包土地经营权的破产处置》，《法学》2018 年第 4 期。

产置换出入股公司的土地经营权。如果农民自身放弃对入股公司的土地经营权的优先购买权,则通过农村产权交易所进行流转。受让人通过农村产权交易所获得的是入股剩余期限范围内的土地经营权,期限届满则自动复归农民手中。另一种途径为通过完善现有农业保险制度,增设"农村承包土地的经营权入股责任险"等之类的险种,创建合理的风险承担规则。具体而言,入股时农民按土地经营权评估价格的一定百分比作为保费支付给保险公司,若在保险合同约定的保险期限内发生农业公司破产清算等非自愿退出市场的情形,则由保险公司以保险金将农民入股的土地经营权置换出来,也即"由保险公司以保险金代为回购土地经营权"[①],保险金作为破产财产,置换出来的土地经营权恢复至农民手中,土地承包经营权的权能又恢复到圆满形态。

第三节　土地承包经营权信托

信托作为一种非常有效的社会试验工具,在实践中扮演着越来越重要的角色。[②] 自十八届三中全会以来,农村土地利益格局复杂多变加之农民主体诉求的多元化,农村土地信托作为一种新生的承包土地流转方式便应运而生。不言而喻,家庭土地信托经营不管对信托机构还是农民而言,带来的好处是多方面的,具有当代价值。[③] 可以说,将信托引入土地流转领域,具有能够实现土地承包权与经营权分置带来的更大灵活性这一制度优势,进一步打开资源配置和要素重组的市场化空间。[④] 然而,作为农村土地流转中一种较为创新的方式,农村土地信托显然已超越了现

---

① 付潇翔:《"三权分置"视角下土地经营权入股法律研究》,硕士学位论文,江西财经大学,2015年6月,第48页。

② Maitland F. W., Runciman D., *Maitland*: *state*, *trust and corporation*, Cambridge University Press, 2003, pp. 72, 96.

③ 参见李有星、杨得兵《论家庭信托的历史发展及其当代价值》,《浙江大学学报》(人文社会科学版)2016年第1期。

④ 崔之元、王东宾:《如何理解土地流转信托创新?》,2016年3月27日(http://mp.weixin.qq.com/s?__biz=MjM5MTE0MjQ1Nw==&mid=402637460&idx=1&sn=7b79825a6fa76917af945930253e41b0&scene=2&srcid=032742eoNAEPeqj8rsOEPtAA&from=timeline&isappinstalled=0#wechat_redirect),2018年6月12日访问。

行农村土地实定法上关于承包土地的转让、互换、出租、转包、入股等这5种传统的流转方式，致使作为集体组织成员的农民对农村土地的信托模式与运行机理等缺乏一定的认知与了解。因此，通过梳理当前我国农村土地信托流转的现状及其存在的问题，明确土地承包权与经营权分置下我国土地承包经营权信托的法律构造路径。

一 农村土地信托现状考察及其存在的问题

（一）农村土地信托流转的现状考察

在中共十八届三中全会召开前夕，2013年10月中信信托有限公司采用"财产权信托"+"资金信托"的双信托模式，对位于安徽省宿州市埇桥区人民政府辖区范围内的5400亩土地承包经营权展开土地信托，这被认为开创了我国农村土地信托流转项目的第一单①（以下简称"中信模式"），信托期限为12年。"中信模式"采取的是自益信托，委托主体与受益主体同一。其中，委托人分为A、B与T三类，A类为埇桥区人民政府，后两者为购买中信信托发行的信托产品的适格民事权利主体。相应地，信托财产由A类委托人交付的A类信托财产及受托人发行的B类受益权、T类受益权募集的信托资金共同构成。② 关于"中信模式"的具体运作流程为：首先由村民与其所在的村委会签订《农村土地委托转包合同》，村委会与镇政府签订《农村土地委托管理合同》，紧接着再由镇政府与埇桥区人民政府签署《农村土地委托管理合同》，最后由埇桥区人民政府作为委托人将土地信托给中信信托。中信信托将所受托的5400亩土地租赁给现代农业经营组织体，如种植大户、农业公司等，所获得的对价也即信托收益为土地租金与其他土地增值收益。中信信托将所获得的信托收益并非直接支付给农民，而是基于合同的相对性原理，首先分配

---

① 从严格意义上来说，中信信托土地流转项目并非全国土地信托的首次破冰之旅，其实早在2001年，浙江省绍兴市就开启了土地信托流转的先河。但出于中信信托土地流转项目的推出时间为中共十八届三中全会召开前夕，其对于农村土地流转制度改革具有重大意义和深远影响，并且中共十八届三中全会被认为拉开了土地承包权与经营权分置改革的序幕，在此背景下，中信信托土地流转项目才被业界认为是农村土地信托的第一单。

② 姜雪莲：《农村土地承包经营权流转信托的法律问题——以中信安徽宿州农村土地承包经营信托为中心》，《北方法学》2014年第4期；刘光祥：《土地承包经营权信托流转主要法律问题研究——以中信土地承包经营权集合信托计划1301期为例》，《时代法学》2014年第5期。

给埔桥区人民政府后，再由其通过镇政府与村委会之间彼此合同关系的层层分配，最后才由村委会分配至农民手中。当然，上述信托收益除了分配给埔桥区人民政府外，尚需照顾到 B 类与 T 类委托人。有关"中信模式"的具体信托交易结构设计，参见图 4—1。

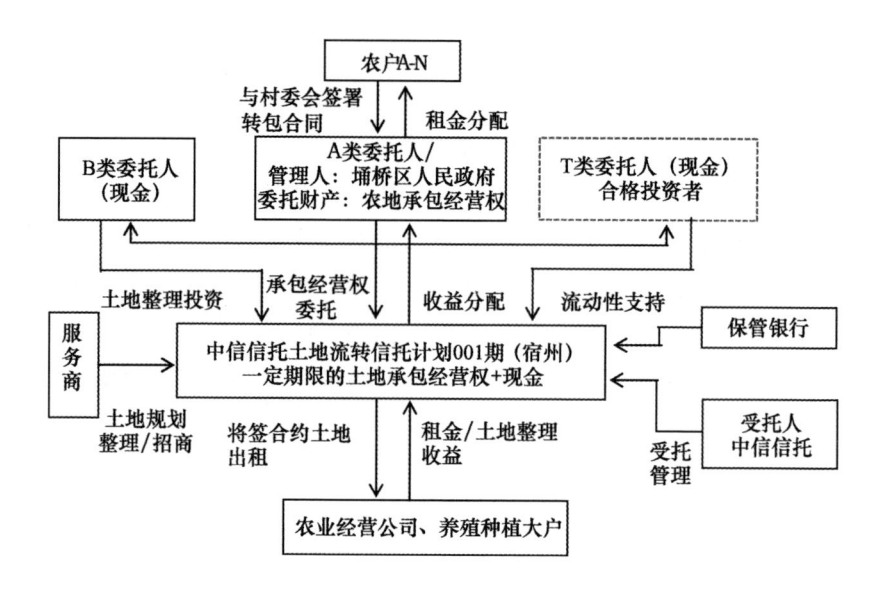

图 4—1　安徽省宿州市土地承包经营权信托交易结构

资料来源：蒲坚：《解放土地》，中信出版集团 2015 年版，第 247 页。

同年 11 月 7 日，北京国际信托有限公司在江苏省无锡市通过采用"农村土地专业股份合作社"+"农民专业合作社"这一双合作社的制度设计，开展土地承包经营权的信托项目（以下简称"北信模式"），信托流转期限不少于 15 年。关于"北信模式"的具体流程为：首先，由无锡市阳山镇桃园村的 233 位村民将已确权登记至个人名义下的 158 亩土地承包经营权入股当地的农村土地股份专业合作社，并由农业行政主管部门颁发入社股权证书。其次，农村土地股份专业合作社作为委托人将上述归集的 158 亩土地作为信托财产信托给北京国际信托公司，设立信托项目。最后，北京信托作为受托人将 158 亩信托土地租赁给 5 位桃园村种桃能手组建的水蜜桃专业合作社，由合作社开展土地具体生产经营。在"北信模式"中，委托人为土地合作社，受益人分为 A、B 与 C 三类。其中，A 类受益人为上述 233 户桃园村村民，处于优先受益的地位；B 与 C 类受益人分别为桃园村委会与土地股份专业合作社，属于劣后级受益人。有关"北信模式"的具体信托交易结构设计，参见图 4—2。

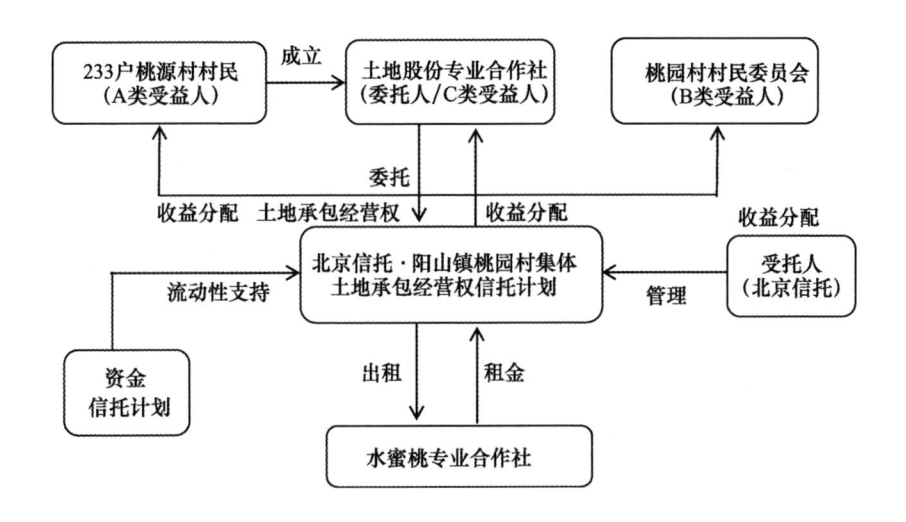

图 4—2 江苏省无锡市土地承包经营权信托交易结构

资料来源：李光荣主编：《中国农村土地市场发展报告（2015—2016）》，社会科学文献出版社 2016 年版，第 173 页。

综上所述，"中信模式"与"北信模式"虽同为专门的信托机构参与农村土地信托流转，两者之间在信托交易结构等各要素方面存在一定差异，显示了信托机构实际参与土地流转的灵活性。上述两种模式受到业界认可并存在可复制、可推广之处，成为当前各信托公司展开农村土地信托效仿的范本，实践中存在的各类农村土地信托项目大多是在选择上述模式的基础上，因地制宜改造而成。

（二）农村土地信托运行中存在的问题

细究农村土地信托中的"中信模式"与"北信模式"的交易结构可知，不管是"中信模式"还是"北信模式"都存在着较为复杂的规则设计，比如"中信模式"中政府背书行为、"北信模式"中土地合作社作为委托人等均旨在绕开法律的重重限制，避免信托公司与农民直接打交道，可以说这是"戴着镣铐跳舞"。在现有法律框架内，上述两种模式还存在着不少问题。

一方面，信托财产直接转让给受托人存在制度障碍。由于《信托法》第2条，关于信托财产的归属与权利转移在法律文本表达上没有像其他引进英美信托制度的国家或地区那样旗帜鲜明地使用"转移给"，而是采用了"委托给"这一含混不清的词语来表达，致使不管是实践中还是理论层面对农村土地信托流转中信托财产的具体界定与指向存在如下不同观点：第一，集体土地所有权；第二，土地使用权；第三，土地租赁权；第四，土地承包经营权。其中，将土地承包经营权认定为农村土地的信托财产属于当前的主流观点与学说。实践中，"中信模式"与"北信模式"均以土地承包经营权作为信托财产而展开农村土地的信托计划[①]，这也可以从中信信托公司与北京信托公司发布的信托计划名称、信托交易结构运行流程中得到印证。但随之而来的问题是，既然已将土地承包经营权认定为是一项适格的信托财产，那么信托公司能否成为合适的受让人？按照农村土地承包法的规定，农村土地的经营主体具有浓厚的身份色彩并被严格限定为具有农业经营能力的农户（并非一定局限于本集体经济组织）。而信托公司，不管是中信信托还是北京国际信托均是以投资和信托为主营业务的非银行金融机构。这就必然使得实践中展开的农村土地信托中的信托财产难以真正转移给信托公司。

另一方面，不管是"中信模式"还是"北信模式"中的委托人与受益人的信托运行机理设计均不利于农民信托收益的有效实现。在农村土地信托实践中，为减少信托公司逐一与农民展开谈判而徒增商业成本，加之农民与信托公司相较而言市场主体地位与缔约能力均有所欠缺与不足。因此，在农村土地信托中适当淡化农民的话语权，将流转土地承包经营权的权利集中在村委会、农民土地股份合作社或地方政府手中代为行使，这是必要也是可行的。在"中信模式"中，从法律关系角度考察，农民土地承包经营权的信托，采用的是"二次代理"运行机制。[②] 农民本应该是信托法律关系中的委托人，但出于发挥政府的信用担保功能以及

[①] 陈敦、张航：《农村土地信托流转的现状分析与未来展望》，《国家行政学院学报》2015年第5期。

[②] 高圣平：《农地信托流转的法律构造》，《法商研究》2014年第2期。

便于土地的集合信托,最终委托人被异化为埇桥区人民政府,同时又是信托法律关系中的受益人。"中信信托"的实际运行流程是将农民排除出了信托法律关系,关于农民的 A 类信托收益,只能通过再分配程序获得,同时基于合同的相对性原理,农民不能越过镇政府与区政府直接向中信公司直接行使信托收益支付请求权,而只能通过合同债权的方式向村委会主张。此外,由于缺少对信托收益分配过程的监督机制,不排除村委会、镇政府与区政府在向农民信托收益分配过程中层层盘剥这一道德风险行为的发生以及 B、T 类受益人觊觎农民的信托收益。同样在"北信模式"中,尽管农民为信托财产的提供者,但在具体的信托法律关系设计中农村土地股份合作社成了委托人。在受益人的具体设置方面,农民并非唯一的受益主体,农村土地股份合作社与桃园村委会同样也是受益人。尽管在利益分配的顺位方面,桃园村的农民在名义上被列为优先级受益主体,但在实践中土地股份合作社的理事长通常由村里担任领导职务的人员,如村支书、村主任等来任职,加之村级组织的强势地位,这为农村土地股份合作社与桃园村委会成为事实上的信托利益优先受益主体并进一步侵蚀农民利益提供了极大的可乘之机。

此外,在农村土地信托项目的实践运作中,还存在着农业土地的非粮化倾向、信托收益前景不明、土地信托项目的后续融资面临困境等问题。

二 土地承包经营权信托的规则构建

(一) 土地经营权为一项适格的农村土地信托财产

法谚有云:若无信托财产,则无法创立信托(A trust cannot be created unless there is trust property)。可见,无财产即无信托。信托财产作为信托交易的基石,是所有信托法律关系产生、存续的前提性制度安排。正是在此意义上,信托法被认为是一部财产管理法,若无信托财产的存在,则受托人便无管理、经营与处分的对象。由此观之,信托财产为信托法律关系中的一项必要因素。[1] 尽管 2007 年出台的《物权法》将土地

---

[1] 周小明:《信托制度:法理与实务》,中国法制出版社 2012 年版,第 47 页;赵廉慧:《信托法解释论》,中国法制出版社 2015 年版,第 182 页。

承包经营权作为一种用益物权来看待，但由于受到土地的观念羁绊与制度障碍，致使土地承包经营权徒有物权之名而无物权之实——处分权能残缺，难以进行物权化、资本化流转。加之，土地承包经营权所固有的身份属性，不仅在权利的原始取得层面，而且在权利的继受取得与存续期间更是如此。在既有的财产法法制框架内，土地承包经营权还不能担负起信托财产的法律重任。因此，前已述及的土地承包经营权在信托财产实践中还难以真正让渡给信托机构也就不足为奇。

土地承包权与经营权分置改革后，土地经营权作为一种商品化的新型土地物权完全有别于身份化的土地承包经营权，成为一项"去身份化"的适格的土地财产权利。按照信托法中的信托财产独立性基本法观念[①]，信托财产区别于委托人的其他自有财产并完全独立与隔离，由受托人保有。土地经营权是从土地承包经营权中分离出来的一项独立的土地物权，完全独立并有别于农民的其他自有财产，由于土地经营权在功能上具有用益物权的特性也即土地经营权是由农民之外的其他民事主体保有，这完全吻合信托财产的独立性观念。总而言之，土地承包权与经营权分置改革后，土地经营权相较于土地承包经营权而言，符合《信托法》第7条的规定[②]，是一项适格的农村土地信托财产。[③]

（二）农村土地信托机构的法律定位

在信托法律关系中，受托人处于管理、经营与处置信托财产的核心地位。因此，受托人被认为是信托关系的本质体现者。[④] 按照《信托法》第4条的规定，受托人利用信托财产对外从事法律行为时，应当以信托机构的方式进行。同时，该条法律规范的类型为委任性规则，换言之，信托机构在市场准入、组织形式以及注册资本等方面由国务院另行做出规定。根据国务院办公厅于2001年12月29日下发的《关于〈中华人民

[①] 张淳：《信托法哲学初论》，法律出版社2014年版，第31页。

[②] 《信托法》第7条：设立信托，必须有确定的信托财产，并且该信托财产必须是委托人合法所有的财产。本法所称财产包括合法的财产权利。

[③] 参见陈敦《土地信托与农地"三权分置"改革》，《东方法学》2017年第1期；袁泉《土地经营权信托设立的理论构建——以"三权分置"为背景》，《西南政法大学学报》2017年第2期；李蕊《农地信托的法律障碍及其克服》，《现代法学》2017年第4期；等等。

[④] 参见吴弘等《信托法论》，立信会计出版社2003年版，第81页。

共和国信托法》公布执行后有关问题的通知》中的规定：在《信托机构管理条例》出台之前，对信托（投资）公司与证券投资基金管理公司的监管职责由中国人民银行[①]与中国证监会负责。由于当前《信托机构管理条例》尚未问世，加之在既有的法制框架内有关专门针对农村土地信托机构的立法阙如。并且，农村土地信托机构参与土地流转不是简简单单地管理与处分，而是一种营利性管理与增值性处分。因此，农村土地信托机构参与土地流转属于营业信托而非民事信托。相应地，农村土地信托机构的设立应符合《信托公司管理办法》的规定。

具体而言，农村土地信托机构的组织结构应采用公司形式，其设立应先获得中国银监会的核准并领取金融许可证，同时还应达到实缴货币资本至少3亿元等一系列要求。倘若严格恪守这一文本规定，必将导致农村土地信托机构在过高的市场准入规则面前"望洋兴叹"，实践中各地兴起的众多农村土地信托探索模式也将裹足不前、阻滞难行。不言而喻，土地信托作为存在于私法体系中的一项新型土地流转方式，引入时间还较短，由于跨越了信托制度与农村土地承包经营两大制度，本质上与当前的信托制度不存在直接的接连性。因此，在论述土地信托及相关制度之时，不需要太拘泥于传统的信托理论与信托原理制度安排，根据制度本意把握其功能即可。[②] 基于此，农村土地信托机构的设立应有别于普通的信托公司架构，考虑到农村土地信托机构的目的事业范围较为单一，主要为农村土地、农业生产技术、农业配套服务以及农业经营资金等的整合，所以在设立方式、注册资本以及监督管理等方面对农村土地信托机构持一种宽容态度，也即降低市场准入标准。

（三）委托人与受益人应当以集体组织中的农民为主

农村土地信托作为一种有别于传统土地的流转方式，其根本目的，一方面在于完善与健全农村土地基本经营制度，另一方面更重要的是在于增加农民的财产性收入，缩减城乡居民之间的收入差距。换言之，农村土地制度改革始终是以农民利益为依归，土地承包权与经营权分置下

[①] 以2003年《中国人民银行法》的修改与2004年《银行业监督管理办法》的施行为标志，原属于中国人民银行的金融监管职责分离出来由中国银监会承担。

[②] 赵立新、寇占奎：《农村土地流转的信托路径探析》，《河北法学》2015年第8期。

土地承包经营权的信托也不例外。然而，在前已述及的当前两类主流农村土地信托模式中，农民要么完全绝缘于现有的信托法律关系，依靠合同规则向村委会寻求信托利益的实现；要么农民不是唯一的信托受益主体，在信托收益的实现过程中面临着被其他受益主体，如村委会与土地股份合作社侵占之嫌疑。可见，在上述土地信托的实际运行模式中，委托人与受益人的信托结构完全背离了土地信托的初衷——实现农民的福祉和增加农民的财产性收入。

相比之下，同为大陆法系国家的邻国——日本关于农地信托流转中委托人与受益人的架构设计则颇具启发意义。在日本的农业法律体系中，按照《农业经营基础强化促进法》第 28 条与《农业协同组合法》第 11 条之 23 款规定，在农地流转信托中委托人为农民，信托受益人只能为农民或其一般继承人并且是唯一的受益人。[1] 由此观之，日本的农地信托流转为自益信托而非他益信托，相较于其他信托而言，农地信托流转中并没有充斥着商业主义，更多体现的是农民利益的保护性色彩。尽管在土地的所有制层面中、日两国相去甚远，前者为公有制，后者为私有制，但两国在农地经营制度的配置方面均是以户为单位、分散经营，农地流转受到一定的法律管制等，并且都存在以信托方式参与农地流转的情形。因此，本书认为，从增进农民信托利益的角度考察，在信托法律关系当事人的设计方面应大胆借鉴上述日本的农地信托模式，委托人和受益人均应以农民为主。具体而言，在以后的农村土地经营权的信托结构设计中，若采用"中信模式"，必须纠偏被异化的"二次代理"运行机制，回归委托代理法律关系的原本面貌，明确村委会与基层政府在归集土地和土地经营权信托合同签订方面所起的桥梁、中介、引导与代理的作用。换言之，村委会或基层政府与农民之间是委托代理的法律关系，农民为信托法律关系中的委托人和受益人。对于通过资金信托而成为信托受益人的社会投资者，应与农村土地信托机构约定其可享有的信托收益。[2] 若采用"北信模式"，应明确信托类型为他益信托。详言之，农村土地

---

[1] 参见姜雪莲《日本农地流转信托研究》，《世界农业》2014 年第 6 期。
[2] 陈敦、张航：《农村土地信托流转的现状分析与未来展望》，《国家行政学院学报》2015 年第 5 期。

专业股份合作社扮演委托人的角色，入社农民为唯一的受益人，这样就最大限度地确保了入社农民信托收益的有效实现。诚然，在现有的体制下，农村土地信托业务的展开不可避免地需要依托村委会与农村土地专业股份合作社的帮助。因此，对于村委会的报酬应以费用的形式从信托报酬中支付，农村土地专业股份合作社的报酬应从其成员处收取。[1]

第四节 本章小结

土地承包权与经营权分置旨在维持土地承包关系稳定并长久不变的基础上，从土地承包经营权中派生出一类对土地直接经营与利用的新型用益物权——土地经营权，在于巩固土地承包方与土地经营主体之间的土地利用法律关系，具有调剂土地"承包"与"利用"的机能。土地承包经营权的抵押在于发挥土地的融资功能、解决农业投入面临的资金问题，考虑到农村金融的实际运行状况，土地承包经营权抵押规则的设计应引入农村土地政策银行、土地承包经营权抵押权的设立应采登记生效主义模式、土地承包经营权抵押权的实现方式可引入强制管理等。土地承包经营权的入股与信托在于实现土地的规模化经营与农业现代化。在土地承包经营权入股的规则构建时，应遵循法定的股东出资规则而非"双重资本制"、应协调好土地经营权的期限性与农业公司永续性、建立科学合理的农民股东利益分配规则、维护好农民股东共益权的行使以及在农业公司破产清算时建立合理的土地经营权破产处置规则等。在土地承包经营权信托规则设计方面，农村土地信托机构的设立有别于普通的信托公司，应降低其市场准入标准；在信托法律关系主体的设计方面，委托人与受益人应当以集体组织中的农民为主。

---

[1] 李永东、程岩、李世朝：《土地信托业务基本模式、风险分析及监管建议》，《北京金融评论》2014年第1期。

第 五 章

土地承包权与经营权分置的法治保障与配套机制安排

土地承包权与经营权分置是对农村土地物权制度的重配与再造，突破了现有的农村土地权利框架体系，当前处于"政策调整有余、法律规制不足"的尴尬境地。换言之，土地承包权与经营权分置必须处理好改革与法治之间的良性互动关系，将这一既定的中央政策选择转换成由权利义务驱动的法律规则。土地承包权与经营权分置，究其本质而言，是对农村土地利益格局的重新调整与安排，土地承包权与土地经营权归属于不同的权利主体，必然涉及土地承包主体与土地经营主体在内的各相关主体之间的利益协调以及土地经营权设立过程中的风险防范等一系列问题研究。

第一节 土地承包权与经营权分置的法治保障

土地承包权与经营权分置是我党在面临农村经济社会转型时期，基于人地分离趋势加大以及为实现城乡土地物权平等、农村土地权利市场化流转而提出的一项崭新农地新政。当前土地承包权与经营权分置的农村土地物权制度改革与既有法治供给之间存在较大的张力，处于"政策调整有余、法律规制不足"的尴尬境地，以政策规范凌驾于法律文本的农村土地改革推进方式的正当性必定遭受质疑与指摘，其危害性也是不言自明的。十八届四中全会指出：重大改革于法有据，做到立法和改革决策相衔接。① 土地承包权与经营权分置由于承载着由传统小农经济向现代规模农业转型的使命，并且这是一项涉及中国 9 亿农民利益的土地承包经营权制度改革，因此，唯有坚持"法治土改"的思维，通过立法的形式引领改革，最终以法律的形式巩固土地承包权与经营权分置的改革成果，形成为广大农民群众所能接受并为农民群众切切实实带来实惠的一项农村土地制度。

一　土地经营权的法律化——以 2014 年修正的《行政诉讼法》和 2017 年修订的《农民专业合作社法》为视角

相较于土地承包经营权已获《农村土地承包法》《物权法》《土地管理法》以及《民法总则》等法律的明文规定与认可，尤其是 2002 年颁布的《农村土地承包法》系围绕土地承包经营权而展开的专门立法、2007 年出台的《物权法》在用益物权编第十一章设专章对土地承包经营权进行调整，土地经营权在历经地方规范性文件的探索、国家层面的萌芽、2014 年中央"一号文件"首次明确提出"土地经营权"并历经中央政策文件的相继推进这个较为漫长的政策逻辑演进过程之后，最终渐次获得法律的正面零星回应，自 2014 年修正的《行政诉讼法》第 12 条第 1 款第 7 项首开"农村土地经营权"入法之先河以来，2017 年修订的《农民专业合作社法》步其后尘，在第 13 条第 1 款再次明确"土地经营权"已是一项实定法上的权利。

具体而言，自中共十八届三中全会以来，随着农村土地制度改革的大力向前推进，尤其是在人地分离趋势加大背景下，土地承包权与经营权的分置改革期间，恰逢全国人大常委会展开对《行政诉讼法》进行重大修正②这一契机。为回应农村社会转型时期，防范农地大规模流转过程中发生的行政机关侵犯土地流转、经营等行为的发生。在对行政诉讼法修改过程中，有常委委员指出，随着土地承包经营权流转改革的推进，

---

① 参见《中共中央关于全面推进依法治国若干重大问题的决定》。
② 2013 年 12 月，第十二届全国人大常委会第六次会议对《行政诉讼法修正案（草案）》进行了初次审议。随后，在 2014 年 8 月与 10 月经第十二届全国人大常委会第十次、第十一次会议分别进行了二审、三审，并于 2014 年 11 月 1 日最终获得审议通过，自 2015 年 5 月 1 日起开始生效实施。

侵犯农村土地经营权的行为也应当纳入可诉范围，经法律委员会研究决定在三审稿中增设"农村土地经营权"这一内容。① 2014 年 11 月 1 日第十二届全国人大常委会第十一次会议最终审议通过了《行政诉讼法》的修正案并于 2015 年 5 月 1 日起生效实施。土地经营权入 2014 年修正的《行政诉讼法》意味着其已经由法外空间跃入实证法上权利范畴，摆脱了法外权利的过往宿命。《行政诉讼法》第 12 条第 1 款第 7 项之所以引入土地经营权，在于保护土地经营主体合法的土地利益期待，并使得该权利能够产生对抗包括行政机关在内的第三人的不当妨碍与不法侵害的效力。这一立法规定其实内含着土地经营权具有排除第三人不当妨碍的物权效力。

随着农村家庭承包经营制度的进一步完善，为适应农民财产多样化和顺应土地承包权与经营权分置改革的发展趋势，完善农民专业合作社的出资结构②，2017 年 12 月修订通过并于 2018 年 7 月 1 日起生效实施的《农民专业合作社法》第 13 条第 1 款明确规定，土地经营权可以评估作价、出资转让至农民专业合作社名下，成为农民专业合作社法人的财产权客体。这其实也暗含了土地经营权的物权属性，因为土地经营权止步于债权不利于土地权利的物权变动、农地利用效率的提升和稳定的土地经营预期。

总而言之，土地经营权入《行政诉讼法》与《农村专业合作社法》意味着土地经营权已是一项法律化权利，真正拉开了土地承包权与经营权分置改革的序幕，为将既定的中央政策选择转化为由法言法语和权利义务共同驱动的农村土地权利运行的法律机制提供了生动的法治注脚，更是迈开了土地经营权物权化的第一步。

二 通过授权试点让放活土地经营权的改革探索符合法治的内在逻辑

由于土地承包权与经营权分置是对农村土地物权——土地承包经营权制度的重配与再造，突破了《物权法》《农村土地承包法》等诸多涉农法

---

① 参见李广宇《新〈行政诉讼法〉逐条注释》（上），法律出版社 2015 年版，第 95 页。
② 参见《全国人大农业与农村委员会副主任委员陈光国在 2017 年 6 月 22 日第十二届全国人民代表大会常务委员会第二十八次会议上所作的关于〈中华人民共和国农民专业合作社法（修订草案）〉的说明》，2017 年 12 月 27 日，中国人大网（http://www.npc.gov.cn/npc/xinwen/2017-12/27/content_2035748.htm），2018 年 6 月 18 日访问。

律建立在两权分离基础上的农村土地权利体系，属于对农村土地物权制度的创新。按照中央的政策部署，土地承包权与经营权分置改革的最初动因旨在通过土地经营权的抵押解决实践中农业经营者在农业投入与发展过程中面临的资金瓶颈。前已述及，土地经营权尽管不同于土地承包经营权但并未超脱集体土地的使用权之列，仍然属于《物权法》与《担保法》禁止抵押的农村土地物权。从法律表象上看，土地承包权与经营权分置改革所要求的土地经营权抵押，尽管突破了《物权法》与《担保法》中禁止耕地抵押的规定。然而，改革与法治之间并非是"二律背反"，不能以改革突破现有法律规定或者是没有既存法律依据支撑而迟滞，更有甚者否定改革；也不能以改革符合法律制度的未来发展走向在未经任何立法授权程序的情形下而实行所谓的"良性违法"改革。"改革既不是'法外之地'，更不是'法律禁地'"①，最佳因应之道为通过授权试点让改革在法治化轨道上运行，通过积累经验，及至修法或立法时机成熟，再启动修法程序为时未晚。

当前，通过授权试点的方式解决土地承包权与经营权分置下土地经营权抵押的改革探索完全有法可依并且存在着一定的先例可循。首先，按照 2015 年修正的《立法法》第 13 条的规定，全国人大及其常委会视社会改革发展之需可以就特定事项在部分区域做出暂时调整或者暂时停止适用某些法律条文的决定。《立法法》增设的第 13 条客观上成为全国人大及其常委会做出上述决定的法源，同时有助于塑造其所做授权决定的正当性。其次，通过授权试点的方式解决农村土地制度改革遭遇的法律禁忌并非无章可循，存在着可以遵循的先例。譬如，为推进"农村土地征收""集体经营性建设用地入市"以及"宅基地管理制度"这农村"三块地"的改革，2015 年 2 月 27 日全国人大常委会第十二届第十三次会议审议决定：授权国务院在北京市大兴区等 33 个试点县（市、区）行政区域，暂时调整实施《土地管理法》《房地产管理法》等相关法律的规定。② 并且该决定还明确了试点应坚持的改革底线、授权试点的内容期限

---

① 袁曙宏：《正确认识和处理新形势下改革与法治的关系》，《国家行政学院学报》2015 年第 5 期。

② 参见《全国人民代表大会常务委员会关于授权国务院在北京市大兴区等三十三个试点县（市、区）行政区域暂时调整实施有关法律规定的决定》，2015 年 2 月 27 日，中国人大网（http://www.npc.gov.cn/npc/xinwen/2015-02/28/content_1906228.htm），2018 年 6 月 18 日访问。

以及试点范围等,为试点的顺利开展保驾护航。这无疑为稳步、有序推进农村土地制度改革提供了有益探索与可供复制的经验。

为发挥农村承包土地(指耕地)的经营权抵押融资功能,有效盘活农村土地资源并深化农村金融改革创新,2015年12月27日第十二届全国人大常委会第十八次会议决定:授权国务院在北京市大兴区等232个试点县(市、区)的行政区域,暂时调整实施《物权法》和《担保法》中关于集体所有的耕地使用权不得抵押的规定,上述调整在2017年12月31日之前试行。① 2017年底,中国人民银行副行长潘功胜表示,在承包土地的经营权抵押贷款试点工作稳步有序推进之际,存在着一些需要通过进一步深化试点解决的问题,为此有必要延长试点授权期限。② 因此,原定于2017年12月31日完成的农村承包土地的经营权抵押贷款试点,后经全国人大常委会批准做出关于延长授权国务院在北京市大兴区等232个试点县(市、区)、天津市蓟县等59个试点县(市、区)行政区域分别暂时调整实施有关法律规定期限的决定,并于2018年12月实施期限届满。③ 全国人大常委会关于上述授权试点的做出对于农村土地物权制度的改革并非一劳永逸,授权试点仅仅只是改革的手段,其终极目标在于通过立法或者修法的方式在法律层面确认改革成果——土地经营权的物权塑造。因此,在上述授权试点地区展开土地经营权抵押时,需要在试点期间内建立及时有效的试点跟踪评估机制。④ 全国人大常委会做出的在232个试点区域暂时停止实施农村承包土地的经营权不得抵

---

① 参见《全国人大常委会关于授权国务院在北京市大兴区等232个试点县(市、区)、天津蓟县等59个试点县(市、区)行政区域分别暂时调整实施有关法律规定的决定》,2015年12月28日,人民网(http://politics.people.com.cn/n1/2015/1228/c1001-27982539.html),2018年6月18日访问。

② 《农地经营权抵押试点或将延期》,2018年5月8日,新华网(http://www.xinhuanet.com/2018-05/08/c_1122798707.htm),2018年6月18日访问。

③ 参见《全国人大常委会2018年立法工作计划》,2018年4月27日,中国人大网(http://www.npc.gov.cn/npc/xinwen/2018-04/27/content_2053820.htm?from=timeline&isappinstalled=0),2018年6月18日访问。

④ 宋志红:《农村土地"三权分置"改革:风险防控与法治保障》,《经济研究参考》2015年第24期;李仕春:《以法治方式推进试点改革》,《人民法治》2016年第1期;陈金钊:《重新界定法治与改革关系的意义》,《江西社会科学》2016年第1期;冯玉军:《中国法治的发展阶段和模式特征》,《浙江大学学报》(人文社会科学版)2016年第3期;等等。

押的规定，意味着在上述地区土地经营权已是一项适格的抵押财产，因此，在试点区域展开土地经营权抵押业务时应当主动对土地经营权抵押的参与主体、抵押权的设立与运行机制，尤其是在农业经营者不能按时履行债务时对土地经营权抵押的实现方式和处置机制进行跟踪评估。此外，对于在试点地区发生的土地经营权抵押纠纷而诉至法院时，对于法院做出的司法裁决也应该认真研究。

总之，在试点期间内应当及时进行跟踪评估并总结积累经验，对评估试点情况做出决策转化，在条件成熟时，启动修法程序，废止集体所有的耕地使用权禁止抵押的规定。此外，应吸取之前农村"三块地"改革过程中试点方案不公开而引发弊端的教训并摈弃这一做法，公开此次农村土地经营权抵押授权试点期间的工作进展情况。这是因为，一方面农村土地制度改革事关中国9亿农民的切身利益，改革的出发点和落脚点均以农民利益为依归，决定了农民有权知悉和参与授权试点并发挥农民群众的监督作用；另一方面，当前关于土地承包权与经营权分置的研究主要停留在理论层面，鲜有根据田野调查的方式进行研究，公开授权试点期间的工作进展情况为法学理论工作者尤其是农村土地立法的决策参与者在构建土地承包权与经营权分置的土地物权制度设计时提供丰富的实证素材。

三 土地经营权的物权化——以民法典物权编编纂为契机

全国人大常委会授权试点允许土地经营权抵押决定的做出，不仅使得在不久的将来废除农村耕地使用权不得抵押这一不合时宜的旧制指日可待，更为土地经营权的物权立法铺设了一条法治化通道。换言之，授权试点的做出只是实现土地承包权与经营权分置改革的前期法治探索与试验，最终目标在于尊重集体土地所有权与土地承包经营权存在的前提下从法律制度层面确认土地经营权的物权属性。这是改变土地经营权立法资源供给薄弱的现状以此获得实证法上的依据，更重要的是通过立法的形式将土地经营权纳入物权体系。究其本质而言，这里其实涉及物权法定的问题。

物权法定系构造物权法的一项重要基准，是自罗马法以降大陆法系各国一以贯之并遵循的原则。综观大陆法系各国确立物权法定主义，其存在的理由，归纳而言不外乎如下四项：第一，反封建物权的产物；第二,确保交易的安全与便捷;第三,物尽其用的经济效用;第四,确保物权的特性。在物权法定主义之下,如果物权法的类型和内容吻合社会经济发展的需求,当然是一种最为理想的制度设计。然而,事实却并非如此。一方面,在立法之际,受制于社会约束条件下立法者的认知能力,不可能就未来社会所需事无巨细地对各类物权预先做出制度安排。另一方面,立法所提供的物权类型与内容在制度设计之初往往切合当时的社会需求,但随着经济的发展存在着与社会脱节的现象。尽管后经社会实践的反复运作,必然会对现有的物权内容或者行使方式进行某种程度的改进,但这却无法见容于既有的物权形态,这就会进一步加剧物权法定与社会脱节的程度。如果立法继续坚持严格的物权类型强制原则,并且对新型物权种类的出现视而不见并遏制它们,显然已与现代社会的发展格格不入。[1] 因此,在物权领域,墨守物权法定,不留有实施创设性行为空间,将阻碍未来法律发展的命脉,具有使法律陷入保守和僵化的危险,还将成为社会往前发展的掣肘。[2] 为避免物权法定原则过于僵化运用,可以透过物权法定缓和的方式对该原则注入新的活力。毕竟民法中"物权法定主义"中的"法"不应与刑法上"罪刑法定"中"法"做出相同的严格解释。具体而言,只要实践中新出现的物权新种类或者新内容,不背离物权法定主义的立法旨趣,具有物权的直接支配与排他特性,以及能够被公示,并且社会上确有存在的必要与实益时,采用物权法定从宽解释的方法即可。此外,一些大陆法系国家以判例的方式逐渐打破封闭的物权体系,因此法院在物权的创设方面扮演的作用越来越重要。譬如,法国最高法院晚近以来的判例认为,基于法定物权而创设的某些新型的权利可以具有物权的性质和效力,其中尤其是基于役权、所有权或者用益物权而创设的新的权利,如狩猎权、相邻不动产权的标界,等等。[3] 当

---

[1] Depoorter B. W. F. Parisi. ,"Fragmentation of Property Right: a functional interpretation of the the law of Servitude", *Global Jurist Frontiers*, Vol. 3, No. 1, 2003.

[2] [德] 沃尔夫冈·维甘德:《物权类型法定原则——关于一个重要民法原理的产生及其意义》,迟疑译、王洪亮校,载张双根等主编《中德私法研究》第 2 卷,北京大学出版社 2007 年版,第 102 页。

[3] Cass. civ. 3e, 22 juin 1976, Bull. civ. Ⅲ, n280; Cass. civ. 3e, 18 jinv, 1984, Bull. civ. Ⅲ, n356; V. Philippe Malaurie, Laurent Aynès, Driot civil, Les biens. Defrénois, 2003, pp. 85 – 86. 转引自王利明《物权法研究》上卷(第三版),中国人民大学出版社 2013 年版,第 161 页。

然，在大陆法系国家，由于奉制定法为圭臬，因此对于新出现的物权种类和内容，"采行变通方式"，"扩大物权法定中'法'的外延或者是对'法'做宽泛解读"以及在具体的司法裁判案件中通过法律续造等方式来承认尽管对物权法定主义起到一定的缓冲作用，然而对于解决立法滞后与社会衔接的问题并非一劳永逸之举。"然社会上有新物权发生后，最佳因应之道，乃属尽速立法，自不待言。"① 因此，通过立法的方式巩固涌现出来的新型物权类型、内容，改变物权封闭的体系，便成为大陆法系国家和地区的一贯通常做法。比如，《德国民法典》与《日本民法典》诞生已超过 100 多年，我国台湾地区的"民法"也已经实施 80 多年，而在民法典出台之后产生的新型物权都是通过立法这一通道进入物权体系的。②

具体到我国而言，步大陆法系的德国、日本以及韩国等发达国家的后尘，在 2007 年出台的《物权法》第 5 条和 2017 年施行的《民法总则》第 116 条明定物权的类型和内容施行法定原则。由于我国在立法传统上不像大陆法系的其他国家，如德国、日本等国家会在每部法律后面附上一个立法理由书。因此，关于物权法定中"法"的理解至今还主要停留在学界层面，没有专门的立法文件可供研究。但按照学界通说③，《物权法》第 5 条和《民法总则》第 116 条所指向的"法"，仅指向全国人大及其常委会出台的法律，也即只能是狭义法律，在其位阶以下的其他层级的广义法律被排除在外。在物权领域，当法律保持缄默时，权利的物权属性

---

① 谢在全：《民法物权论》（上册），中国政法大学出版社 2011 年版，第 37 页。
② 陈本寒、陈英：《也论物权法定原则——兼评我国〈物权法〉第 5 条之规定》，《法学评论》2009 年第 4 期。
③ 参见马俊驹、余延满《民法原论》，法律出版社 2010 年版，第 270 页；崔建远《物权：规范与学说——以中国物权法的解释论为中心》，清华大学出版社 2011 年版，第 25—26 页；孙宪忠《中国物权法总论》，法律出版社 2014 年版，第 264 页；王利明《物权法研究》，中国人民大学出版社 2016 年版，第 153—154 页；陈华彬《民法物权》，经济科学出版社 2016 年版，第 78 页；石宏主编《中华人民共和国民法总则：条文说明、立法理由及相关规定》，北京大学出版社 2017 年版，第 273 页；李适时《中华人民共和国民法总则释义》，法律出版社 2017 年版，第 359 页；崔建远《物权法》，中国人民大学出版社 2017 年版，第 20—21 页；王利明、杨立新、王毅、程啸《民法学》，法律出版社 2017 年版，第 334 页；李宇《民法总则要义——规范释论与判解集注》，法律出版社 2017 年版，第 362—364 页；陈华彬《物权法论》，中国政法大学出版社 2018 年版，第 89—90 页；等等。

从来都不是真实存在的。由于物权法是专门针对物权类型、内容及其权利运行进行调整的法律。因此，通过修改物权法来确认土地经营权的物权属性是当之无愧、首当其冲的不二选择。

按照我国民法典的编纂工作安排和立法规划，民法典的编纂采取分"两步走"的思路：第一步，《民法总则》已于 2017 年 10 月 1 日起生效实施；第二步，编纂民法典各分编，在 2018 年视情整体提请全国人大常委会审议，在经全国人大常委会分阶段审议后，争取于 2020 年 3 月将民法典各分编一并提请全国人大审议通过。[①] 根据 2018 年 4 月 27 日全国人大常委会确立的 2018 年立法工作计划，8 月 27 日第十三届全国人大常委会第五次会议首次审议了包括物权编在内的民法典各分编草案。所以，立法者应紧紧抓住民法典物权编编纂这一大好良机，及时反映全面深化改革时期土地承包权与经营权分置的改革成果。如前所述，土地经营权是从土地承包经营权中派生出来的，因此，在物权编编纂过程中从条文设置的衔接与体系来看，可在土地承包经营权这一章，现行《物权法》第 125 条土地承包经营权人享有的基本权利之后增设一款"允许土地承包经营权人依法在其承包经营的土地之上为他人设立土地经营权，有关土地经营权的设立方式依照《农村土地承包法》等法律的规定"等类似条文作为第 125 条第 2 款。[②] 从条文设计来看，这属于引致规范。一方面出于节约立法成本，另一方面在于实现物权法和农村土地承包法的分工。

[①] 谢鸿飞：《铸造中国社会的"基本法"：中国民法典的编纂历程》，《人民法治》2017 年第 10 期。

[②] 2018 年 8 月 27 日第十三届全国人大常委会第五次会议审议的《民法典各分编（草案）》中第一编物权部分第 129 条第 1 款，对土地承包权与经营权分置的条文表述为：实行家庭承包的土地承包经营权人依照农村土地承包法的规定，有权出让土地经营权。草案的这一表述意味着土地经营权的原始取得主体为土地承包经营权人。其实，按照民法原理，土地承包经营权是一项单一、完整的权利，包含着土地的占有权能、经营（使用）权能、收益权能以及处分权能等。权利不同于权能，权能是权利的内容之一，仅仅发挥权利的某一功能和作用。由此观之，土地经营权能属于土地承包经营权的一项权利内容。土地承包经营权人通过行使处分权能有权处分或者出让土地经营权能，为承包人之外的其他人设立土地经营权。这就实现了土地经营权能到土地经营权的质的飞跃，详言之，土地经营权能从其本权也即土地承包经营权中派生出来成为一项实体性土地权利并为其他人原始取得，典型如土地承包经营权入股、入社、信托等，农业公司、农民专业合作社以及信托公司等成为土地经营权的原始权利主体。因此，本书认为《民法典各分编（草案）》物权部分关于土地承包权与经营权分置的表述存在着进一步斟酌之处。

物权法在于实现土地经营权的物权化。农村土地承包法整部法律围绕土地承包、使用以及流转等方面而展开，在该法中系统规定土地经营权有助于从法律制度层面完整确认土地承包权与经营权的分置。而且，从物权法的立法过程来看，物权法中有关土地承包经营权的内容基本上就是采取法条搬家的方式，从《农村土地承包法》直接搬至《物权法》。所以，在农村土地承包法而非物权法中对土地经营权做出全面规定更具合理性。

四　土地承包权与经营权分置的立法安排——以修改《农村土地承包法》为契机

2003年生效实施的《农村土地承包法》在历经14年之后迎来了大规模的修改。从2017年11月7日全国人大常委会公布的《土地承包法（草案）》[①]来看，多达32处的法律条文修改涉及总则、家庭承包、争议的解决和法律责任等篇章，其中修法的一大重要内容旨在从法律制度层面完整确认土地承包权与经营权分置。《土地承包法（草案）》第一章总则第6条第1款"以家庭承包方式取得的土地承包经营权在流转中分为土地承包权和土地经营权"奠定了土地承包权与经营权分置的修法基调，紧接着第2款、第3款[②]分别对分置后的土地承包权与土地经营权进行了定义，并在分则第二章第四节、第五节分别设专节"土地承包权的保护和转让""土地经营权的保护和流转"作为对总则第6条的回应。然而，结合前已述及的土地承包权与经营权分置的法理认知、分置后土地承包权与土地经营权的实质探讨、《土地承包法（草案）》条文的体系解释以

[①] 自2015年中央"一号文件"明确指出"抓紧修改农村土地承包方面的法律"变革诉求后，修改农村土地承包法列入第十二届全国人大常委会立法规划，由全国人大农业与农村委员会牵头，中央农办、农业部等部门参与。在修改过程中，农业与农村委员会做了广泛深入的调查研究，认真听取基层干部和农民群众的意见，先后多次征求31个省、自治区、直辖市和中央、国务院有关部门及专家的意见。在反复研究论证的基础上，形成了农村土地承包法修正案草案。参见刘振伟《进一步赋予农民充分而有保障的土地权利——关于〈中华人民共和国农村土地承包法修正案（草案）〉的说明》，《农村经营管理》2017年第11期。

[②] 《农村土地承包法修正案（草案）》第6条第2款：土地承包权是指农村集体经济组织成员依法享有的承包土地的权利。《农村土地承包法修正案（草案）》第6条第3款：土地经营权是指一定期限内占用承包地、自主组织生产耕作和处置产品，取得相应收益的权利。

及物权法理来看，《土地承包法（草案）》所规定的土地承包权与土地经营权还存在着逻辑上难以自洽之处。

（一）对《农村土地承包法修正案（草案）》中土地承包权的审思

就土地承包权的修法规定来看，首先是关于"土地承包权"的权利称谓。《土地承包法（草案）》将派生出土地经营权之后的土地承包经营权人所享有的土地权利称为土地承包权。其实，土地经营权从土地承包经营权中分离出来，这就犹如土地承包经营权从集体土地所有权中分离出来一样。集体土地所有权是一项单一、完整的权利，其名称、称谓和性质不因分离出土地承包经营权发生改变，相应地土地经营权从土地承包经营权中分离出去之后其名称、称谓和性质也不会发生改变。[①]当前，土地承包经营权制度已经获得了《民法总则》《物权法》《土地管理法》以及《农业法》等众多法律的明文规定和认可，而且土地承包经营权的内涵、概念、特征等早已深入广大农民群众的心中，现在通过修法的方式改变为土地承包权，一方面会造成物权法、土地管理法等法律的不协调[②]；另一方面还会引发农民的误解和不必要的恐慌，以为他们所享有的农地权利发生了限缩。因此，分置后的土地承包权在法律上的称谓、性质仍为土地承包经营权。

其次是"土地承包权"的概念。《土地承包法（草案）》第 6 条第 2 款，将其认定是承包土地的一种资格，先于土地承包经营权而存在。而《土地承包法（草案）》第 6 条第 1 款所指称的"土地承包权"是土地承包经营权流转之后的产物，后于土地承包经营权而产生，是一项实体性土地权利，《土地承包法（草案）》第 40 条第 1 款[③]已印证了这一点。根据该款规定，承包土地的经营权流转后，"承包方与发包方的承包关系不变，承包方的土地承包权不变"，这里的"承包关系不变"指的就是承包方与发包方之间因签订土地承包合同而产生的土地承包法律关系不变，恰好印证了前已述及的土地承包权与经营权分置后土地承包人的法律地位不变。

---

① 高圣平：《承包地三权分置的法律表达》，《中国法学》2018 年第 4 期。
② 孙宪忠：《〈中华人民共和国农村土地承包法修正案（草案）〉修改建议》（http：//www.iolaw.org.cn/showArticle.aspx？id=5385），2018 年 6 月 18 日访问。
③ 《农村土地承包法修正案（草案）》第 40 条第 1 款：承包方在一定期限内将部分或者全部承包土地的经营权流转给第三方后，承包方与发包方的承包关系不变，承包方的土地承包权不变。

申言之，土地经营权从土地承包经营权中派生出去后承包方因土地承包合同而获得的土地承包经营权不变。由此可见，《土地承包法（草案）》第6条第2款所界定的土地承包权与其所欲达到的规范目标不一致，此处所说的土地承包权与实定法上的土地承包经营权实为同义语。①

此外，《土地承包法（草案）》第二章第四节名为"土地承包权的保护和转让"，按照逻辑该节反映的应该是派生出土地经营权之后的土地承包经营权的保护和转让，然而从该节的修法条文来看，实为权能完整的土地承包经营权的退出、调整、互换以及转让等物权化流转方式。这就使得该节的节名与该节调整的内容存在名实不符的情形。

（二）对《农村土地承包法修正案（草案）》中土地经营权的审思

本次农村土地承包法修改的一大主要内容为确认土地承包权与经营权分置，因此在32处的条文修改中多达21处涉及了土地经营权的内容。就土地经营权的修法规定来看，首先是关于土地经营权的归属也即主体问题。根据《土地承包法（草案）》第6条第1款的规定，土地经营权是在土地承包经营权流转过程中为承包方之外的第三人设立的。《土地承包法（草案）》第37条第2款、第4款②也印证了这一点。根据第37条第2款的规定，第三方可将承包土地的经营权再次流转。这里其实暗含了土地经营权属于承包方之外的第三方，也正因为土地经营权属于第三方其才有处分土地经营权的权利，将承包土地的经营权再次流转。按照第37条第4款的规定，工商企业等社会资本因流转获取土地经营权。总而言之，《土地承包法（草案）》第37条第2款、第4款意味着土地经营权是由土地承包方之外的工商企业等第三方享有的。土地承包经营权是一项单一、完整的权利，其包含着土地的经营权能，在经营权能从土地承包经营权中派生出来为他人设立土地经营权之前难谓真正的实体性土地权

---

① 参见高圣平《论农村土地权利结构的重构——以〈农村土地承包法〉的修改为中心》，《法学》2018年第2期；高圣平《承包地三权分置的法律表达》，《中国法学》2018年第4期。

② 《农村土地承包法修正案（草案）》第37条第2款：为提高农业生产效益，第三方经承包方或其委托代理人书面同意，并向本集体经济组织备案，承包土地的经营权可以再流转。《农村土地承包法修正案（草案）》第37条第4款：县级以上地方人民政府建立工商企业等社会资本流转土地经营权的资格审查、项目审核和风险防范制度。工商企业等社会资本流转取得土地经营权的，本集体经济组织可以收取适量管理费用。具体由国务院农业、林业行政主管部门规定。

利。从《土地承包法（草案）》第37条第1款①的文义解读来看，修法又规定土地经营权归属于承包方，因为有且只有土地经营权属于承包方，承包方才有权处分土地经营权也即决定土地经营权是否流转以及流转的形式。由此观之，《土地承包法（草案）》一方面规定土地经营权是从土地承包经营权中派生出来的，由承包方之外的其他民事主体享有，在流转之前土地经营权能内含于其本权中；另一方面又规定土地经营权归属于承包方。这样的修法规定确实让人难以理解，而且逻辑上也难以自洽。

其次，是关于土地经营权的定性问题。如前所述，土地承包经营权的类所有权和准所有权法律地位为其派生出的土地经营权用益物权化提供了动力机制，而且借本次民法典物权编编纂契机引入土地经营权确立其物权属性具有法理和法律上的科学合理性。并且本次农地制度改革呼吁的是物权性质的土地经营权，一方面在于扩大土地经营主体利用农地权利效力的强度，使其获得稳定的土地经营预期，排除包括承包方、行政机关等在内的第三方的不当干预；另一方面在于解决农业投入的资金问题，实现扩大农业再生产的目的。从《土地承包法（草案）》第35条②来看，土地经营权是通过出租、转包等方式设立的。这意味着《土地承包法（草案）》所规定的土地经营权人获得的土地经营权是一种债权性质的土地利用权。如果说，本次改革呼吁的土地经营权是债权性质的土地利用权，则完全没有必要大刀阔斧地对农村土地承包法进行修改，因为现行《农村土地承包法》中规定的土地承包经营权出租、转包、入股等流转方式使受让方获得的土地利用权即为债权性质。在通过解释论的方法已经可以确定受让人获得的是债权性质的土地利用权的情形下通过修法的方式再次予以确认属于叠床架屋之举，而且也与本次农地改革的要求不符。

此外，需要注意的是，本书将土地经营权定性为物权，并不是将土地承包经营权的出租、转包等债权化流转方式获得的债权性质的土地利

---

① 《农村土地承包法修正案（草案）》第37条第1款：承包方有权依法自主决定土地经营权是否流转和流转的方式。

② 《农村土地承包法修正案（草案）》第35条：土地经营权可以依法采取出租（转包）、入股或者其他方式流转。

用权直接改造为物权性质；同时也不否认土地承包经营权的出租、转包等债权化流转方式。申言之，在维持承包方与发包方之间土地承包关系不变的基础上存在着物权性质的土地利用权和债权性质的土地利用权两种形式，前者称为土地经营权，后者在尊重现行《物权法》《农村土地承包法》关于土地承包经营权流转的基础上可表述为土地承包经营权，可采取出租、转包或者其他方式流转。总而言之，在土地承包权与经营权分置框架下的土地流转权利体系设置虽然应当以土地经营权这种物权方式为主，但仍应当为当事人通过租赁、转包等债权方式灵活约定使用土地承包经营权保留空间。①

（三）土地承包权与经营权分置的法治路向

通过对《土地承包法（草案）》中的土地承包权与土地经营权内容的审思，本书认为通过本次农村土地承包法修法设计出科学合理的土地承包权与经营权分置的修法安排，既要尊重物权法理、《物权法》和《农村土地承包法》确立的土地承包经营权流转制度的规定，又要符合本次改革要求从土地承包经营权中分离出物权性质的土地经营权，此外还要求《土地承包法（草案）》内部之间逻辑自洽、体系严谨，这就需要在《土地承包法（草案）》已对土地承包权与经营权分置做出详细规定的基础上做出如下适当的修改和调整。

（1）关于《土地承包法（草案）》的总则部分，建议将第6条第1款修改为：以家庭承包方式取得的土地承包经营权可以在其基础之上为他人设立土地经营权，删除第2款，并将第3款设置为第2款。第10条更改为：国家保护集体土地所有权、土地承包经营权和土地经营权，任何组织和个人不得侵犯。

（2）关于《土地承包法（草案）》第二章第四节部分。首先，该节的名称更改为"土地承包经营权的保护和流转"，并将该节中"土地承包权"的表述变更为"土地承包经营权"。其次，由于《土地承包法（草案）》在该节中排除了土地承包经营权的出租、转包等流转方式，应在该节的末尾部分引入现行《农村土地承包法》中第二章第五节关于土地承包经营权的出租、转包等其他流转方式的内容。这样的编排设计其实是

---

① 宋志红：《"三权分置"关键是土地经营权定性》，《中国合作经济》2016年第10期。

将现行《农村土地承包法》中的第二章第四节、第五节归并作为《土地承包法（草案）》中的第四节。

（3）关于《土地承包法（草案）》第二章第五节部分。

首先，该节的名称更改为"土地经营权的保护和设立"，相应地该节中出现"土地经营权流转"的类似表述应更改为"土地经营权设立"。

其次，第35条和第39条第1款中关于土地经营权的流转方式应表述为：土地经营权可以依法采取土地承包经营权入股、入社、信托、抵押等方式设立。同时将第40条第1款并入第35条作为该条的第2款，并修改为：承包方在一定期限内将部分或者全部承包土地为第三方设立土地经营权后，承包方与发包方之间的土地承包关系不变。这样的修法安排在于使得法律条文的逻辑体系更加紧凑、严谨。土地承包经营权入股、入社以及信托后，农民身份相应地转化为农民股东获得公司股权并分享公司法人营业利润，转化为专业合作社社员并根据其与合作社的农产品交易量参与分配合作社可分配盈余，转化为农村土地信托受益人获得承包地的信托收益权，因此土地经营权设立的收益分配应按照《公司法》《农民专业合作社法》以及《信托法》等法律规定的利润分配规则，若前述法律未规定则由当事人双方约定。因此，第38条中"土地经营权流转的转包费、租金、股金等由当事人双方协商确定"修改为"土地经营权设立的收益有法律规定的按照法律规定，没有法律规定的由当事人双方协商确定"。

再次，关于以入股方式设立土地经营权的问题。从文义解释来看，严格说来入股属于公司法上的一个专用术语，特指股权投资行为。因此，建议将第41条修改为：承包方为发展农业经济，可以土地承包经营权入股的方式为农业公司等第三方设立土地经营权，从事农业合作生产和农业产业化经营。

最后，关于土地承包经营权的抵押问题。这里存在两种情形：第一种情形为土地经营权能从土地承包经营权中分离出来之前的抵押。在此情形下，承包土地由农民自己经营时，农民属于自耕农，由于没有引入外部第三人，不存在土地经营权能从其本权中分离出来为他人设立土地经营权，所谓的"承包土地的经营权"名为土地经营权，实为土地经营权能，属于土地承包经营权的一项权利内容，法权表达形式依旧为土地承包经营权。因此，在此种情形下，抵押标的名为承包土地的经营权也即可以对土地经营权能进行抵押而实为土地承包经营权抵押。待抵押权实现时，出于"稳定土地承包权"的公共政策，可以借鉴德国、日本、韩国以及我国台湾地区等民事强制执行法律制度中的强制管理规则为抵押权人设立土地经营权。第二种情形为土地经营权从土地承包经营权中派生出来为农业公司、农民专业合作社以及信托公司等第三方设立土地经营权后，土地经营权成为第三方的法人财产，第三方凭借单方意思不需经承包方或其委托代理人书面同意即可处分土地经营权向金融机构抵押。有鉴于此，建议将第42条修改为：承包方可以用承包土地的经营权向金融机构抵押融资。农业公司、农民专业合作社以及信托公司等第三方获得的土地经营权可以向金融机构抵押融资。

第二节　土地承包权与经营权分置的利益协调机制

一　宏观层面土地承包权人对农地各相关主体的不同利益诉求

土地承包权与经营权分置后，从宏观层面以观，土地利益主体不再局限于土地承包权人与土地经营权人这两类，地方政府、集体经济组织、农业行政主管部门、防止农业面源污染的环境主管部门、土地行政主管部门等相关涉农主体均应包括在内。然而，身份与角色的不同使得这些主体存在于同一块土地时，存在着不同的利益诉求。一方面，考虑到改革开放以来，农村土地制度改革的价值取向始终坚持以农民为中心的权利本位思维；另一方面，土地承包权与经营权分置坚持的是土地承包经营权制度，而土地承包经营权主体为集体组织成员的农民，因此，本书以土地承包权人为中心展开对农地各相关主体的利益诉求分析。土地承包权与经营权分置后，土地承包权为权能分离之后的土地承包经营权的代称，然而绝不能想当然地认为土地承包权是一项空壳权利，绝不承载任何权利内容。其实，土地承包权依旧饱含着丰富的权利内容，是一项实实在在的土地物权，有着自己独特的利益诉求。

具体而言，在土地承包权人与集体经济组织之间，土地承包关系不变。出于集体经济组织的管理权能,一方面,土地承包权人应向集体经济组织履行土地经营权设立的报告义务;另一方面,在土地经营权人怠于履行土地经营权设立对价支付义务时,集体经济组织协助土地承包权人向土地经营权人追索土地经营权设立的对价。在土地承包权人与土地经营权人之间,土地承包权人的最大利益诉求即为按约获取土地经营权设立的对价。在土地经营权存续期间,土地经营权人出于自身原因而抛荒、弃耕土地的,土地承包权人有权行使土地经营权解除权。为保持土地的地力和生产力,土地承包权人有权要求土地经营权人按照土地的自然属性合理使用土地,而不能对土地资源过度攫取。在土地经营权存续期间届满后,土地经营权人应将土地返回给土地承包权人,否则土地承包权人可向土地经营权人行使物权返还请求权。在集体土地被征收的情形下,土地承包权人作为农村土地物权主体有权向地方政府主张征收补偿款,只不过在此情形下,土地经营权人作为土地物权主体同样可以向地方政府主张征收补偿款。至于征收补偿款如何在土地承包权人与土地经营权人之间分配、协调两者之间不同的利益诉求,参见后文的相关部分。长期以来,农村承包地的地块归属不明、面积不准、四至不清,确权登记旨在建立一个具有权威法律表达的农村地权权利凭证。因此,土地承包权人对农业行政主管部门的利益诉求为,通过确权登记明晰土地承包经营权的权属状况,起到"公示物权""还地于民"的作用,让农民真正地成为土地的主人。综上,关于土地承包权人对农地各相关主体的不同利益诉求参见图5—1。

二 中观层面防止出现土地经营权独大与土地承包权虚化的两极分化现象

土地承包权与经营权分置后,从中观层面来看,需要协调的最大利益冲突即为"经营权一权独大、符号化所有权、虚化承包权"[①]。发轫于20世纪70年代末80年代初的家庭承包经营制度改革,改变了土地公有公用模式进而发展为公有私用,最大的革新旨趣在于强化土地承包经营

---

① 张力、郑志峰:《推进土地承包权与经营权再分离的法制构造研究》,《农业经济问题》2015年第1期。

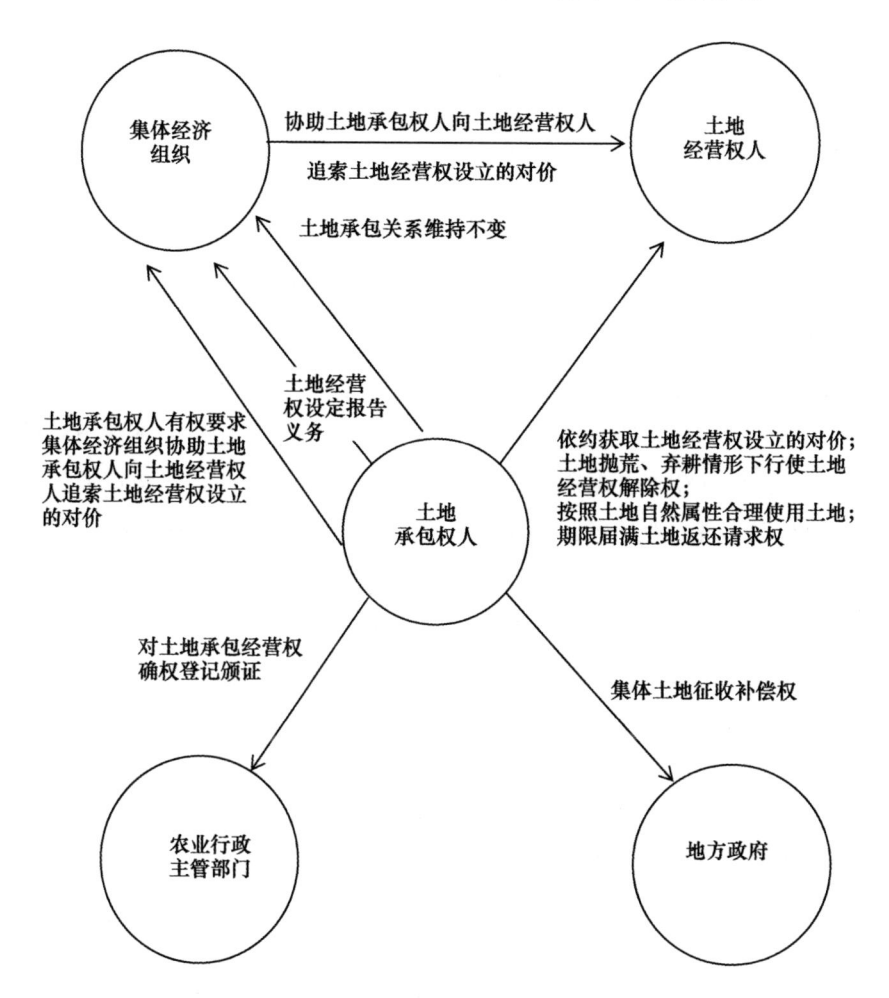

图 5—1 土地承包权人对农地各相关主体的不同利益诉求

权、弱化集体土地所有权的权能，赋予农民对土地更多的生产经营自主权。此后，两权朝着做实土地承包经营权、形式化集体土地所有权的方向发展。本次土地承包权与经营权分置改革遵循的路径与两权分离一致，从土地承包经营权中派生出来的土地经营权旨在实现对土地权利的价值形态利用，如抵押、入股以及信托等，做实土地经营权成为题中应有之义。然而，由于土地经营权与土地承包经营权之间是此消彼长的关系，土地经营权越强必将导致土地承包经营权越弱甚至虚化，最后符号化集体土地所有权。因此，为防止土地经营权一权独大、虚化土地承包经营权与符号化集体土地所有权的权利分化现象出现，应从如下两个方面着手。

其一，合理控制两权分离的期限。土地承包权与经营权分置后，土地的直接占有、使用等权能归属于土地经营权人，也即在分离期限内对承包地的实际占有控制权掌握在土地经营权人手中，从维护土地承包经营权人的利益并防止土地经营权掏空土地承包经营权致使农民的土地承包经营权失去意义，流转期限首先由土地承包主体与经营主体在承包耕地的剩余期限内自行约定，最高不得超过30年；其次，土地经营权是按照市场交易规则设定的，存续期限届满之前若双方当事人未另行约定续期，土地经营权自行灭失则土地承包经营权的权能恢复至完满状态；最后，考虑到农业生产耗时耗力相较于其他产业而言是一种弱势产业，在短期内难以实现农业的经营绩效。因此，考虑到粮食农作物的生产周期、农业投入的资金回笼等因素，从土地承包经营权中分离出来的土地经营权的存续期限可以5—10年作为参考。

其二，发挥集体土地所有权的管理权能。集体土地成员集体所有的主体群体性和不可分割性，决定了对集体土地的占有、使用、收益和成员受益等利益的实现必须以管理权能为必要。[1] 然而，此次土地承包权与经营权分置更多的是偏向对集体土地利用层面的改革，在于实现集体土地利用主体的多元化，对于集体土地所有权管理权能的实现并未形成较大的冲击。由于土地承包权与经营权分置改革坚持的是集体土地所有权不动摇，因此为使集体土地所有权管理权能的有效实现，应当及时调适土地承包权与经营权分置的改革理念和思路，做到土地承包权、土地经营权分置与集体土地所有权制度的适应性，协调处理好土地价值实现与农村土地资源管理、集体土地所有权实现与土地承包经营权保护、协调集体管理权能与土地利用效率提升以及协调集体、集体组织成员、土地经营权人的农村土地收益分配关系等。总而言之，因地制宜调配好集体土地所有权的管理权能，发挥集体经济组织在土地经营权设立过程中的中介桥梁、审核和监督等作用。

---

[1] 韩松：《论农民集体土地所有权的管理权能》，《中国法学》2016年第2期。

三 微观层面保障两权各自效用，合理调节土地利益分配

土地承包权与经营权分置后，由于土地经营权人这一新的利益主体出现，以往主要以集体和（或者）农民为调整对象的土地利益分配格局不能满足现实的需求，因此亟须对以往的规则做出合理调整。从微观层面以观，土地经营权人参与的利益分配主要涉及农业补贴和耕地征收这两个方面。

（一）农业补贴

农业补贴作为一国政府对本国农业支持与保护的体系中最为重要与常见的政策工具，指的是政府或者其他任何公共机构对农业生产、农产品流通以及农业贸易活动提供的并为接受者带来利益的财政资助和其他任何形式的收入或者价格支持。① 中央历来高度重视对种地农民的利益保护和对农业投入的政策扶持，自2001年开始对我国农业保护政策进行重大调整、改粮食保护收购为种粮农民直接补贴的规则以来，逐步形成了种粮农民直接补贴、农作物良种补贴以及农资综合直接补贴（以下简称农业"三项补贴"）。农业"三项补贴"政策的实施无疑对于增加农民收入、推动农业现代化以及确保粮食增产等发挥了积极作用。参见表5—1 农业"三项补贴"。

表5—1　　　　　　　　农业"三项补贴"

补贴种类	补贴对象	补贴目标
种粮农民直接补贴	普惠制补贴种粮农民，粮食作物	减轻农产品价格波动对种粮农民收入的影响，确保粮食种植面积稳定
农作物良种补贴	优质农作物品种，涉及水稻、小麦、大豆、玉米等主要粮食作物	引导农民采用新品种和新技术，提高粮食品质和产量
农资综合直接补贴	普惠制，涉及农药、化肥、柴油、农膜等农业生产资料	弥补农民因农业生产资料价格上涨而增加的支出，稳定种粮成本，保证农民的种粮收益

资料来源：吕悦风、陈会广：《农业补贴政策及其对土地流转的影响研究》，《农业现代化研究》2015年第3期。

---

① 许志鹏：《农业补贴法律制度研究》，中国政法大学出版社2013年版，第16页。

随着近年来土地承包经营权流转规模呈勃兴之势,尤其是源自中共十八届三中全会的土地承包权与经营权分置改革,土地承包主体与土地经营主体的分离使得既有的农业"三项补贴"规则的政策效能弱化、政策效应递减,出现了"种地的拿不到补贴、拿补贴的不种地"的现象。因此,补贴对象的错位一方面无疑会阻碍农村土地制度的改革进程,另一方面难以发挥农业"三项补贴"对粮食增长和农民增收的激励作用,必将极大挫伤土地经营权人的种粮积极性。其实,上述问题的本质为"谁种粮谁拿补贴"的政策目标与"谁的土地谁拿补贴"的政策实践之间的抵牾。

为顺承土地承包权与经营权的分置改革,重新调配土地经营权人参与的农业补贴发放规则,财政部与农业部在经调整完善农业"三项补贴"政策与总结试点经验的基础上,于2016年4月18日联合发布了《关于全面推开农业"三项补贴"改革工作的通知》(以下简称《通知》)。按照《通知》规定,在全国范围内实施农业"三项补贴"改革,也即将农业"三项补贴"合并为农业支持保护补贴,支持耕地地力保护和粮食适度规模经营。[①] 农业"三项补贴"合并后,无疑会引发补贴对象的变更。在农民自己种地时,补贴对象不变依旧是农民。而在土地承包权与经营权分置情形下,农业支持保护补贴已由原来的农业普惠制补贴转变为专门针对实际耕地经营者的补贴。这是农业补贴激励调节机制的转化,一方面意在鼓励土地经营者提高耕地地力、减少短期行为、激发土地经营者的种粮积极性;另一方面的旨趣在于将我国土地经营方式由粗放式向精准化演变,生产主体向现代农业经营体系转变。

(二)耕地征收

从法理上讲,农村集体土地被征收的情形下,所谓的征收补偿究其本质而言为农村土地物权灭失时,国家支付给农村土地物权主体的对价。《物权法》第42条第2款和第132条已充分印证了这一观点,且征收补偿费原则上是在集体经济组织和土地承包经营权人之间进行分配的。土地承包权与经营权分置后,由于土地经营权人这一新的农村土地物权主

[①] 参见财政部《关于全面推开农业"三项补贴"改革工作的通知》,2016年4月18日(http://nys.mof.gov.cn/zhengfuxinxi/czpjZhengCeFaBu_2_2/201604/t20160425_1964825.html),2018年6月20日访问。

体的存在，以往的征地补偿分配格局必将发生改变。换言之，在承包耕地被征收的情形下，土地经营权主体会在征收补偿的分配中享有取得一定补偿权利人的地位。

具体而言，首先是关于土地补偿费的分配。土地补偿费是给予集体的一种补偿，但耕地集体所有的主要实现方式为土地承包制，这意味着土地补偿费包括因集体土地所有权的灭失集体经济组织获得的补偿和土地承包经营权的丧失作为承包人的农民获得的补偿这两大部分。因此，在土地补偿费的分配层面尚不涉及土地经营权人这一利益主体参与其中。其次，安置补偿费的分配。在土地承包权与经营权分置场合，安置补偿费不能再简简单单地被认为是以土地为生产资料并取得主要收入来源的农民在失地时获得的一种对生活和再就业的补偿。农村承包耕地的征收，一方面使得农民失去了土地经营权设立而获得的经济利益。例如，通过土地承包经营权入股、入社以及信托等为农业公司、农民专业合作社等设立土地经营权，农民身份相应地转化为农民股东获得公司股权并分享公司法人营业利润、转化为专业合作社社员并根据其与合作社的农产品交易量参与分配合作社可分配盈余、转化为农村土地信托受益人获得承包地的信托收益权等。另一方面致使土地经营权人不能利用农地从事农业生产活动获得粮食出产物。在此种情形下，安置补偿费应被认为是失去土地经营性收入的土地物权主体获得的一种补偿，土地承包经营权人与土地经营权人应当共同享有获得安置补偿的权利。[①] 随之而来的问题即为农民与土地经营权人在安置补偿费中各自所占份额应该如何划分与确定。前已述及，如果土地承包经营权人为农业公司等第三人设立的土地经营权的存续期间与土地承包剩余期间相一致，在此情形下，安置补偿费应根据土地经营权设立之时至耕地被征收之际这段年限内平均每年农民可得的经济收益与平均每年农业公司等因行使土地经营权而可得的土地经营收入的比例来分配。如果土地经营权设立的存续期间短于土地承包剩余期间，在此情形下，首先将安置补偿费除以土地承包剩余期间再乘以土地承包剩余期间与土地经营权存续期间之差，以此获得的费用归土地承包方所有。然后再将剩余的安置补偿费按照前述规则处理，也即

---

① 蔡立东、姜楠：《承包权与经营权分置的法构造》，《法学研究》2015年第3期。

土地经营权设立之时至耕地被征收之际这段年限内平均每年农民可得的经济收益与平均每年农业公司等因行使土地经营权而可得的土地经营收入的比例来分配剩余的安置补偿费。最后，关于地上附着物和青苗费补偿的分配。土地经营权人作为直接的农地耕作经营主体，地上的附着物和青苗实际上是其劳力与资金共同投入的产物，相应地地上附着物和青苗补助费应归土地经营权人所有。

第三节　土地经营权设立的风险防范机制

土地承包权与经营权分置作为一项重大的农村土地物权制度创新，对于实现农业现代化与土地的规模经营具有重大意义。然而，这并不意味着土地经营权的有序流转可以毫无顾忌地一路高歌猛进。事实上，纵观世界各国关于农地利用历史以及当下农地流转实践所面临的挑战，如土地功能异化、土地的非自愿流转、土地流转过程中农民权益受损、土地过度集中等问题。本书认为应从如下几个方面对土地经营权设立所带来的伴生性风险展开应对和防范。

一　坚持土地农业用途，避免"非农化"

土地用途管制肇始于19世纪末的德国和美国。20世纪以来，尤其是从40—50年代开始，土地用途管制制度日益成为大多数国家管理土地的主要手段，并发挥了积极的作用——重视环境与农地的保护。综观世界各国的土地用途管制制度，几乎把农地保护作为土地立法的重点来进行规制。我国也不例外，改革开放以来，我国土地立法对于农业用地的用途管制日益细密。一方面通过《土地管理法》的形式对保护耕地的国策进行法律确认，另一方面18亿亩耕地红线被认为是一道不可逾越的具有法律约束力的强行性指标。土地用途管制的耕地保护机理在于：首先，农业用地的自然属性。农业用地自身使用特点决定了土地用途的弱可逆性[①]，农业用地可以较为便利地转化为建设用地，而建设用地转化为地力肥沃并高产的农业用地，除了成本等经济因素外，还存在着技术上的困

---

① 李昌麒、吴越主编：《农业法学》，法律出版社2015年版，第67页。

难。其次，耕地保护的时代价值。保护耕地是保证粮食安全的基础，而粮食安全事关国本。解决粮食短缺引发的"饥民"问题是一项义不容辞的国家责任。如果长期依赖粮食进口往往会危及国家的安全。正如基辛格所言："谁控制了粮食，谁就控制了所有的人。"[①] 最后，保护耕地是农村社会的"稳定器"。农村的稳定来自农民的稳定，而农民的稳定又来自农村耕地的稳定。土地乃国脉所系，民生所依。保护好耕地等于为农村社会的稳定打下了良好的根基。

土地承包权与经营权分置打破了长期以来束缚在集体土地利用主体之上的身份桎梏，为社会工商资本的顺利入农也即资本下乡开辟了一条便捷通道。然而，由于农业的高成本与低收益所形成鲜明反差的弱质产业特征，加之资本的逐利本性，为防范社会工商资本追逐土地用途非农化带来的增值收益以及由种植粮食作物向高效非粮经济作物转变，进而发生土地价值异化危及耕地保护，具体的实施手段为：一方面，在耕地制度运行过程中加大农业扶持政策。农业的弱质产业特性，使其难以望工商业用途土地之项背，在土地市场上农业用地无法与工商业用途土地共处于公平竞争的地位，农业产权的运行也不会完全按照有利于现代农业的方向发展。[②] 可见，政府应加大对农业的扶持政策：加大粮食生产补贴、完善粮食生产服务体系、给予种粮技术支持等，以此填补土地作为农业用途与工商业用途之间的收益差距。另一方面，建立基本农田保护的监督管理制度。县级以上人民政府应当建立基本农田保护监督检查制度，土地行政主管部门对在本行政辖区内发生的破坏基本农田的行为有权责令更正。

二 尊重农民的主体利益并发挥集体的组织权能

土地承包权与经营权分置以土地经营权的有序流转为依归，从本质上讲，是作为集体经济组织成员的农民提高土地使用与经营效率的一种

---

① [美]威廉·恩道尔：《粮食危机》，赵刚等译，知识产权出版社2015年版，中文版前言第4页。

② 秦小红：《政府引导农地制度创新的法制回应——以发挥市场在资源配置中的决定性作用为视角》，《法商研究》2016年第4期。

新方式，也就是在农民阶层内部分化、人地分离趋势加大的环境下，农民在维持土地承包关系稳定并不变的基础上而对土地经营权能的一种处置。当然，这一处置的决定权还在农民手中，除非基于社会公共利益并且经过法定程序，否则任何组织、机构和个人，如集体组织或者地方政府都不能取代、替代农民来加以处置，这是农民土地权利的基本体现。因此，土地经营权的处分主体只能为农民，其实，也只有基于农民自愿的土地流转才是富有效率的。农民通过对市场理性的判断自主决定土地经营权的处分，一方面增强了农民的自主权利意识；另一方面充分发挥了农民在土地流转中的主体地位。然而，随之而来的问题为：一是在土地规模化流转中，现代农业经营主体往往需要与分散的农民个体逐一展开土地经营权设立的谈判而徒增商业交易成本。二是农民相较于现代农业经营主体而言，市场主体地位与缔约能力均有所欠缺，这为现代农业经营主体挤压农民的土地权益提供了可乘之机。

因此，为使得在土地流转过程中，一方面能够充分维护农民的土地财产权益，另一方面体现市场规律的流转方式，实现规模化流转，本书认为，破解之道的关键在于发挥集体的组织权能。实践中，村集体组织已经成为农村土地制度中一个具有相当权力的实体。[①] 因此，首先，集体组织可以凭借自身的优势地位，就土地流转的对价、期限、流转土地的用途、拟受让人等相关信息，以村民会议的方式征求农民的意见。其次，若农民存在流转土地的意愿，可以委托人的身份与集体组织签订土地流转代理协议，这样就将土地流转的话语权集中在了集体组织手中。最后，集体组织作为土地流转的受托人与现代农业经营主体，典型如农业公司等就土地流转的方式与方法达成协议。这一方面有助于提高土地流转的议价能力，为农民争取更大的土地流转收益；另一方面提高了土地流转的交易效率。

三　合理确定土地流转规模，防止过度集中

土地承包权与经营权分置旨在改变以户为单位的小农生产经营格局，

[①]　陆道平、钟伟军：《农村土地流转中的地方政府与农民互动机制研究》，清华大学出版社2012年版，第95页。

把分散的土地、资本、劳动力和技术等生产要素在较大范围和更高层面有机组织起来,形成社会化大生产的现代农业,因土地的规模积聚而实现规模效益。然而,土地规模流转的集中度与农业的规模效益并非存在必然的正相关性。这是因为土地规模经营效益的变化符合经济学原理的规律,也即随着土地经营规模的不断扩大,规模效益将顺次经历规模效益递增、规模效益不变、规模效益递减三个阶段。由此观之,过分的土地集中,不但不会产生优质高效的现代农业,反而会产生所谓的"规模不经济"现象。此外,在代际公平视域下,农村土地流转过度集中会产生损害后代农民土地上的生存权与发展权以及农业产业的可持续发展等风险。①

因此,为防范土地规模流转的"大跃进"而带来的负面影响,合理确定土地流转规模,需要与我国的实际情况结合起来加以考虑。第一,土地流转规模应与农业生产力的发展水平相协调。土地流转在于实现土地的规模经营,而规模经营作为一种土地生产方式取决于农业生产力的发展水平和要求。超越生产力发展水平的土地流转规模反而会破坏农业生产力。比如,苏联在实现农业现代化的过程中,集体农庄的规模都很大,并且采用了先进的生产要素和生产工具,但由于超越了当时的农业生产力发展水平,致使大规模集体农庄的经营效益远低于当时采用家庭农场的小规模经营的日本。② 第二,土地流转规模应与土地自然状况相适应。由于我国地区差异大、土地状况多元化,这就要求应根据各地不同的土地资源禀赋因地制宜采取不同程度的土地流转规模。对于我国中、东部地区的平原地带,土地平整且地力相近,便于农作物的统一规划与资金技术的统一安排以及机械化运作,通过土地的规模化流转实行规模经营。对于西部地区的山区、丘陵等地带,由于耕地分散、土地资源较为贫瘠且地力欠缺,难以通过流转土地来实现规模经营,更多的是需要通过改良农作物品种或者提高土地的肥沃程度。第三,土地流转规模应

---

① 李长健、刘磊:《代际公平视域下农村土地流转过度集中中的风险防范》,《上海财经大学学报》2014年第1期;李长健、杨莲芳:《三权分置、农地流转及其风险防范》,《西北农林科技大学学报》(社会科学版)2016年第4期。

② 任净:《国外农业规模经营对我们的启示》,《人文杂志》1997年第3期。

与农村劳动力转移程度相匹配。随着当前城乡二元分化现象的逐渐消退，农民实现了财产权利和身份自由的二重解放，农村土地不应再落入农民唯一生存保障来源的窠臼之中。越来越多的农民涌入城镇从事二、三产业获得了比农业更稳定、更有效的保障。这是土地对外流转的社会因素。因此，只有农民获得了稳定的非农就业，农民才真正愿意从土地中分离出来，承包土地的经营权才会流转加以集中利用。此外，土地流转规模还需要与当时的农业生产技术和管理技术相契合。

总而言之，土地流转规模的确定应根据上述各类客观条件"量体裁衣"，把握好规模经营的度。其实，土地经营权设立不仅仅在于土地集中，而是意在提升土地的利用效率，通过"稳定承包权"，从而在社会公平、稳定的氛围之下，最大限度地发挥土地规模经营的效益。

第四节　本章小结

土地承包权与经营权分置必须处理好改革与法治之间的良性互动关系，坚持"法治土改"的思维，通过立法的形式引领改革。当前，土地承包权与经营权分置改革渐次在立法层面获得回应，2014 年修正的《行政诉讼法》第 12 条第 1 款第 7 项与 2017 年修订的《农民专业合作社法》第 13 条第 1 款已将土地经营权法律化。在通过授权试点放活土地经营权的基础上，紧紧抓住民法典物权编编纂和《农村土地承包法》修改的大好良机。其中前者解决土地经营权的权利身份问题；后者在于从法律制度层面完整确认土地承包权与经营权的分置改革。土地承包权与经营权分置后，农村土地利益格局面临新的调整和安排。在土地承包权与经营权分置的利益协调机制方面，宏观层面明确土地承包权人对农地各相关主体的不同利益诉求；中观层面应防止出现土地经营权独大与土地承包权虚化的两极分化现象；微观层面应保障两权各自效用合理调节土地承包主体与土地经营主体在农业补贴、耕地征收等情形下的土地利益分配规则。在土地承包权与经营权分置下土地经营权设立的风险防范方面，应坚持土地农业用途避免"非农化"、尊重农民的主体利益、发挥集体的组织权能以及合理确定土地流转规模防止土地过度集中。

结　语

　　土地承包权与经营权分置是在家庭承包耕地流转规模每年呈蓬勃兴起之势的背景下，国家考虑农村土地制度改革的承受能力，为避免可能面临的争议和风险而精心设计的，重大的制度变革意义完全不亚于20世纪70年代末80年代初的家庭联产承包责任制。考虑到当前维持土地承包经营权制度是土地承包权与经营权分置的现实选择；土地承包权与经营权分置的落脚点不在于权利解构而在于农地功能的分离，核心要义即为从土地承包经营权中派生出一项物权性质的土地经营权，发挥土地的物权资本功能。在农地利用层面，土地承包经营权严格来说具有类所有权的法律地位和属性，土地承包经营权的类所有权属性允许在其基础上为他人设定新型用益物权——土地经营权，在于修复农地物权化流转长期以来裹足不前的法律缺憾，改变了以往对农地由"实物形态占有"到"价值形态利用"的职能翻转与权利飞跃。土地承包权与经营权分置后，土地承包权为权能分离之后的土地承包经营权的代称，其法律属性没有发生改变，然而绝不能想当然地认为土地承包权是一项空壳权利。其实，土地承包权依旧包含着丰富的权利内容，是一项实实在在的实体性土地物权。十八届四中全会指出"重大改革于法有据"。土地承包权与经营权分置由于承载着由传统小农经济向现代规模农业转型的使命，并且这是一项涉及中国9亿农民利益的土地承包经营权制度改革，因此唯有坚持"法治土改"的思维，通过立法的形式引领改革。当前，2014年修正的《行政诉讼法》第12条第1款第7项与2017年修订的《农民专业合作社法》第13条第1款已将土地经营权法律化。在通过授权试点放活土地经营权的基础上，紧紧抓住民法典物权编编纂和《农村土地承包法》修改的大好良机，从两法的立法分工和技术衔接来看，民法典物权编编纂在于解决土地经营权的权利身份问题；农村土地承包法的修改在于从法律制度层面完整确认土地承包权与经营权的分置改革。

英国著名法学家梅英曾说过："社会需要和社会见解总是或多或少地走在法律的前面。"土地承包权与经营权分置改革发轫于中共十八届三中全会并自2014年中央"一号文件"首次明确提出以来，尽管与既有的农村土地物权制度存在着某些不兼容之处，但无疑是国家最高层对土地承包经营权制度深刻把脉之后开出的一剂精准良药。土地承包权与经营权分置，从根本意义上来说，将改变传统乡土社会中农民与土地之间的依附格局，满足农民阶层分化背景下生存与发展的多样性需求，成为一个告别小农传统、迈向现代农业的法律进步运动。因此，土地承包权与经营权分置的个中缘由值得法律学人深思，法律学人不应墨守成规，以守法之名行拒符合时代发展的农村土地制度改革之实。其实，现代民法是处在不断修正和发展中的民法，法律制度确定之后并非一成不变，而是随着社会基础的变迁做出适时的调整、修正，更有甚者进行修法。法律学人当下所应做的是，紧紧抓住民法典物权编编纂与农村土地承包法修改这一历史良机，及时通过创新法学思维对土地承包权与经营权分置进行科学化和规范化的解读，将这一既定的中央政策选择转换为由法言法语和权利义务共同驱动的农村土地权利运行的法律机制。只有这样，才能确保土地承包权与经营权分置改革的"改有所成、革而不乱"，土地经营权的设立"设而有序、立有所获"。诚然，土地承包权与经营权分置在具体运行过程中如何被接受利用，成为具有发展性的一项活的农村土地制度，仍有待我们更为持续地观察和不断地求索。

土地承包权与经营权分置反映了自中共十八届三中全会以来为推动土地承包经营权制度转进而付出的改革努力，这一安排相较于土地承包经营权再物权化而言是一种温和的改革方案，是一种过渡性的策略安排，折射出了城乡土地物权一体化的阶段性特征。尽管土地承包权与经营权分置会持续一段期限，但无论如何，土地承包经营权的去身份化、物权化流转是大势所趋，最终要实现城乡地权平等化、农村地权去身份化、农村地权的资本化。

参考文献

一 著作

鲍尔、施蒂尔纳：《德国物权法》，张双根译，法律出版社2004年版。

陈根发：《论日本法的精神》，北京大学出版社2005年版。

陈广华：《土地承包经营权流转法律问题研究》，中国政法大学出版社2014年版。

陈国柱译：《意大利民法典》，中国人民大学出版社2010年版。

陈华彬：《民法物权》，经济科学出版社2016年版。

陈华彬：《物权法论》，中国政法大学出版社2018年版。

陈小君等：《农村土地问题立法研究》，经济科学出版社2012年版。

崔建远：《物权法》，中国人民大学出版社2017年版。

崔建远：《物权：规范与学说——以中国物权法的解释论为中心》，清华大学出版社2011年版。

戴威：《农村集体经济组织成员权制度研究》，法律出版社2016年版。

丁关良：《土地承包经营权流转法律制度研究》，中国人民大学出版社2011年版。

杜景林、卢谌：《德国民法典——全条文注释》，中国政法大学出版社2015年版。

杜润生：《中国农村制度变迁》，四川人民出版社2003年版。

弗朗索瓦·泰雷、菲利普·森勒尔：《法国财产法》，罗结珍译，中国法制出版社2008年版。

高富平：《物权法专论》，北京大学出版社2007年版。

高海：《农用地"三权分置"研究》，法律出版社2017年版。

高伟：《农业转移人口市民化：土地承包权退出及经济补偿研究》，中国农业出版社2016年版。

国土资源部政策法规司、国土资源部不动产登记中心编著：《不动产登记暂行条例释义》，中国法制出版社2015年版。

国务院发展研究中心农村经济研究部：《集体所有制下的产权重构》，中国发展出版社2015年版。

何玉长等：《新中国经济制度变迁与经济绩效》，中国物资出版社2002年版。

侯惠勤、范希春主编：《十八届三中全会精神十八讲》，人民出版社2014年版。

胡康生主编：《中华人民共和国农村土地承包法释义》，法律出版社2002年版。

胡吕银：《土地承包经营权的物权法分析》，复旦大学出版社2004年版。

华生：《新土改——土地制度改革焦点难点辨析》，东方出版社2015年版。

黄河：《农业法视野中的土地承包经营权流转法制保障研究》，中国政法大学出版社2007年版。

江必新主编：《比较强制执行法》，中国法制出版社2014年版。

金玉珍译：《韩国民法典 朝鲜民法》，北京大学出版社2009年版。

李昌麒、吴越主编：《农业法学》，法律出版社2015年版。

李昌麒主编：《中国农村法治发展研究》，人民出版社2006年版。

李广宇：《新〈行政诉讼法〉逐条注释》，法律出版社2015年版。

李适时：《中华人民共和国民法总则释义》，法律出版社2017年版。

李宇：《民法总则要义——规范释论与判解集注》，法律出版社2017年版。

刘俊主编：《中国农村土地法律制度创新研究》，群众出版社2012年版。

刘士国、牟宪魁、杨瑞贺：《日本民法典》，中国法制出版社2018年版。

刘守英：《直面中国土地问题》，中国发展出版社2014年版。

陆道平、钟伟军：《农村土地流转中的地方政府与农民互动机制研究》，清华大学出版社2012年版。

罗剑朝：《中国农地金融制度研究》，中国农业大学出版社2005年版。

马俊驹、余延满:《民法原论》(第四版),法律出版社 2010 年版。

《马克思恩格斯文集》第 7 卷,人民出版社 2009 年版。

[美] D. 盖尔·约翰逊:《经济发展中的农业、农村、农民问题》,林毅夫、赵耀辉编译,商务印书馆 2004 年版。

[美] 威廉·恩道尔:《粮食危机》,赵刚等译,知识产权出版社 2015 年版。

[美] 西奥多·W. 舒尔茨:《改造传统农业》,梁小民译,商务印书馆 2010 年版。

孟勤国:《中国农村土地流转问题研究》,法律出版社 2009 年版。

蒲坚:《解放土地》,中信出版集团 2015 年版。

全国人大农业与农村委员会法案室编著:《农村土地承包法律制度研究》,中国法制出版社 2017 年版。

全国人大农业与农村委员会法案室、调研室编著:《农村金融法律制度研究》,中国法制出版社 2018 年版。

[日] 三潴信三:《物权法提要》,孙芳译,中国政法大学出版社 2005 年版。

[日] 我妻荣:《我妻荣民法讲义Ⅱ新订物权法》,罗丽译,中国法制出版社 2008 年版。

施天涛:《商法学》(第四版),法律出版社 2010 年版。

石宏主编:《中华人民共和国民法总则:条文说明、立法理由及相关规定》,北京大学出版社 2017 年版。

宋志红:《中国农村土地制度改革研究——思路、难点与制度建设》,中国人民大学出版社 2017 年版。

孙宪忠:《德国当代物权法》,法律出版社 1997 年版。

孙宪忠:《中国物权法总论》,法律出版社 2014 年版。

孙中华:《深化农村改革研究与探索》,中国农业出版社 2017 年版。

王利明:《民商法研究》,法律出版社 2014 年版。

王利明:《我国民法典重大疑难问题之研究》,法律出版社 2016 年版。

王利明:《物权法研究》,中国人民大学出版社 2016 年版。

王利明、杨立新、王毅、程啸:《民法学》,法律出版社 2017 年版。

王利明主编:《物权法名家讲坛》,中国人民大学出版社 2008 年版。

王卫国：《中国土地权利研究》，中国政法大学出版社 1997 年版。

王泽鉴：《民法物权》（第二版），北京大学出版社 2010 年版。

吴义茂：《土地承包经营权入股有限责任公司法律问题研究》，法律出版社 2012 年版。

吴越等：《土地承包经营权流转制度瓶颈与制度创新——以农地资本化和农业现代化为研究重心》，法律出版社 2014 年版。

谢在全：《民法物权论》，中国政法大学出版社 2011 年版。

徐勇：《农民改变中国》，中国社会科学出版社 2012 年版。

许志鹏：《农业补贴法律制度研究》，中国政法大学出版社 2013 年版。

尹田：《法国物权法》（第二版），法律出版社 2009 年版。

［英］梅因：《古代法》，郭亮译，法律出版社 2016 年版。

张淳：《信托法哲学初论》，法律出版社 2014 年版。

张民安：《法国民法》，清华大学出版社 2015 年版。

张平华等：《土地承包经营权》，中国法制出版社 2007 年版。

张卫平：《民事诉讼法》，法律出版社 2016 年版。

赵廉慧：《信托法解释论》，中国法制出版社 2015 年版。

中国人民银行农村金融研究小组：《中国农村金融服务报告（2016）》，中国金融出版社 2017 年版。

周诚：《土地经济学原理》，商务印书馆 2003 年版。

周其仁：《改革的逻辑》，中信出版集团 2017 年版。

周小明：《信托制度：法理与实务》，中国法制出版社 2012 年版。

周应江：《家庭承包经营权：现状、困境与出路》，法律出版社 2010 年版。

朱庆育：《民法总论》，北京大学出版社 2016 年版。

左良平：《土地承包经营权流转法律问题研究》，中南大学出版社 2007 年版。

二　中文期刊

蔡昉：《中国农村改革三十年——制度经济学的分析》，《中国社会科学》2008 年第 6 期。

蔡立东、姜楠：《承包权与经营权分置的法构造》，《法学研究》2015 年第 3 期。

蔡立东、姜楠：《农地三权分置的法实现》，《中国社会科学》2017 年第 5 期。

陈本寒、陈英：《也论物权法定原则——兼评我国〈物权法〉第 5 条之规定》，《法学评论》2009 年第 4 期。

陈朝兵：《农村土地"三权分置"：功能作用、权能划分与制度构建》，《中国人口·资源与环境》2016 年第 4 期。

陈东强：《论中国农村的土地集中机制》，《中国农村经济》1996 年第 3 期。

陈敦：《土地信托与农地"三权分置"改革》，《东方法学》2017 年第 1 期。

陈敦、张航：《农村土地信托流转的现状分析与未来展望》，《国家行政学院学报》2015 年第 5 期。

陈锋：《从"祖业观"到"物权观"：土地观念的演变与冲突——基于广东省 Y 村地权之争的社会学分析》，《中国农村观察》2014 年第 6 期。

陈华彬：《空间建设用地使用权探微》，《法学》2015 年第 7 期。

陈华彬：《我国民法物权编立法研究》，《政法论坛》2017 年第 5 期。

陈华彬：《中国物权法的意涵与时代特征》，《现代法学》2012 年第 6 期。

陈金涛、刘文君：《农村土地"三权分置"的制度设计与实现路径探析》，《求实》2016 年第 1 期。

陈金钊：《重新界定法治与改革关系的意义》，《江西社会科学》2016 年第 1 期。

陈锡文：《关于解决"三农"问题的几点思考——学习〈中共中央关于全面深化改革若干重大问题的决定〉》，《中共党史研究》2014 年第 1 期。

陈小君：《〈农村土地承包法修正案（草案）〉要义评析》，《中国土地科学》2018 年第 5 期。

陈小君：《"三权分置"与中国农地法制变革》，《甘肃政法学院学报》2018 年第 1 期。

陈小君：《我国农村土地法律制度变革的思路与框架——十八届三中全会〈决定〉相关内容解读》，《法学研究》2014 年第 4 期。

陈小君：《我国农民集体成员权的立法抉择》，《清华法学》2017 年第

2 期。

陈彦晶：《"三权分置"改革视阈下的农地经营权入股》，《甘肃政法学院学报》2018 年第 3 期。

崔建远：《民法分则物权编立法研究》，《中国法学》2017 年第 2 期。

崔建远：《母权—子权结构的理论及其价值》，《河南财经政法大学学报》2012 年第 2 期。

戴孟勇：《身份的衰落——中国民商法三十年》，《政治与法律》2008 年第 7 期。

邓大才：《中国农村产权变迁与经验——来自国家治理视角下的启示》，《中国社会科学》2017 年第 1 期。

邓晰隆：《三权分离：我国农村土地产权制度改革的新构想》，《中国农业资源与区划》2009 年第 2 期。

丁关良：《国外农用土地流转法律制度对中国土地承包经营权流转的启示》，《世界农业》2010 年第 8 期。

丁关良、阮韦波：《农村集体土地产权"三权分离"论驳析——以土地承包经营权流转中"保留（土地）承包权、转移土地经营权（土地使用权）"观点为例》，《山东农业大学学报》（社会科学版）2009 年第 4 期。

丁文：《论"三权分置"中的土地承包权》，《法商研究》2017 年第 3 期。

丁文：《论"三权分置"中的土地经营权》，《清华法学》2018 年第 1 期。

丁文：《论土地承包权与土地承包经营权的分离》，《中国法学》2015 年第 3 期。

房绍坤：《论土地承包经营权抵押的制度构建》，《法学家》2014 年第 2 期。

房绍坤：《民法典物权编用益物权的立法建议》，《清华法学》2018 年第 2 期。

冯建生：《民法典编纂中农村承包土地"三权分置"的法理构造》，《上海交通大学学报》（哲学社会科学版）2018 年第 3 期。

冯曦：《家庭土地承包经营权入股公司的法律建构——基于公司双重资本制》，《法学杂志》2013 年第 2 期。

冯玉华、张文方：《论农村土地的"三权分离"》，《经济纵横》1992 年第

9 期。

冯玉军:《中国法治的发展阶段和模式特征》,《浙江大学学报》(人文社会科学版)2016 年第 3 期。

高飞:《农村土地"三权分置"的法理阐释与制度意蕴》,《法学研究》2016 年第 3 期。

高飞:《土地承包权与土地经营权分设的法律反思及立法回应——兼评〈农村土地承包法修正案(草案)〉》,《法商研究》2018 年第 3 期。

高海:《论农用地"三权分置"中经营权的法律性质》,《法学家》2016 年第 4 期。

高圣平:《承包地三权分置的法律表达》,《中国法学》2018 年第 4 期。

高圣平:《论承包地流转的法律表达——以我国〈农村土地承包法〉的修改为中心》,《政治与法律》2018 年第 8 期。

高圣平:《论农村土地权利结构的重构——以〈农村土地承包法〉的修改为中心》,《法学》2018 年第 2 期。

高圣平:《农地三权分置视野下土地承包权的重构》,《法学家》2017 年第 5 期。

高圣平:《农地信托流转的法律构造》,《法商研究》2014 年第 2 期。

郭继:《土地承包经营权抵押的实践困境与现实出路——基于法社会学的分析》,《法商研究》2010 年第 5 期。

国家统计局农村司、四川调查总队课题组:《农村土地流转状况调查——基于四川省的调查数据》,《调研世界》2014 年第 10 期。

国鲁来:《农村基本经营制度的演进轨迹与发展评价》,《改革》2013 年第 2 期。

韩俊:《中国农村土地制度建设三题》,《管理世界》1999 年第 3 期。

韩松、廉高颇:《论集体所有权与集体所有制实现的经营形式——从所有制的制度实现与经营实现的区分认识集体所有权的必要性》,《甘肃政法学院学报》2006 年第 1 期。

韩松:《论农民集体土地所有权的管理权能》,《中国法学》2016 年第 2 期。

贺雪峰:《农地"三权分置"的变与不变》,《农村工作通讯》2018 年第 4 期。

胡建：《我国农地股份合作制法律问题探讨》，《长江论坛》2009 年第 4 期。

黄祖辉、王朋：《农村土地流转：现状、问题及对策——兼论土地流转对现代农业发展的影响》，《浙江大学学报》（人文社会科学版）2008 年第 2 期。

姜红利：《放活土地经营权的法制选择与裁判路径》，《法学杂志》2016 年第 3 期。

姜雪莲：《日本农地流转信托研究》，《世界农业》2014 年第 6 期。

焦富民：《"三权分置"视域下承包土地的经营权抵押制度之构建》，《政法论坛》2016 年第 5 期。

金立琪、徐明：《论土地经营权》，《中国法学》1989 年第 1 期。

赖丽华：《基于"三权分置"的农村土地经营权二元法理制度构造》，《西南民族大学学报》（人文社会科学版）2016 年第 11 期。

李长健、刘磊：《代际公平视域下农村土地流转过度集中的风险防范》，《上海财经大学学报》2014 年第 1 期。

李长健、杨莲芳：《三权分置、农地流转及其风险防范》，《西北农林科技大学学报》（社会科学版）2016 年第 4 期。

李国英、刘旺洪：《论转型社会中的中国农村集体土地权利制度变革——兼评〈物权法〉的相关规定》，《法律科学》（西北政法学院学报）2007 年第 4 期。

李蕊：《农地信托的法律障碍及其克服》，《现代法学》2017 年第 4 期。

李仕春：《以法治方式推进试点改革》，《人民法治》2016 年第 1 期。

李永东、程岩、李世朝：《土地信托业务基本模式、风险分析及监管建议》，《北京金融评论》2014 年第 1 期。

李永军等：《中华人民共和国民法物权编（专家建议稿）》，《比较法研究》2017 年第 4 期。

林辉煌：《家产制与中国家庭法律的社会适应——一种"实践的法律社会学"分析》，《法制与社会发展》2012 年第 4 期。

刘冰：《农村承包土地经营权的破产处置》，《法学》2018 年第 4 期。

刘广栋、程久苗：《1949 年以来中国农村土地制度变迁的理论和实践》，《中国农村观察》2007 年第 2 期。

刘恒科：《"三权分置"下集体土地所有权的功能转向与权能重构》，《南京农业大学学报》（社会科学版）2017 年第 2 期。

刘俊：《土地承包经营权性质探讨》，《现代法学》2007 年第 2 期。

刘守英、高圣平、王瑞民：《农地三权分置下的土地权利体系重构》，《北京大学学报》（哲学社会科学版）2017 年第 5 期。

刘守英：《农村集体所有制与三权分离改革》，《中国乡村发现》2014 年第 3 期。

刘向东：《我国农地使用权制度的法律思考》，《法学杂志》2010 年第 2 期。

刘振伟：《进一步赋予农民充分而有保障的土地权利——关于〈中华人民共和国农村土地承包法修正案（草案）〉的说明》，《农村经营管理》2017 年第 11 期。

柳经纬：《我国土地权利制度的变迁与现状——以土地资源的配置和土地财富的分配为视角》，《海峡法学》2010 年第 1 期。

楼建波：《农户承包经营的农地流转的三权分置——一个功能主义的分析路径》，《南开学报》（哲学社会科学版）2016 年第 4 期。

吕悦风、陈会广：《农业补贴政策及其对土地流转的影响研究》，《农业现代化研究》2015 年第 3 期。

罗必良：《科斯定理：反思与拓展——兼论中国农地流转制度改革与选择》，《经济研究》2017 年第 11 期。

罗剑朝、庸晖、庞玺成：《农地抵押融资运行模式国际比较及其启示》，《中国农村经济》2015 年第 3 期。

罗迈钦：《我国农地流转瓶颈及其破解——基于湖南省 225792 农户家庭土地流转情况的调查分析》，《求索》2014 年第 6 期。

马俊驹、丁晓强：《农村集体土地所有权的分解与保留——论农地"三权分置"的法律构造》，《法律科学》（西北政法大学学报）2017 年第 3 期。

马新彦、李国强：《土地承包经营权流转的物权法思考》，《法商研究》2005 年第 5 期。

孟勤国：《论新时代农村土地产权制度》，《甘肃政法学院学报》2018 年第 1 期。

农业部经营总站体系与信息处：《2016年农村家庭承包耕地流转及纠纷调处情况》，《农村经营管理》2017年第8期。

钱介敏、倪江生：《完善农村土地法律制度的对策》，《中国法学》1990年第6期。

秦小红：《政府引导农地制度创新的法制回应——以发挥市场在资源配置中的决定性作用为视角》，《法商研究》2016年第4期。

申惠文：《法学视角中的农村土地三权分离改革》，《中国土地科学》2015年第3期。

宋志红：《"三权分置"关键是土地经营权定性》，《中国合作经济》2016年第10期。

宋志红：《三权分置下农地流转权利体系重构研究》，《中国法学》2018年第4期。

宋宗宇、何贞斌、陈丹：《农村土地经营权的确定化及其制度构建》，《农村经济》2015年第7期。

孙宪忠：《推进农村土地"三权分置"需要解决的法律认识问题》，《行政管理改革》2016年第2期。

孙宪忠：《推进农地三权分置经营模式的立法研究》，《中国社会科学》2016年第7期。

孙宪忠：《推进我国农村土地权利制度改革若干问题的思考》，《比较法研究》2018年第1期。

覃美英、程启智：《建国以来我国农地产权制度变迁的经济学分析》，《农村经济与科技》2007年第4期。

唐薇、吴越：《土地承包经营权抵押的制度"瓶颈"与制度创新》，《河北法学》2012年第2期。

田则林、余义之、杨世友：《三权分离：农地代营——完善土地承包制、促进土地流转的新途径》，《中国农村经济》1990年第2期。

王朝明、朱睿博：《农村承包土地经营权抵押贷款的理论模型与实践经验》，《河北经贸大学学报》2016年第5期。

王洪亮：《三权分置与土地使用权权能的完满》，《清华法律评论》2016年第1期。

王利明：《我国民法典物权编的修改与完善》，《清华法学》2018年第

2 期。

王利明、周友军：《论我国农村土地权利制度的完善》，《中国法学》2012年第 1 期。

王卫国：《城乡一体化与农地流转制度改革》，《国家行政学院学报》2015年第 3 期。

王新国、陈晓峰：《从顺城村的实践看"三权分离"》，《湖北社会科学》1990 年第 10 期。

温世扬：《从〈物权法〉到"物权编"——我国用益物权制度的完善》，《法律科学》2018 年第 6 期。

温世扬：《农地流转：困境与出路》，《法商研究》2014 年第 2 期。

温世扬、吴昊：《集体土地"三权分置"的法律意蕴与制度供给》，《华东政法大学学报》2017 年第 3 期。

吴义龙：《"三权分置"论的法律逻辑、政策阐释及制度替代》，《法学家》2016 年第 4 期。

吴越、庄斌：《农地"三权分置"如何分？》，《土地科学动态》2017 年第 1 期。

夏振坤：《再论农村的改革与发展》，《中国农村经济》1989 年第 8 期。

夏梓耀：《农地经营权抵押：概念界定与制度建构》，《上海政法学院学报（法治论丛）》2018 年第 1 期。

肖鹏：《"三权分置"下的农村土地承包关系长久不变研究》，《华中农业大学学报》（社会科学版）2018 年第 1 期。

谢鸿飞：《铸造中国社会的"基本法"：中国民法典的编纂历程》，《人民法治》2017 年第 10 期。

许明月、段浩：《农业转移人口市民化的法律激励机制构建》，《比较法研究》2017 年第 6 期。

许明月：《农村承包地经营权抵押融资改革的立法跟进》，《比较法研究》2016 年第 5 期。

许明月、吴茂见：《农业基础地位面临挑战的法律对策》，《甘肃政法学院学报》2007 年第 3 期。

宣裕吉：《关于促进农村土地经营权中长期规范流转的建议》，《经济研究导刊》2009 年第 10 期。

叶向阳、吕志强等：《农村集体土地产权制度研究》，《中国法学》1993年第6期。

叶兴庆：《从"两权分离"到"三权分离"——我国农地产权制度的过去与未来》，《中国党政干部论坛》2014年第6期。

叶兴庆：《新时代中国乡村振兴战略论纲》，《改革》2018年第1期。

袁泉：《土地经营权信托设立的理论构建——以"三权分置"为背景》，《西南政法大学学报》2017年第2期。

袁曙宏：《正确认识和处理新形势下改革与法治的关系》，《国家行政学院学报》2015年第5期。

袁震：《论农村土地承包经营权的相当所有权属性》，《河南大学学报》（社会科学版）2016年第5期。

袁震：《论物权性耕作经营权之创设》，《学习与探索》2017年第11期。

张红宇：《中国农地调整与使用权流转：几点评论》，《管理世界》2002年第5期。

张力、郑志峰：《推进农村土地承包权与经营权再分离的法制构造研究》，《农业经济问题》2015年第1期。

张全江：《农村土地经营实行永佃权法律制度初探》，《河北法学》1989年第3期。

张毅、张红、毕宝德：《农地的"三权分置"及改革问题：政策轨迹、文本分析与产权重构》，《中国软科学》2016年第3期。

张周国：《借鉴德美经验发展中国农村土地银行》，《世界农业》2015年第3期。

赵立新、寇占奎：《农村土地流转的信托路径探析》，《河北法学》2015年第8期。

赵万一、汪青松：《土地承包经营权的功能转型及权能实现——基于农村社会管理创新的视角》，《法学研究》2014年第1期。

赵万一：《中国农民权利的制度重构及其实现途径》，《中国法学》2012年第3期。

赵阳：《新形势下完善农村土地承包政策若干问题的认识》，《经济社会体制比较》2014年第2期。

郑尚元：《土地上生存权之解读——农村土地承包经营权之权利性质分

析》,《清华法学》2012年第3期。

中国人民银行眉山市中心支行课题组:《金融创新视角下的农村产权融资法律制度研究——基于农村"两权"融资实践引出的法律问题研究》,《西南金融》2018年第2期。

周应江:《论土地承包经营权的身份制约》,《法学论坛》2010年第4期。

朱广新:《论土地承包经营权的主体、期限和继承》,《吉林大学社会科学学报》2014年第4期。

朱广新:《土地承包权与经营权分离的政策意蕴与法制完善》,《法学》2015年第11期。

朱岩:《社会基础变迁与民法双重体系构建》,《中国社会科学》2010年第6期。

三 网络文献

《2017年中国家庭土地流转面积、家庭承包耕地流转去向分析》,2017年11月3日,中国产业信息网(http://www.chyxx.com/industry/201711/579455.html)。

《关于全面推开农业"三项补贴"改革工作的通知》,2016年4月18日,财政部(http://nys.mof.gov.cn/zhengfuxinxi/czpjZhengCeFaBu_2_2/201604/t20160425_1964825.html)。

国家统计局:《2017年农民工监测调查报告》,2018年4月27日(http://www.stats.gov.cn/tjsj/zxfb/201804/t20180427_1596389.html)。

《农地经营权抵押试点或将延期》,2018年5月8日,新华网(http://www.xinhuanet.com/2018-05/08/c_1122798707.htm)。

《农业部等四部门发文对工商资本租赁农地强化监管》,2015年4月24日,新华网(http://news.xinhuanet.com/fortune/2015-04/24/c_1115084191.htm)。

农业部农村经济体制与经营管理司:《农业部办公厅关于组织申报土地经营权入股发展农业产业化经营试点方案的通知》,2015年3月20日(http://jiuban.moa.gov.cn/zwllm/tzgg/tfw/201503/t20150320_4449088.htm)。

《农业部:全国土地流转面积占家庭承包耕地总面积35% 正试点土地使

用权抵押贷款》，2017年3月7日，人民网（http：//finance. people. com. cn/n1/2017/0307/c1004-29129227. html）。

《全国农地流转面积已达四分之一》，2014年1月14日，新华网（http：//news. xinhuanet. com/fortune/2014-01/14/c_118951355. htm）。

《全国农民专业合作社数量达193万多家》，2017年9月4日，新华网（http：//www. xinhuanet. com/2017-09/04/c_129695890. htm）。

《全国人大常委会2018年立法工作计划》，2018年4月27日，中国人大网（http：//www. npc. gov. cn/npc/xinwen/2018-04/27/content_2053820. htm?from=timeline&isappinstalled=0）。

《全国人大农业与农村委员会副主任委员陈光国在2017年6月22日第十二届全国人民代表大会常务委员会第二十八次会议上所作的关于〈中华人民共和国农民专业合作社法（修订草案）〉的说明》，2017年12月27日，中国人大网（http：//www. npc. gov. cn/npc/xinwen/2017-12/27/content_2035748. htm）。

《全国人民代表大会常务委员会关于授权国务院在北京市大兴区等232个试点县（市、区）、天津市蓟县等59个试点县（市、区）行政区域分别暂时调整实施有关法律规定的决定》，2015年12月27日，中国人大网（http：//www. npc. gov. cn/npc/xinwen/2015-12/28/content_1957361. htm）。

《全国人民代表大会常务委员会关于授权国务院在北京市大兴区等三十三个试点县（市、区）行政区域暂时调整实施有关法律规定的决定》，2015年2月27日，中国人大网（http：//www. npc. gov. cn/npc/xinwen/2015-02/28/content_1906228. htm）。

孙宪忠：《〈中华人民共和国农村土地承包法修正案（草案）〉修改建议》（http：//www. iolaw. org. cn/showArticle. aspx? id=5385）。

《土地改革难进行 重庆"股田公司"被紧急叫停》，2008年8月20日，新华网重庆频道（http：//news. focus. cn/cq/2011-07-27/519652. html）。

《习近平：按照时间表路线图推进改革》，2016年8月30日，新华网（http：//news. xinhuanet. com/finance/2016-08/30/c_11194813 21. htm）。

中国人民银行副行长潘功胜于2017年12月22日在第十二届全国人民代表大会常务委员会第三十一次会议上所作的关于《〈关于延长授权国务

院在北京市大兴区等 232 个试点县（市、区）、天津市蓟州区等 59 个试点县（市、区）行政区域分别暂时调整实施有关法律规定期限的决定（草案）〉的说明》，2017 年 12 月 27 日，中国人大网（http：//www.npc.gov.cn/npc/xinwen/2017-12/27/content_2035736.htm）。

最高人民法院：《充分发挥人民法院职能作用 为实施乡村振兴战略提供有力司法保障》，2018 年 3 月 1 日（http：//www.court.gov.cn/zixun-xiangqing-82792.html）。

四 英文文献

Dean R., Damm-Luhr T., "Current Review of Chinese Land-Use Law and Policy: A Breakthrough in Rural Reform, A", *Pac. Rim L. & Pol'y J*, Vol. 19, 2010.

Depoorter B. W. F. Parisi., "Fragmentation of Property Right: a functional interpretation of the the law of Servitude", *Global Jurist Frontiers*, Vol. 3, No. 1, 2003.

James B. W., "Expanding the gap: how the rural property system exacerbates China's urban-rural gap", *Colum. J. Asian L.*, 2006.

Liu S., Carter M. R., Yao Y., "Dimensions and diversity of property rights in rural China: Dilemmas on the road to further reform", *World Development*, Vol. 26, No. 10, 1998.

Maitland F. W., Runciman D., *Maitland: state, trust and corporation*, Cambridge University Press, 2003.

Prosterman R., Schwarzwalder B., Jianping Y., "Implementation of 30-year land use rights for farmers under China's 1998 Land Management Law: an analysis and recommendations based on a 17 province survey", *Pac. Rim L. & Pol'y J.*, 2000.

Rosato-Stevens M. "Peasant land tenure security in China's transitional economy". *BU Int'l LJ*, Vol. 26, 2008.

Wan G. H., Cheng E., "Effects of land fragmentation and returns to scale in the Chinese farming sector", *Applied Economics*, 2001.

后　　记

　　大家都说十年是一个轮回。回想起自己在十年之前也即2009年，阔别江南水乡这块故土负笈西南重镇，来到位于成都的四川省社会科学院求学问道。万万没想到竟然与四川结下了不解之缘，除了在四川省社会科学院攻读经济法学硕士之外，有幸在西南财经大学获得了民商法学博士学位，更是在毕业之后能够回归四川省社会科学院工作。十年——犹如白驹过隙，现在回想起来，很多事情还是历历在目，让人欣喜不已，如与同窗好友拜水都江堰、问道青城山等，然而这些都敌不过自己"学术脱贫"之后学业有所长进而感到的欣喜。在四川省社会科学院求学期间，有幸拜至周友苏研究员门下，周老师学者风范、豁达胸襟与精进法艺，无论在做人还是学术指引方面都让我受益良多。尽管也曾经历首次考博败北，其实当时面临着接续父辈们"面朝黄土背朝天"的耕地生活或者一展来年再战豪情的选择。人生迷惘之际，在周老师的提携与相助之下，加之郑鈜老师和钟凯老师的帮忙，一鼓作气，实现了我师从吴越教授攻读民商法学博士的夙愿。

　　其实，读博说简单也简单、说难也难，进入"法门"之前发表一篇文章，学有所成走出"师门"下山之前发表一篇文章，再写一篇博士论文而已。然而，恰恰在读博期间将著文立说作为主营业务之时，西南财经大学法学院的吴元元教授让我们2013级共计15位博士研究生三度登上舞台参演了由其指导的国内第一部学术话剧《制度变迁中的行动者：山伯与英台》，让我们感知法律与文学魅力之所在，更是让我们这一届博士研究生同学们可以闻达于法学江湖圈大红大紫，无疑是在我们最后的校园时代留下了浓墨重彩的一笔。当然，读博期间的主合同义务非撰写一篇合格的博士论文莫属。其实按照自己之前学业规划，是沿循由导师吴越教授主持的2015年度国家社科基金项目展开研究，当时适逢国家已启动民法典编纂，因此，当时准备的博士开题拟定的方向为民法典编纂中的商事代理制度安排。

  由于吴越教授长期从事土地法和民商法学的研究，其强大的学术嗅觉和前瞻性即刻感知源于中共十八届三中全会的"土地承包权与经营权分置"即将成为农村承包土地下一步改革的重头戏。正是在这样的背景下，我的博士论文选题最终确定为——土地承包权与经营权分置制度研究。毕竟此新政甫出，超越了已有承包土地上的权利群和立法用语，加之在我2015年6月博士开题之时，从已有的文献来看，绝大多数法学文献对土地承包权与经营权分置是持保留态度的，而且当时在法学核心期刊上还没有关于土地承包权与经营权分置的代表性与重要级的文章问世。现在还记得当时博士论文开题以及2015年12月博士论文中期诊断之际，一些老师甚至得出，将政策问题上升到法学理论的高度属于"小题大做"之举，更有甚者有将来成为"一堆废纸"之类的话语。其实，从反面解释以观，开题老师们希望在土地承包权与经营权分置的谋篇布局方面能够做到逻辑顺畅、体系严密、论证有据、说理充分。面对这样的质疑，其实自己都开始怀疑这是否适合做一篇博士论文。曾几何时，自己数次独上西楼，准备终止本次博士论文的写作。然而，吴越教授的坚守与支持，让我有足够的勇气和信心完成这篇博士论文。在博士论文初稿撰写过程中，才知道撰写每一节、每一段都曾让我抽丝剥茧，更何况是每一章。尽管那是一段由时间裁剪出的被社会遗忘与孤寂的岁月，然而，在我的成长历程中却留下了深深的印记。萧瑟的秋冬时节，又逢博士友谊之船侧翻。山重水复疑无路之际，除了请教自己的导师吴越教授外，还近乎纠缠似的请教马俊驹老师、周友苏老师、辜明安老师以及章群老师等如何对土地承包权与经营权分置这一选题展开破解。前述诸位老师的悉心解答，无疑让我豁然开朗。其中，周友苏老师一番富有哲理的话，估计会让我终生难忘，"法学大家能写出来的文章，未必你这位小小的博士生写不出；法学大家写不出的文章，未必你这位小小的博士生也写不出"。也正是在众位师长的关心之下，最终成就了我这篇题为《土地承包权与经营权分置制度研究》的博士论文，并于2016年12月顺利博士毕业。

　　毕业之际，若非出于四川省社会科学院研究生学院党总支书记杜桂丽老师的举荐以及社科院各位院领导的提携将我引进回四川省社会科学院工作，我将陷入毕业即失业的困境。自 2017 年 10 月 28 日正式入编以来，除了做好自身本职工作之外，也不忘学术这份初心。其实毕业之后，我一直持续关注着土地承包权与经营权分置改革。比如，当前发表的有关学术论文以及相关修法动向等。尤其是一方面自吉林大学的蔡立东教授与其博士生姜楠共同合作的《农地三权分置的法实现》发表于 2017 年第 5 期的《中国社会科学》；另一方面 2017 年 11 月 7 日全国人大常委会公布了《农村土地承包法草案（修正案）》，2017 年 12 月 27 日修订的《农民专业合作社法》第 13 条第 1 款明确将土地经营权认定为是一项适格的出资合作社的财产。我即刻意识到土地承包权与经营权分置并非仅仅停留在学术探讨层面，最终将会在法律制度层面获得认可。这坚定了我在博士论文的基础上继续围绕"土地承包权与经营权分置"这一主题展开学术研究信心。于是，在工作之余，我结合《农村土地承包法修正案（草案）》和当前关于土地承包权与经营权分置方面的最新学术研究成果，开始撰写《土地承包权与经营权分置的法理认知与立法回应——兼评〈农村土地承包法草案（修正案）〉》一文，后投至第二届全国社科青年论坛并有幸获得了三等奖。当然，最重要的是 2018 年正值四川省社会科学院建院 60 周年，单位拟资助出版一批学术著作，于是我结合党的十九大报告、2018 年中央"一号文件"所提出的乡村振兴战略并结合土地承包权与经营权分置提交了申请表。后经科研处老师告知，才得知自己有幸入围。在此感谢社科院各位法学专家以及科研处老师给予我的相助。在书名的确定方面，感谢我的同窗好友温州市人民检察院副检察长林越坚博士，正是在他的高参之下将书名确定为《土地承包权与经营权分置制度研究——改革逻辑与立法选择》。于是，我从 5 月开始，在我博士论文基础上奋笔疾书，开始书稿初稿的写作。

　　其实，工作后写作书稿心境难免会或多或少受工作琐事的影响，从黎明破晓闻鸡起舞至深夜孤单卷轴徘徊，书稿写作过程中的心酸历程、各种滋味，也许真的只有亲身经历的人才能感受到。在书稿付梓之际，感谢我伟大的母亲何女士与父亲庄先生，在我 20 余载的求学过程中给我提供这么优良的学习环境，让我无须为衣食所困扰，可以全身心投入学业之中，想自己之所想、为自己之所为。父母年轻创业时所经历的披星戴月、冷眼旁观、种种不甘终将化为回甘，更是为我树立了标杆。感谢大哥庄文松先生、嫂子刘芳女士以及我的两位侄女庄涵锦、庄骐安小朋友对我的牵挂。感谢研究生学院以及社科院其他职能部门、各研究所的各位老师对我的关心。我曾经的诸位同窗好友在此也一并谢过。

庄　斌

2018 年 8 月 18 日于麓山寓所